깨어 있는 지성, 실천하는 삶

C. S. 루이스의 문장들

A Mind Awake

A Mind Awake by C. S. Lewis
Copyright © C. S. Lewis Pte. Ltd. 1968
www.cslewis.com
All rights reserved.

This Korean edition was published by Duranno Ministry in 2021 by arrangement with
The CS Lewis Company Ltd. through KCC(Korea Copyright Center Inc.), Seoul.

이 책은 ㈜한국저작권센터(KCC)를 통한 저작권자와 독점계약으로 사단법인 두란노서원에서 출간되었습니다. 저작권법에 의해 한국 내에서 보호를 받는 저작물이므로 무단전재와 무단복제를 금합니다.

C. S. 루이스의 문장들

지은이 | C. S. 루이스
옮긴이 | 윤종석
초판 발행 | 2021. 12. 22.
6쇄 발행 | 2025. 5. 16.
등록번호 | 제1988-000080호
등록된 곳 | 서울특별시 용산구 서빙고로65길 38
발행처 | 사단법인 두란노서원
영업부 | 02)2078-3333 FAX | 080-749-3705
출판부 | 02)2078-3330

책값은 뒤표지에 있습니다.
ISBN 978-89-531-4118-6 03230

독자의 의견을 기다립니다.
tpress@duranno.com www.duranno.com

두란노서원은 바울 사도가 3차 전도 여행 때 에베소에서 성령 받은 제자들을 따로 세워 하나님의 말씀으로 양육하던 장소입니다. 사도행전 19장 8-20절의 정신에 따라 첫째 목회자를 돕는 사역과 평신도를 훈련시키는 사역, 둘째 세계선교™와 문서선교단행본·잡지 사역, 셋째 예수문화 및 경배와 찬양 사역, 그리고 가정·상담 사역 등을 감당하고 있습니다. 1980년 12월 22일에 창립된 두란노서원은 주님 오실 때까지 이 사역들을 계속할 것입니다.

A Mind Awake

깨어 있는 지성, 실천하는 삶

C. S. 루이스의
문 장 들

두란노

엮은이의 글. 지혜의 정수를 수집하다 • 8

1부 **인간의 본성** The Nature of Man

1　인간, 하나님의 형상 • 28
2　타락한 인간 • 32
3　위로할 길 없는 그리움 • 34
4　자유로운 자아 • 45
5　어린아이처럼 • 51

2부 **도덕 세계** The Moral World

1　도道 • 56
2　실재 • 76
3　위계질서 • 84
4　대상의 올바른 사용 • 94
5　종교와 반反종교 • 101

차 례

3부 성경 The Bible
- 107

4부 삼위일체 The Trinity

1 하나님 • 122
2 그리스도 • 151
3 성령, 그리고 천사 • 170

5부 죄 Sin

1 악 • 176
2 자아 • 183
3 교만 • 193

6부 **그리스도인의 헌신** The Christian Commitment

1 다른 길들 ● 202
2 기독교의 본질 ● 211
3 구원 ● 221
4 삶으로 실천하는 기독교 ● 230

7부 **지옥과 천국** Hell and Heaven

1 지옥 ● 290
2 고통과 쾌락 ● 300
3 천국 ● 308

8부 **사랑과 성**性 Love and Sex

1 애정과 우정 ● 328
2 사랑 ● 332
3 성性 ● 336

9부 **자연** Nature

1 자연의 실재 • 348
2 자연과 초자연 • 355
3 자연을 창조하신 하나님 • 364
4 자연, 신화, 유비 • 370

10부 **탈기독교 세상** The Post-Christian World

1 현대 사조 • 382
2 유물론, 결정론, 객관적 가치 • 406
3 교육과 종교 • 417
4 예술 • 425

엮은이의 글

지혜의 정수를 수집하다

    C. S. 루이스(Clive Staples Lewis)는 1898년 11월 29일에 영국 북아일랜드의 벨파스트에서 태어났다. 루이스의 어머니는 그가 열 살도 되기 전부터 그에게 프랑스어와 라틴어를 가르쳤고 소설을 읽혔다. 루이스는 아일랜드와 잉글랜드 지역의 예비 학교를 거쳐 잉글랜드의 맬번칼리지에 1년간 다니다, 이후 옥스퍼드에 진학하려고 서리(Surrey)의 그레이트 부컴에 머물며 W. T. 커크패트릭에게 수학한다. 열여섯 살이던 그 시절 이미 그는 왕성한 독서가였고, 로맨틱한 이야기와 북유럽 신화에 매료되었으며, 헤어날 수 없는

기쁨의 신비에 사로잡혔고, 걷는 습관이 몸에 배었으며, 잉글랜드 시골의 정취를 즐길 줄 알았고, 무신론자가 되었다. 그런데 묘하게도 루이스는 무신론자인 커크패트릭에게 배운 치밀한 논리력 덕분에 훗날 기독교로 방향을 바꾼다.

열아홉 번째 생일을 루이스는 프랑스 최전선에 있는 참호에 도착하며 맞이한다. 그는 소머셋 경보병대 소위로 제1차 세계대전을 현장에서 몸소 겪었고, 교전 중에 부상도 입었다. 전쟁이 끝난 뒤, 그는 입대 전에 입학해 잠시 다녔던 옥스퍼드의 유니버시티칼리지에서 다시 학업을 이어 나갔다. 1920년과 1922년에 각각 학사 예비 시험과 최종 시험을 최우등으로 통과했고, 1923년에는 영어 과목 최우등에 이어 논문으로 총장상까지 받았다. 이듬해 10월에 루이스는 유니버시티칼리지 강사가 되었고, 1925년에 같은 옥스퍼드의 매그덜린칼리지 연구원으로 임용되었다.

그리고 4년 후 마침내 일생일대의 사건이 벌어진다. 루이스가 기독교로 회심한 것이다. 매그덜린에 쭉 재직하던 그는 1954년에 케임브리지로 초빙되어 모들린칼리지의 중세 및 르네상스 영문학 학과장이 되었고, 1963년 11월 22일 세상을 떠나기 몇 주 전까지 그 자리를 지켰다.

루이스는 당대의 뛰어난 교사였다. 설득력 있는 명민한 지성에 탁월한 말솜씨를 겸비했고, 무심코들 하는 말의 논리적 허점까지도 전광석화처럼 포착해 냈다. 비평이나 신학의 난해한 개념을 제시할 때면 으레 비유와 은유가 자연스럽게 흘러나왔다. 한번은 기독교와 문화에 대한 열띤 토론 끝에 그가 이런 말을 했다. "우리가 이 문제를 깨끗하고 더러운 손가락이라는 중립 지대에서 심층 논의할 수 있다면 우리는 새로운 광명을 얻어 문학의 싸움터로 돌아갈지도 모릅니다." 오래되어 발에 꼭 맞는 신발처럼 그는 자신의 사상을 진리에 맞추기를 좋아했고, 지극히 도발적인 생각도 깃털처럼 가볍게 제시하곤 했다.

옥스퍼드 소크라테스 학회에 갔던 한 내방객은 루이스를 이렇게 생생히 묘사했다. "트위드 스포츠 재킷은 오래되어 낡았고 …… 코르덴 바지도 닳았으며, 깨끗이 빨아 입은 무늬 있는 셔츠에 별다른 특징 없는 예스러운 넥타이를 맸다. 얼굴 혈색이 좋고 건강미가 넘치는 데다 전체적으로 통통한 편이었고, 눈은 생글생글 빛났다." 그날 저녁의 주제는 역사의 의미였는데, 한 사학 교수가 따분한 논문에 코를 박고 끝도 없이 읽어 내려가는 통에 청중은 들으면서 꾸벅꾸벅 졸았다. 그러다 루이스의 발언 차례가 되자 즉시 이목이 쏠렸다. "그의 말은 재미있었다. …… 생생한 은유와 묘사가 그냥 쏟아져 나왔다. 원고 없이 자연스럽게 말하는데 멋있고 경쾌했다." 평소 그의 강의에는 수강생이 북적였고, 학생들은 진정한 배움을 경험하곤 했다.

그러나 루이스는 무엇보다 작가로 가장 잘 알려져 있으며, 그 대상도 몇백 명의 학생이나 사적인 관계망을 넘어 수많은 독자에 이른다. 그의 형은 그가 열세 살이 되기도 전에 소설을 써서 완성했다고 밝힌 바 있다. 간행된 책만도 시집, 소설, 단편 소설, 동화, 우화, 서한집, 문학 비평서, 언어학 연구서, 중세 및 르네상스 문학 학술서 등 40권이 넘는다. 학자로서나 창작 작가로서나 그는 칭송받았고, 어떤 양식을 택하든 실제로 그 두 자질이 합해졌다. 방대한 지식과 논리에 상상력이 한데 어우러진 루이스는 우리 시대 최고의 기독교 변증가 반열에 올랐다.

간혹 대화 중에 너무 주장이 세고 지나치게 전투적일 때도 있었지만, 사실 루이스는 누구 못지않게 선량한 사람이었다. 새뮤얼 존슨 박사처럼 가공의 변증법으로 상대를 궤멸할 수 있는데도, 그의 마음은 남달리 겸손했다. 그는 학자로서의 명예가 실추되는 것을 무릅쓰고 저서를 통해 정통 기독교를 변호하는 일에 열과 성을 다했고, 특히 옥스퍼드와 케임브리지의 동료들 사이에서 실제로 적잖이 위신이 깎였다. 존슨처럼 루이스도 그리스어와 라틴어 원문을 비롯하여 언어 전반에 해박했으나, 끝없이 뻗어나가는 매혹적인 상상력만은 존슨과 대비된다.

이런 역설은 학자로서만 아니라 루이스의 개인 생활에서도 똑같이 돋보인다. 그는 기억력이 출중한데도, 자신의 저서와 기사를 열거할 때면 머리가 멍해지다시피 했다. 편지 쓰기를 삶의 큰 짐으로 여겨 싫어하면서도, 전 세계에서 보내 오는 서신에 많은 시간을 들여 대부분 친필로 답장을 썼다. 고독이나 소수의 친한 사이를 좋아하면서도, 자신의 대학 집무실에 불쑥 찾아오는 이들도 느긋하고 편안하게 대해 주었다. 각종 철학의 정수를 훤히 꿰고 있으면서도, 감정만은 아주 소탈하여 "놀이의 요소가 그를 떠난 적이 없었다." 어린아이들과 함께 있기를 싫어하던 그가 즐거운 동화를 썼다는 것이 그 증거다.

그는 또 자연을 워낙 좋아해서 창문을 열어 놓고 밖에 서서 경치를 즐기면서 비서에게 구술한 적도 있으나, 어쨌든 평생을 학자로 대부분의 시간을 책상 앞에 앉아서 지냈다. 본인도 인정했듯이 사교성이 부족한 그였지만, 그리스도인의 본분을 소신껏 실천하여 환자의 병상을 지키고 직접 빈민을 섬겼다. 수입의 3분의 2를 기부했으며 소득세만 아니었다면 그 이상도 했을 것이다. 그는 제1차 세계대전 때 서부 전선에서 중상을 입었는데도, 자신의 군복무를 대수롭지 않게 여겼다. 현대 세계가 그야말로 악화일로로 치닫고 있다고 믿으면서도, 한편으로 늘 활기를 잃지 않았다. 명실상부한 지성인이면서도 하나님을 절대적으로 신봉했다는 점에서 그는 진정한 신비주의자였다.

미시적으로 보면 역설이 많은 루이스지만, 사실 전체를 보면 그렇지도 않다. 신자의 참모습이 세상에 워낙 낯설다 보니 그가 이상해 보이기 쉬울 뿐이다. 그는 인간의 공로에 별로 비중을 두지 않았으므로, 자신의 저서를 최대한 깎아서 말했고 더러는 아예 제목조차 기억하지 못했다. 신앙 서적을 써서 깊은 영향을 미치는 것으로 자신이 하나님을 섬긴다고 얼마든지 정당화할 수도 있으련만, 그는 그리스도인이라면 마땅히 하나님을 위해 타인을 직접 대면해야 한다고 믿었다. 자연을 사랑한 그였지만, 자연의 아름다움은 "우리가 그것을 절대화하려는 순간 퇴색해 버린다"는 점도 잊지 않았다. 요컨대 그는 세상을 다스리는 위계질서가 분명히 존재한다고 믿었고, 덕분에 인간을 최종 기준으로 삼는 작금의 편만한 관행에 별로 피해를 입지 않았다.

자신의 표현으로 그는 "배교한 청교도들 사이에서 살아가는 개종한 이교도"였고, 남들이 금기를 버리는 데 필요했던 시간만큼이나 금기를 받아들이는 데 "오래 걸린 사람"이었다. 그는 구식 서구인으로 자처하기를 어쩌면 너무 즐기면서, 현대적 요소라면 거의 무엇이나 공격했다. 하지만 그런 싸움 이면에는 영적 실재의 세계가 있었다. 예컨대 루이스는 뒤틀린 교만을 보고 우려하며, 교만을 "극한의 본질적 악 …… 완전히 하나님을 대적하는 마음 상태"라 칭했다. 오늘날에는 그런 사람을 찾아보기 힘들다. 하지만 그는 이런 영적 죄를 겉으로 드러나는 죄보다 훨씬 악하게 여겼다.

그는 당연시되는 평범한 것들에서 깊은 만족을 얻을 줄 알았다. 풀잎 하나, 나무 위로 떨어지는 햇살, 대학에서 버스를 타고 가다 킬튼가(街)를 걷던 즐거운 귀가길(그는 "나는 단조로운 것이 좋다"고 말한 바 있다), 동화, 쾌활함, 겸손, 개와 고양이에게까지 다하는 예의, 인간의 참된 형제애, 한 사람 한 사람의 독특한 개성(그의 가정부에게서 내가 직접 들었는데, 그는 그녀와 긴 대화를 나눈 뒤 늘 많은 것을 배웠다고 말하곤 했단다), 삶이라는 끝없는 기적 등이 그것이다.

그는 자신의 작품 《나니아 연대기》(The Chronicles of Narnia)에서 그리스도를 상징하는 아슬란과도 다르지 않았다. 아슬란은 사랑이 많지만 결코 길들여진 사자는 아니어서, 거침없이 아이들을 밀쳐 넘어뜨리거나 적잖이 할퀴어서라도 더 큰 위험에서 벗어나게 한다. 루이스도 자기 세대를 사랑하여 할퀴는 재주가 있었다. 그런데 그 할큄은 그가 인간의 진정한 필요를 똑똑히 보고 거기에 맞춘 것이지, 평소 중독되어 있는 우리의 값싼 욕구에 영합한 것이 아니다. 고통이나 기적 같은 큰 문제를 비교적 작은 책으로 해결하려는 그의 시도에 반론을 제기한 사람도 있다. 하지만 그는 이런 문제에 최소한 기본적인 답이라도 있다고 믿었고, 그래서 냄새를 맡고 여우를 쫓는 사냥개처럼 답을 찾아 나섰다. 그는 문제보다 답을 더 좋아했다.

루이스의 기독교 저작은 놀랍도록 '일관성'을 보인다. 내 책 *The Christian World of C. S. Lewis*(C. S. 루이스의 기독교 세계)에도 언급했듯이, 그의 몇 가지 중심 주제는 다음과 같다. 그는 정통 기독교의 실체 및 깊은 진실성을 옹호하려 했고, 모든 인간이 천국이나 지옥에서 영생하도록 되어 있어 지금은 그 둘 중 한곳에 맞게 자신을 준비하는 중이라고 확신했다. 또 인간은 하나님께 명백히 순종해야 하고, 대체로 현대 사조의 중심에는 심각한 오류가 있으며, 자아를 하나님보다 높이는 것이 아마도 인간에게 가장 끈질긴 유혹일 것이라고 보았다. 하나님의 빛이 인간을 품고 있으며, 세상의 많은 신화는 그 빛의 그림자라는 믿음도 자주 언급했다.

앤솔러지(anthology)에 수록할 글을 추릴 때 딱히 주제를 의식하지 않았음에도 불구하고 각 부와 장 제목에서 주제들이 선명하게 드러났다. 전혀 뜻밖은 아니다. 하나님이 자아를 선물로 주셨으며 자아를 오용하면 심각한 위험이 따른다는 것은 루이스가 입버릇처럼 말했던 만큼 이 책에도 충분히 담겼다. 짐작했겠지만 현대에 관한 언급도 많다. 그의 기독교 저작의 기본 취지를 통째로 가장 잘 보여 주는 증거는 아마 '기독교와 교회'를 다룬 6부와 그중에서도 특히 거룩한 삶의 실천을 이야기한 4장일 것이다. 한편 2부에는 '위계질서'라는 장이 있는데, 이 책 전체에 그 제목을 붙여도 손색은 없을 것이다. 나머지는 다 "나는 스스로 있는 자다" 하신 위대하신 그분을 기준으로 조명되고, 그 사실에서 가치를 얻는다. 늘 자신이 신학자가 아니라고 밝힌 작가치고는 삼위일체를 논한 내용도 많고, 그의 동화를 읽은 독자라면 놀랄 일이 아니겠지만 구원에 관한 글도 다수 실렸다. 아울러 "아슬란은 길들여진 사자가 아니다"라는 개념은 루이스의 동화에만 아니라 기독교 저작 대부분에 강조되어 있다.

루이스는 자신의 한 훌륭한 동료에 대해 "이런 사람의 정신세계는 조금만 수집해 놓아도 존경을 자아낸다"라고 말했다. 일반적으로 앤솔러지란 바로 그런 전제에서 기획되고 만들어지는 것이 아닌가 싶다. 해당 인물의 지혜의 정수를 한곳에 보존하고 싶은 것이다. 하지만 이런 선집이 아무리 값지다 해도 선집으로 원작을 대신하는 것은 오류다. 셰익스피어의 앤솔러지는 무대에 오른 그의 작품과는 사뭇 다르다. 앤솔러지를 제대로 감상하려면 저자의 정신세계를 이미 깊이 답사했어야 한다. 비유를 바꾸어, 반지에 물린 다이아몬드만 아니라 반지와 손 그리고 그 반지를 낀 사람까지도 이미 살펴보았어야 한다. 우리를 즐겁게 하는 좋은 글은 늘 부분도 탁월하고 전체도 온전하다. 이 책에 수록된 일부를 계기로 독자들이 루이스 전작을 읽거나 다시 읽게 되기를 바란다.

루이스는 문학과 비평 등 학술 분야에도 예리한 글을 많이 남겼으나, 이 책이 주로 기독교적 주제에 관한 어록이다 보니 전자는 대부분 제외되었다. 하지만 루이스 사상의 특징은 바로 기독교 서적에도 논리가 탄탄하고(<뉴욕 타임스>는 그의 한 저서를 두고 "간결성은 사도 바울에 견줄 만하고" 논증은 "반박이 불가할 정도로 촘촘하다"라고 평했다),

학술서에도 사상의 기초로서 기독교 철학이 결코 경시되지 않는다는 점이다. 그에게 세상이란 주권적 창조주이자 불변의 통치자이신 하나님과 불가분의 관계였다. 그래서 이 책에서는 그의 저서 전부와 아직 단행본으로 묶이지 않은 수필과 기사 대부분은 물론이고, 소수의 미간행 원고까지 총망라했다.

해설서는 시와 소설보다 인용하기에 더 좋다. 루이스가 엮은 《조지 맥도널드 선집》(*George MacDonald: An Anthology 365 Readings*)도 거의 4분의 3은 그 저자의 여러 해설서에서 뽑은 글이다. 《고통의 문제》(*The Problem of Pain*)와 《기적》(*Miracles*) 등 루이스의 일부 해설서는 내용이 워낙 풍부해서 일부만 적절히 뽑기가 어렵다. 《순전한 기독교》(*Mere Christianity*)는 값진 개념에 비해 앤솔러지에 필요한 표현상의 균형이 대개 부족하다. 아마 본래 BBC 라디오로 방송되어서 그럴 것이다. 묘하게도 소설 3부작 가운데 《침묵의 행성 밖에서》(*Out of Silent Planet*)에는 앤솔러지에 적합해 보이는 대목이 비교적 적은 반면, 《페렐란드라》(*Perelandra*)는 '유혹' 장면이 시작되면서부터 인용할 말이 거의 모든 페이지에 보였다. 루이스의 시에서는 구절을 고르기가 특히 어려웠는데, 내용과 문체가 풍부하지 않아서가 아니라 시마다 워낙 완전체로 한 덩어리라서 대개 부분으로 쪼개지지 않기 때문이다.

루이스의 신념만 모아서 책으로 묶는 것도 가치는 있겠지만 그것이 내 목표는 아니다. 예를 들어 그는 반전론이 틀렸다고 보았고 자신이 고교회파나 저교회파나 광교회파로 분류되기를 한사코 거부했지만, 그런 견해는 이 책에 싣지 않았다. 성경의 영감 같은 내용도 수록하기는 했지만, 그 주제를 체계적으로 '다 다룬' 것은 아니다. 앤솔러지는 비평에 맞선 반론이나 세세한 논증을 개진하는 자리가 아니다. 물론 루이스의 영적 확신이 페이지마다 드러나겠지만 결코 조직 신학으로서는 아니다. 아울러 이 책의 취지는 주로 사람을 그리스도께로 인도하거나 그리스도인을 하나님과 더 가까이 동행하도록 이끌려는 '신앙 고취'나 설교조의 권면도 아니다. 이 책이 종종 그런 효과도 내 주기를 바랄 수야 있겠지만, 어쨌든 그것은 다른 문제다.

또 나는 앤솔러지에 루이스의 흥미로운 사생활을 끼워 넣으려 하지도 않았다. 《예기치 못한 기쁨》(Surprised by Joy)과 Letters of C. S. Lewis(C. S. 루이스 서한집)에 나오는 그의 아버지에 대한 기록보다 더 생생한 자전적 묘사가 어디 있겠는가? 그를 하나님께로 이끈 논리를 더 명쾌하게 상술한 곳은 어디인가? 옥스퍼드에서 보낸 전쟁 시절을 더 잘 기술한 곳은 어디인가? 하지만 앤솔러지는 이런 내용을 싣는 자리가 아니다.

역시 본문이 내 기준보다 긴 경우도 있었다. 예컨대 《천국과 지옥의 이혼》(The Great Divorce)에 보면 음탕한 남자가 개종하고 비극 배우가 천국의 이치에 반발하는 모습을 생생하게 묘사한 부분이 있는데, 이는 탁월한 내용인데도 제외할 수밖에 없었다. 《순례자의 귀향》(The Pilgrim's Regress)에도 똑같은 이유로 난감한 대목이 많았다. 프로이트를 신봉하는 간수가 죄수들을 설득하여 그들의 내장(內臟)만이 진정한 실재라고 믿게 하려는 대목이 한 예다.

한편 내가 있는 힘을 다해 이 앤솔러지에 넣은 내용도 말해야겠다. 첫째로, '재치와 지혜'를 중시하는 앤솔러지의 전통을 따라 예리하고 도발적인 개념을 수록하려 했다. 둘째로, 역시 앤솔러지의 전통대로 편집자의 설명이나 주해가 필요 없는 자명한 말을 골랐다. 셋째로, 굳이 언급할 필요도 없겠지만 해당 글의 문체가 최고라야 했다. 그래서 이런저런 비유적 표현이 쓰인 인용문이 많다. 넷째로, 그냥 경구만이 아니라 루이스 특유의 사고 성향을 통과해 빚어지고 채색된 개념을 포함하고 싶었다. 어디까지나 루이스 앤솔러지니 말이다.

한 사람의 작품에서 최고를 뽑는다면 당연히 누구나 다 동일한 본문을 택하지는 않을 것이다. 작품 내용이 풍부할수록 완전히 일치할 가망은 더 낮아진다. 루이스도 앤솔러지 제작을 가리켜 "타인의 선별에 동의할 사람은 아무도 없으며, 이런 이견이 앤솔러지를 읽는 묘미를 더해 준다"라고 말한 바 있다. 이 책도 30년 넘게 루이스의 작품을 읽고 또 읽은 나의 선별일 뿐이다.

"재판을 찍는다면 각 인용문이 저자의 작품 가운데 어디에 나오는지 편집자가 밝혀 주면 좋겠다. 그렇지 않으면 원작을 읽어 보게 하는 앤솔러지의 주요 기능이 무산된다." 자신이 비평했던 한 앤솔러지에 관해 루이스가 한 말이다. 나도 진심으로 동의하기에 그 원칙을 따랐다. 그런데 루이스의 책이 대부분 여러 판으로 나와 있다 보니 페이지 번호보다는 부나 장 같은 공통 단위로 표기하는 것이 현명해 보였다. 현재까지 하나의 판만 출간된 경우에도 똑같이 했다. 본래 잡지에 실렸다가 나중에 단행본으로 묶인 에세이의 경우, 독자의 편의상 단행본을 출처로 밝혔다. 다만 원래의 출처도 놓치지 않고 아래 감사의 말에 발행인과 나의 사의를 표했다.

Letters of C. S. Lewis(C. S. 루이스 서한집)는 *Letters*(서한집)로 약칭했고, 《개인 기도》(*Letters to Malcolm*)는 그대로 그 책을 가리킨다.

루이스의 소설을 자주 인용했다는 말은 앞서 했다. 다만 《스크루테이프의 편지》(*The Screwtape Letters*)를 아직 읽지 않은 불운의 독자에게 미리 일러 둘 사항이 있다. 그 책은 스크루테이프라는 가상의 마귀를 설정해 그의 입장에서 기술했기에 그 책에 등장하는 "원수"는 마귀 입장에서 바라본 하나님을, "환자"는 인간(그리스도인)을 가리킨다. 이 점을 반드시 기억하며 주의해 읽기를 바란다.

감사의 말

제일 먼저 감사할 대상은 미국 휘튼대학의 1963년 졸업반이다. 그들의 재정 후원 덕분에 나는 1년간 휴가를 내고 교단을 떠나

이 앤솔러지도 준비하고 다른 연구도 진행할 수 있었다.

이 책을 준비하는 과정에서 힘이 되어 준 C. S. 루이스 재단 관계자들에게 깊은 감사를 표한다.

원고를 비평해 준 코빈 카넬 박사, 조슬린 깁 선생, 월터 후퍼 목사, 오웬 바필드 박사에게 감사한다. 뒤의 두 분에게는 다른 일로도 신세를 많이 졌고, 특히 후퍼 목사의 서지 정보가 아주 요긴했음을 이 기회에 밝혀 둔다. 루이스 학도라면 누구나 가까이 두어야 할 자료다. 값진 도움을 베풀어 준 애그니스 호니스 양과 내 아내 마사에게도 감사한다. 루이스의 형인 W. H. 루이스 소령의 우정과 격려에도 큰 기쁨으로 고마움을 전한다.

아울러 발행인과 나는 C. S. 루이스 작품의 발췌를 허락해 준 여러 출판사와 간행물에 아래와 같이 감사를 표한다(출판사명을 따로 표기하지 않은 도서는 홍성사가 번역 출간한 경우-편집자).

- The Athlone Press—"The Literary Impact of the Authorised Version" (*Selected Literary Essays*).
- *The Bristol Diocesan Gazette*—"The Trouble with 'X'" (1948년 8월).
- Cambridge University Press—"De Descriptione Temporum," *The Discarded Image*(《폐기된 이미지》), *An Experiment in Criticism*(《오독: 문학 비평의 실험》), *Studies in Medieval and Renaissance Literature*, *Studies in Words*.
- Church of the Covenant, United Church of Christ—*Encounter with Light*. 작가 쉘던 베너컨에게 보낸 루이스의 다른 편지들과 함께 나중에 *A Severe Mercy*(《잔인한 자비》, 복있는사람 역간)에 수록되었다.

- *Church Times*—루이스의 편지 두 통.
- The Clarendon Press, Oxford—*The Allegory of Love, English Literature in the Sixteenth Century*, 1941년 *Review of English Studies*에 실린 *The Oxford Book of Christian Verse*에 대한 루이스의 서평.
- *The Coventry Evening Telegraph*—"Who Was Right—Dream Lecturer or Real Lecturer?" (1945년 2월 21일), 나중에 제목이 "Two Lectures"로 바뀌었다.
- *Decision*—"I Was Decided Upon" (1963년 9월), "Heaven, Earth and Outer Space" (1963년 10월), 나중에 둘이 합해져 제목이 "Cross-Examination"으로 바뀌었다.
- William B. Eerdmans Publishing Company—*Christian Reflections*(《기독교적 숙고》), Clyde S. Kilby의 *The Christian World of C. S. Lewis*에 수록된 편지 한 통, 미간행 상태였다가 지금은 *Letters to an American Lady*(《메리에게 루이스가》, 비아토르 역간)에 포함된 편지 몇 통.
- *Essays in Criticism*—"A Note on Jane Austen."
- Executors of Lewis's Estate와 Geoffrey Bles—*The Pilgrim's Regress*(《순례자의 귀향》), *They Asked for a Paper, Transpositions and Other Addresses* (미국 판은 The Macmillan Company에서 *The Weight of Glory*로 간행되었다), *Phoenix Quarterly*에 게재된 "A Christian Reply to Professor Price" (1946년 가을호, 원제는 "Religion Without Dogma?"였다), *A Preface to "Paradise Lost"*(《실낙원 서문》), St Athanasius의 *The Incarnation of the Word of God*에 쓴 서문.
- Mr W. G. Gardiner, Mr J. S. A. Ensor, the Electric and Musical Industries Christian Fellowship of Hayes, Middlesex—*Answers to Questions on Christianity*.
- Harcourt, Brace & World, Inc.—*The Four Loves*(《네 가지 사랑》), *Letters of C. S. Lewis, Letters to Malcolm: Chiefly on Prayer*(《개인

기도》), *Of Other Worlds, Poems, Reflections on the Psalms*(《시편 사색》), *Rehabilitations and Other Essays, Surprised by Joy*(《예기치 못한 기쁨》), *Till We Have Faces*(《우리가 얼굴을 찾을 때까지》), *The World's Last Night*(《세상의 마지막 밤》).

○ Harper & Row Publishers, Inc.—D. E. Harding의 *Hierarchy of Heaven and Earth*에 쓴 서문.

○ William Heinemann Ltd—*Spirits in Bondage*.

○ David Higham Associates Ltd—*Arthurian Torso*, Charles Williams와의 공저.

○ Hodder and Stoughton Ltd—Joy Davidman의 *Smoke on the Mountain*에 쓴 서문의 일부.

○ *Lumen Vitae*—"Difficulties in Presenting the Christian Faith to Modern Unbelievers" (1948년 9월), 나중에 제목이 "God in the Dock"으로 바뀌었다.

○ The Macmillan Company—*The Abolition of Man*(《인간 폐지》), *The Great Divorce*(《천국과 지옥의 이혼》), *The Horse and His Boy*(《말과 소년》, 시공주니어 역간), *The Last Battle*(《마지막 전투》, 시공주니어 역간), *The Lion, the Witch and the Wardrobe*(《사자와 마녀와 옷장》, 시공주니어 역간), *The Magician's Nephew*(《마법사의 조카》, 시공주니어 역간), *Mere Christianity*(《순전한 기독교》), *Miracles*(《기적》), *Out of the Silent Planet*(《침묵의 행성 밖에서》), *Perelandra*(《페렐란드라》), *Prince Caspian*(《캐스피언 왕자》, 시공주니어 역간), *The Problem of Pain*(《고통의 문제》), *The Screwtape Letters*(《스크루테이프의 편지》), *The Silver Chair*(《은 의자》, 시공주니어 역간), *That Hideous Strength*(《그 가공할 힘》), *The Voyage of the "Dawn Treader"*(《새벽 출정호의 항해》, 시공주니어 역간) *The Weight of Glory*(《영광의 무게》), J. B. Phillips의 *Letters to Young Churches*에 쓴 서문.

○ Mother Mary Martin과 Medical Missionaries of Mary—*The First*

*Decade: Ten Years' Work of the Medical Missionaries of Mary*에 게재된 "Some Thoughts."
- *Melbourne University Law Review* (구 *Res Judicatae*) — "The Humanitarian Theory of Punishment" (1953년 6월).
- The New England Anti-Vivisection Society — *Vivisection*.
- *The New English Weekly* — "The Romantics" (1947년 1월 16일), 나중에 "The Prudent Jailer"로 개작되어 *Poems*에 수록되었다.
- *The Observer* — "Must Our Image of God Go?" (1963년 3월 24일).
- Oxford University Press — *The Personal Heresy*, R. S. Wright의 *Asking Them Questions*에 실린 발췌문.
- *Punch* — "Revival or Decay?" (1958년 7월 9일).
- *St James' Magazine* — "Scraps" (1945년 12월).
- *The Saturday Evening Post* — "We Have No 'Right to Happiness'" (1963년 12월 21-28일).
- The Seabury Press, Inc. — *A Grief Observed*(《헤아려 본 슬픔》).
- The Society for Promoting Christian Knowledge — Dorothy Sayers의 *The Mind of the Maker*에 대한 서평의 발췌문 (*Theology*, 1941년 10월).
- The Socratic Society of Oxford — "Is Theism Important? A Reply" (*The Socratic Digest*, 1952년), "Is Theology Poetry?"와 "Religion Without Dogma?" (*The Socratic Digest*, 1948년).
- *The Spectator* — "Equality" (1943년 8월 27일), "Evil and God" (1941년 2월 7일), "Private Bates" (1944년 12월 29일), "Prudery and Philology" (1965년 1월 21일).
- Student Christian Movement in Schools와 the SCM Press Ltd — *Man or Rabbit?*
- *Time and Tide* — "Delinquents in the Snow" (1957년 12월 7일),

"Haggard Rides Again" (1960년 9월 3일, 나중에 제목이 "The Mythopoeia Gift of Rider Haggard"로 바뀌었다), "Hedonics" (1945년 6월 16일), 나중에 제목이 "The Necessity of Chivalry"로 바뀐 "Notes on the Way"의 여러 기고문 (1940년 8월 17일), "First and Second Things" (1942년 6월 27일), "Democratic Education" (1944년 4월 29일), "Different Tastes in Literature" (1946년 6월 1일), "Period Criticism" (1946년 11월 9일), "Priestesses in the Church?" (1948년 8월 14일).

○ *World Dominion*—"Myth Became Fact" (1944년 9-10월).

자료를 사용하도록 허락해 준 다음 기관에도 감사를 전한다.

○ The Bodley Head Ltd—*The Last Battle, The Magician's Nephew, Out of the Silent Planet, Perelandra, That Hideous Strength*.
○ Executors of C. S. Lewis와 Geoffrey Bles Ltd—*The Abolition of Man, The Four Loves, The Great Divorce, The Horse and His Boy, Letters of C. S. Lewis, Letters to Malcolm: Chiefly on Prayer, The Lion, the Witch and the Wardrobe, Mere Christianity, Miracles, Of Other Worlds, Poems, Prince Caspian, The Problem of Pain, Reflections on the Psalms, The Screwtape Letters, The Silver Chair, Surprised by Joy, Till We Have Faces, The Voyage of the "Dawn Treader,"* J. B. Phillips의 *Letters to Young Churches*에 쓴 서문.
○ Executors of C. S. Lewis와 J. M. Dent & Sons Ltd—*Dymer*.

| 클라이드 S. 킬비
| Clyde S. Kilby

1부

The Nature of Man

인간의 본성

1.

인간, 하나님의 형상

각각의 피조물에 대해 우리는 이렇게 말할 수 있네. "이 또한 주님이면서 이 또한 주님이 아니다."

    단순한 믿음은 놀라우리만치 쉬이 그 지점으로 도약한다네. 일전에 나는 히틀러를 직접 본 유럽 대륙의 어느 목사와 대화를 나누었는데, 그는 인간적으로 얼마든지 히틀러를 증오할 이유가 있었지. 그런데 "히틀러가 어떻게 생겼던가요?" 하고 내가 묻자 그는 이렇게 답하더군. "다른 모든 사람과 같더군요. 그러니까…… 예수님처럼 생겼습니다."

《개인 기도 Letters to Malcolm》, 14장

빛들의 아버지이신 그분의 도움이 없이는 어디서도 선을 행할
수 없다.

《시편 사색 Reflections on the Psalms》, 11장

"…… 영원한 기운이
덧없는 인간 안에 영원한 테마를 불어넣으니."

Dymer(시집 다이머), 8편 10연

하나님은 만물 안에 계시지만 방식이 꼭 똑같지는 않네. 인간과
'성별된 빵과 포도주' 안에 다르게 계시고, 악인과 선인 안에
다르게 계시고, 동물과 인간 안에 다르게 계시고, 나무와 동물
안에 다르게 계시고, 무생물과 나무 안에 다르게 계시지. 그런데
여기에 역설이 있어. 고등동물일수록 하나님은 그 안에 더 많이
계시면서 더 적게 계신다네. 은혜로는 더 많이 임재하시지만,
단순한 권력으로서는 (일종의 퇴위를 통해) 더 적게 임재하시네.
만물의 영장에게는 ("각자의 작은 삼지창을 휘둘러") 그분의 뜻에
따를 의지력을 주시지만, 하등동물은 저절로 그분의 뜻대로
움직인다네.

《개인 기도 Letters to Malcolm》, 14장

말했듯이 그의 논리는 완전에 가까웠을 뿐 완전하지 못했다. 장로교인이었다가 무신론자가 된 그는 주중에 으레 그러듯이 일요일에도 정원 일을 했다. 그런데 장로교인이었던 젊은 날의 이상한 특징 하나가 그대로 남아 있었다. 정원을 가꾸되 일요일에는 옷차림을 약간 더 단정하게 했던 것이다. 하나님을 믿지 않는 이 스코틀랜드계 아일랜드인도 차마 안식일에 평일에 입듯 입을 수는 없었다.

《예기치 못한 기쁨 Surprised by Joy》, 9장

기도나 그 밖의 다른 모든 행위는 우리 내면의 더 깊은 데서 솟아날수록 더 그분의 것이지만, 그렇다고 덜 우리의 것은 결코 아니라네. 오히려 가장 그분의 것일 때 가장 우리의 것이지. 매튜 아놀드는 우리가 "삶의 바다"에 서로 "섬처럼 고립되어 있다"라고 말하지만, 하나님으로부터는 그런 식으로 "섬처럼 고립될" 수 없어. 자네와 내가 별개의 개체이듯 하나님과도 그렇다면, 나는 소멸되고 말 것일세.

《개인 기도 Letters to Malcolm》, 13장

인간의 저작을 '창조'라 칭함은 내가 보기에 완전히 어불성설입니다. 우리는 하나님이 만들어 놓으신 재료를 재배열할 뿐이에요. 정말 새로운 창조란 우리에게 털끝만큼도 없습니다. 새로운 원색, 제3의 성^{性}, 4차원, 하다못해 기존의 여러 동물을 짜깁기하지 않은 괴물을 한번 상상해 보십시오. 부질없는 짓이지요. 그래서 우리의 작품이 타인에게 주는 의미는 우리의 의도와는 사뭇 다를 수밖에 없습니다. 우리가 재조합하는 재료가 하나님의 작품이라서 그 안에 이미 그분의 의미를 담고 있기 때문입니다. 재료에 담긴 하나님의 의미 때문에 우리는 자신이 만든 작품의 의미조차도 결코 다 알 수 없으며, 어쩌면 우리가 의도하지 않은 의미가 최고의 참뜻일지도 모릅니다. 책을 쓰는 일은 창조라기보다 나무를 심거나 아이를 낳는 일에 훨씬 가깝습니다. 세 경우 모두 우리는 순리대로 돌아가는 인과의 흐름 속에 하나의 원인으로 끼어들 뿐이지요. 그러기를 다행입니다. 엄격한 의미의 창조가 정말 가능하다면, 어느새 우리는 일종의 지옥을 창조하지 않겠습니까?

Letters(서한집), 1943년 2월 20일

2.

타락한 인간

아슬란이 말했다. "너는 아담 경과 하와 부인의 후손이다. 이는 가장 가난한 거지도 고개를 꼿꼿이 들 만큼의 영광이지만, 또한 지상 최고의 황제도 어깨가 축 처질 만큼의 수치이기도 하다."

《캐스피언 왕자 Prince Caspian》, 15장

비기독교인은 인간이 딱히 무슨 공로가 있거나 우수해서
예수님이 성육신하셨다고 생각하는 것 같다. 하지만 반대다.
우리는 유독 흠이 많고 타락한 존재다. 구원받을 자격을 갖춘
피조물이라면 구원이 필요하지도 않을 것이다. 몸이 성한
사람에게는 의사가 필요 없다. 그리스도께서 인간을 위해
죽으신 이유는 바로 인간에게 그만한 가치가 없어 가치를
부여하시기 위해서다.

《세상의 마지막 밤 The World's Last Night》, 6장

방심했을 때 하는 행동을 보면 상대가 어떤 사람인지를 가장
정확히 알 수 있다. …… 지하실에 쥐가 있을 경우 불시에
쳐들어가면 쥐를 볼 공산이 크다. 그러나 갑자기 문을 연다고
해서 쥐가 생겨난 것이 아니라 쥐가 숨을 겨를이 없어진
것일 뿐이다. 마찬가지로 누가 갑자기 도발한다고 해서 내가
성질부리는 사람이 되는 것은 아니다. 원래 성질부리는
사람임이 드러날 뿐이다.

《순전한 기독교 Mere Christianity》, 4부 7장

"아직은 그 어떤 것도 본연의 참모습이 아니다."

《우리가 얼굴을 찾을 때까지 Till We Have Faces》, 2부 4장

3.

위로할 길 없는 그리움

내 안에 이 세상의 어떤 경험으로도 채울 수 없는 갈망이 있다면, 그것에 관한 가장 개연성 있는 설명은 내가 다른 세상을 위해 창조되었다는 것이다.

《순전한 기독교 Mere Christianity》, 3부 10장

인간은 자신보다 훨씬 강하고 낫고 정교한 꿈을 꾸는 존재인데,
지성 없는 우주가 어떻게 그런 창조물을 낳을 수 있겠습니까?
…… 물고기가 물에 젖는다고 바다에 대해 불평하나요?
불평한다면 그야말로 물고기가 늘 수중 동물만은 아니었거나
장차 아닐 것이라는 확실한 단서 아니겠습니까? 당신이 정말
유물론적 우주의 산물이라면, 여기가 집처럼 편하지 않은
이유가 무엇입니까?

쉘던 베너컨의 《잔인한 자비 A Severe Mercy》에 실린 편지

이제 보니 …… 그의 내면의 근원적인 목마름은 이 세상의 뿌리
깊은 성향과는 들어맞지 않았다.

《순례자의 귀향 The Pilgrim's Regress》, 8권 6장

머나먼 본국을 향한 갈망이 이미 우리 안에 있는데도 나는 이
갈망을 논하기가 은근히 꺼려진다. 이제부터 당신 안에 있는
위로받지 못할 비밀이 폭로될 테니 내가 당신에게 무례를
범하는 셈이다. 이 비밀은 너무도 아파서 당신은 여기에 향수니
낭만이니 청춘이니 하는 이름을 붙여 복수를 가한다. ……
우리의 가장 흔한 방책은 이를 아름답다고 칭함으로써 마치
문제가 해결된 양 행동하는 것이다. 윌리엄 워즈워스의 방책은

이를 과거의 특정한 순간으로 치환하는 것이었다. 하지만 이 모두는 속임수다. 워즈워스가 과거의 한순간으로 돌아가 만난 것은 실체가 아니라 추억이었을 테고, 회고한 내용 자체도 알고 보면 기억이었을 것이다. 아름다움이 책이나 음악 속에 있는 줄 알고 거기에 의지하면 돌아오는 것은 배반이다. 아름다움은 그 속에 있지 않고 이를 통해 올 뿐이다. 결국 책이나 음악을 통해 오는 것은 그리움이다. 아름다움과 지난 추억은 우리가 정말 갈망하는 대상의 이미지로서는 좋지만, 그것을 실체로 착각하면 우상으로 변해 숭배자의 마음을 찢어 놓는다. 그것은 실체가 아니라 우리가 맡아 보지 못한 꽃의 향기, 들어 보지 못한 곡조의 메아리, 아직 가 보지 못한 나라의 소식이기 때문이다. …… 이 우주에서 이방인 취급을 받는다는 심정과 그래서 인정받고 반응을 얻어 자신과 실재 사이의 큰 괴리를 연결하고 싶은 열망은, 우리가 가진 위로받지 못할 비밀의 일부다. ……

우리 평생의 향수병(현재 단절감이 드는 우주의 무엇과 재결합하여 늘 밖에서만 보던 문안으로 들어가고 싶은 동경)은 그저 망상이 아니라 우리의 실상을 보여 주는 가장 확실한 지표인 셈이다.

《영광의 무게 The Weight of Glory》, "영광의 무게"

"정욕을 되새김질할수록 절망만 쌓이고
충족은 없나니……"
Dymer (시집 다이머), 9편 8연

　　나 자신이 헤스페리데스(그리스 신화 속의 요정들-옮긴이)의
정원을 정말 갈망한 줄로 생각한 것이 잘못이듯이, 알고
보니 기쁨 자체를 희구한 줄로 생각한 것도 똑같이
잘못이었다(불가사의였다). 내가 그야말로 마음속 하나의
사건이라 여겼던 기쁨 자체는 아무런 가치가 없는 것으로
밝혀졌다. 모든 가치는 기쁨이 희구하는 다른 무엇에 있었다.
그런데 그 대상은 분명히 내 마음과 몸의 상태가 아니었다.
오답을 차례차례 배제하는 방식으로 내가 입증한 사실이다.
나는 내 마음과 몸의 모든 면을 놓고 "내가 원하는 것이 정말
이것인가?"라고 자문해 보았다. 끝으로 내가 원하는 것이 기쁨
자체인지도 물었고, 기쁨을 '심미적 경험'이라 칭하며 짐짓
그렇다고 답해 보기도 했다. 하지만 그 답도 무너졌다.
　　기쁨은 가차 없이 이렇게 단언했다. "네가 나를 바라기는
하지만, 사실 네가 원하는 것은 바깥의 '다른 무엇'이다. 너도
아니고 너의 어떤 상태도 아니다." 나는 아직 이 갈망의 대상이
누구냐고는 묻지 못하고 무엇이냐고만 물었다. 그런데도 이미
외경의 땅에 들어와 있었다. 알고 보니 자아에서 벗어나 그 '다른
무엇'과 교감을 이루려면 심연의 고독 속에 들어가야 한다. '다른

무엇'은 어떤 오감의 대상, 우리의 생물학적 또는 사회적 욕구, 가상의 존재, 우리의 심리 상태 등이 아니라 순전히 객관적인 존재로 자신을 계시한다. 몸처럼 감각의 옷을 두르고 있지 않아 몸보다 훨씬 객관적이다. 이 적나라한 타자는 (우리가 예를 갖춘답시고 수많은 형상을 상상해 내지만) 형상이 없는 미지의 존재요 막연한 갈망의 대상이다.

《예기치 못한 기쁨 Surprised by Joy》, 14장

그들이 뭐라고 말하든 우리의 의식 속에는 이 땅의 행복으로 채우지 못할 갈망이 상존한다. 그렇다면 실재가 그 갈망을 채워 주리라고 볼 근거가 있을까? …… 어떤 사람이 시장기를 느낀다 해서 빵이 눈앞에 저절로 나타나리라는 보장은 없다. 그는 대서양 한가운데 떠 있는 뗏목 위에서 굶어 죽을 수도 있다. 그러나 인간이 음식을 먹어서 몸을 보전하는 종족이며, 인간 세상에 먹을거리가 존재한다는 사실만은 배고픔을 통해 확실히 입증된다. 마찬가지로 내가 갈망한다 해서 낙원을 누리리라는 보장은 없지만(그랬으면 좋겠다), 내 생각에 그 갈망은 어딘가에 낙원이 존재하여 장차 누군가가 누리리라는 징후로 보기에는 충분하다. 남자가 자신이 사랑하는 여자를 얻지 못할 수는 있지만, '사랑에 빠지는' 현상이 성性이 없는 세계에서 발생한다면 아주 이상할 것이다.

《영광의 무게 The Weight of Glory》, "영광의 무게"

우리는 태어날 때부터 무력한 존재이며, 의식이 다 깨어나는 순간 외로움을 느낀다. ······

우리의 전 존재가 본질상 하나의 거대한 결핍이다. 초벌만 그려진 미완의 상태고, 텅 비어 있으면서도 너저분하다. 그래서 우리는 그분을 향해 부르짖는다. 그분이 얽힌 데를 풀어 주시고 뜯어진 데를 봉합해 주셔야 한다.

《네 가지 사랑 The Four Loves》, 1장

인간이 태어날 때부터 기억하는
태곳적의 음악을
닮은 음악.

Poems(시집), "모음과 경적"

"나는 가장 행복할 때 가장 그리웠다. ······ 모든 아름다움의 근원을 찾고픈 ······ 그 그리움이 내 평생 가장 달콤했다."

《우리가 얼굴을 찾을 때까지 Till We Have Faces》, 1부 7장

어떤 행복과 경이는 당신을 엄숙해지게 한다. 가벼운 농담으로
허비하기에는 너무 좋은 것이기 때문이다.

《마지막 전투 The Last Battle》, 15장

우리가 흔히 구분하는 소유와 갈망은 기쁨의 속성 앞에서
무의미해진다. 거기서는 소유가 곧 갈망이며, 갈망이 곧 소유다.
다시 그렇게 〔기쁨에〕 찔리고 싶어진 순간이 그래서 내게는 그
자체로 찔림이었다.

《예기치 못한 기쁨 Surprised by Joy》, 11장

샤르트르 학교 교실에서 기쁨을 경험한 그 첫 순간부터 공상
속에서 이루어지는 내 은밀한 삶은 비중이 워낙 커졌고,
두 이야기를 거의 따로 해야 할 정도로 내 바깥 생활과는
분리되었다. 양쪽의 삶은 서로 전혀 영향을 미치지 않는 것
같다. 한쪽은 기쁨에 굶주려 메마른 황야인데, 다른 쪽은 활기와
성공에 잔뜩 들떠 있을 수 있다. 거꾸로 바깥 생활은 비참한데
속으로는 환희에 차 있을 수도 있다.

《예기치 못한 기쁨 Surprised by Joy》, 5장

죽음을 생각하면 만감이 교차하지만, 내가 죽음을 사모할 수 있는 때는 결코 이 세상이 가장 삭막해 보이는 때가 아닐세. 반대로 이미 이곳에 천국이 거의 충만해 보일 때일수록 마냥 본향이 그리워진다네. 책머리에 나오는 화사한 삽화를 보고서 이야기를 읽을 구미가 당기는 것과도 같아. 모든 기쁨(한낱 쾌락과 구별되면서도 그보다 더 즐거운)은 우리가 순례자 신분임을 부각시켜 주지. 늘 다시 생각나게 하고, 손짓해 부르며, 열망을 들깨운다네. 우리의 최상의 소유는 곧 갈망이네.

Letters(서한집), 1954년 11월 5일

한때 나는 인간이 천국을 갈망하지 않는다고 생각한 적이 있다. 그러나 지금은 인간이 마음속으로 과연 천국 외에 다른 것을 갈망해 본 적이 있는지 의문이 들 때가 더 많다. …… 천국은 모든 영혼에 찍혀 있는 은밀한 화인이고, 형언하거나 달랠 길 없는 우리의 빈자리다. 우리는 배우자를 만나거나 친구를 사귀거나 직장을 정하기 전부터 천국을 갈망했고, 배우자나 친구나 직장이 뇌리에서 사라질 임종의 순간에도 여전히 천국을 갈망할 것이다. …… 평생 당신의 의식 바로 저편에 손닿지 않는 희열이 맴돌고 있었다. 그 날이 와서 깨어나 보면, 당신은 바랄 수 없는 중에도 그것을 얻었거나 기회가 있었는데도 영영 잃었거나 둘 중 하나일 것이다.

《고통의 문제 The Problem of Pain》, 10장

나 일어나 친구도 고향도 등지리.
순례자 되어 숱한 영토와
낯선 숲과 바다를 지나고
지상의 마지막 가파른 절벽을 찾아
거기서 빛의 심해로 뛰어내리리.
내 작은 자아가 태어나기 전
내 일부나마 바르게 살던 그곳에.

Spirits in Bondage(영혼의 굴레), "우리의 일용할 양식"

춤과 게임은 이 땅에서는 하찮고 시시하지. '이 땅'이 제자리가 아니기 때문일세. 여기서는 그것이 우리의 주어진 삶을 살다가 잠시 쉬는 시간에 불과하다네. 하지만 이 세상은 모든 것이 거꾸로 되어 있어. 이대로 계속 간다면 증발하고 말 기쁨이 천국에서는 궁극의 목적이나 다름없네. 기쁨은 천국에서 중대사라네.

《개인 기도 Letters to Malcolm》, 17장

"꼭 섬의 형상이 아니더라도 주님은 그 나라의 다양한 사진을 보내시네. 사진은 저마다 달라도 전달되는 메시지는 똑같아. 다 이해할 수 없는 그 메시지는 인간의 갈망을 깨워 세상의 동쪽이나 서쪽의 무엇을 그리워하게 한다네. 그것을 조금이라도 소유하려면 갈망해야만 하며, 그것을 삽시간에 잃기 쉬우니 갈망 자체를 자꾸 되살려야 하네. 그것은 지척에 놓인 평범하거나 심지어 비루한 만족과 혼동될 수밖에 없네. 하지만 연속되는 변증법적 생멸生滅을 충실히 살아 내는 사람은 그것에 이끌려 마침내 참기쁨의 자리에 이르게 되지."

《순례자의 귀향 The Pilgrim's Regress》, 8권 9장

사자 아슬란은 "내가 너희를 계속 부르지 않았다면 너희는 나를 부르지 못했을 것이다"라고 말했다.

《은 의자 The Silver Chair》, 2장

주님, 왜 답을 주시지 않는지 이제 알겠습니다. 바로 주님이 답이십니다. 주님의 얼굴 앞에서 의문은 자취를 감춥니다. 달리 무슨 답으로 족하겠습니까? 오직 말씀뿐입니다. 말씀이 우리를 이끌어 내 다른 말들에 맞서 싸우게 합니다.

《우리가 얼굴을 찾을 때까지 Till We Have Faces》, 2부 4장

조지 맥도널드의 책을 읽을 때처럼, 나는 G. K. 체스터턴의 글을 읽을 때도 내가 어떤 세계에 들어서는지를 미처 몰랐다. 흔들림 없는 무신론자로 남으려는 젊은이라면 독서에 아무리 조심해도 지나치지 않다. 사방에 덫이 널려 있다. 시인 조지 허버트의 말마따나 "성경을 펼치면 그 안에 기습과 촘촘한 그물과 계략이 숱하게 있다." 이런 표현을 써도 된다면 하나님은 아주 엉큼하신 분이다.

《예기치 못한 기쁨 Surprised by Joy》, 12장

4.

자유로운 자아

개인의 선택에 따라 어떤 일이 일어나거나 아무 일도 일어나지
않거나 둘 중 하나일 수밖에 없다. 세상은 다름 아닌 이런
곳으로 지어졌다.
《페렐란드라 Perelandra》, 11장

인간과 천사의 죄는 하나님이 그들에게 자유 의지를 주셨기에
가능했다. 그분이 이렇게 자신의 전능성을 일부 내려놓으신

데는(역시 죽음 같은 이동 또는 하강하는 이동이다) 그만한 이유가 있다. 로봇의 세계보다는 차라리 타락할지라도 자유로운 피조물의 세계에서 그분이 더 깊은 행복과 더 충만한 영광을 이루어 내실(다시 승귀昇貴하실) 수 있기 때문이다.

《기적 Miracles》, 14장

피조물의 자유란 곧 선택할 수 있는 자유라야 하고, 선택하려면 여러 대안이 존재해야 한다. 그런 환경이 없다면 피조물이 선택하고 말 것도 없다. 그래서 자유도 자의식처럼(그 둘이 서로 다르다면) 자아 앞에 자아 아닌 다른 무엇이 존재해야만 가능해진다.

《고통의 문제 The Problem of Pain》, 2장

피조물이 자유 의지를 오용할 때마다 하나님이 결과를 바로잡으시는 세상, 그런 세상이 이론으로는 가능할지도 모른다. 그러면 각목을 무기로 휘두르려 하면 각목이 풀잎처럼 흐늘흐늘해지고, 공기에 거짓말이나 욕설의 음파를 실어 보내려 하면 공기가 거부할 것이다. 하지만 그런 세상에서는 잘못된 행동이 불가능하며, 따라서 자유 의지도 무용지물이다.

《고통의 문제 The Problem of Pain》, 2장

체스 게임에서 상대에게 임의로 얼마간 양보할 수는 있다. 게임
규칙이 자연 법칙이라면, 양보는 기적에 해당한다. 예를 들어
당신은 말 하나를 내주거나 상대의 경솔한 수를 가끔 물러 줄 수
있다. 하지만 매 순간 벌어지는 일마다 상대에게 맞추어 주기로
양보한다면, 게임 자체가 불가능해진다. 상대는 모든 수를 무를
수 있고, 당신의 말은 상대에게 거슬리는 위치에 놓일 때마다
죽는다면 말이다. 세상에서 영혼의 삶도 마찬가지다. 불변의
법칙, 원인에 따른 필연적 결과, 전체 자연 질서 등은 일상의
삶을 제한하는 테두리인 동시에 삶을 가능하게 하는 유일한
조건이다. 자연 질서와 자유 의지에 뒤따르는 고통의 가능성을
없애려 해 보라. 어느새 삶 자체가 사라질 것이다.

《고통의 문제 The Problem of Pain》, 2장

자유롭지만 잘못될 가망은 없는 피조물이 가능하다는 사람도
있으나, 나로서는 상상할 수 없다. 선해질 자유가 있다면 악해질
자유도 있다. 자유 의지가 있기에 악도 가능하다. 그렇다면
하나님은 왜 우리에게 자유 의지를 주셨을까? 악뿐 아니라
값진 사랑이나 선이나 기쁨도 자유 의지가 있어야만 가능하기
때문이다. 로봇(기계처럼 작동하는 피조물)의 세상은 별로 창조할
가치가 없다. 하나님이 만물의 영장인 인간에게 주시려는
행복은 사랑과 기쁨의 무아경 속에서 자유롭게 자원하여 그분과
연합하고 또 서로 간에 연합하는 행복이다. 이에 비하면 남녀가

이 땅에서 나누는 가장 희열에 찬 사랑조차도 김빠진 상태에 지나지 않는다. 그런 행복을 누리려면 인간이 자유로워야 한다.

하나님이 보시기에 우주의 이런 전쟁 상태는 자유 의지를 확보하기 위해 마땅히 치를 만한 대가다. 즉 그분은 장난감처럼 그분의 꼭두각시로써만 움직이는 세상이 아니라, 피조물이 실제로 선이나 악을 행할 수 있고 정말 중요한 일이 벌어질 수 있는 살아 있는 세상을 지으셨다. 그렇다면 우리도 이 대가를 치를 만하다.

《순전한 기독교 Mere Christianity》, 2부 3장

"하나님은 왜 피조물을 이런 조잡한 원료로 지어 잘못되게 하셨는가?" 언젠가 누가 내게 그렇게 물었는데, 자유 의지를 이해하고 나면 그게 얼마나 실없는 질문인지 알게 된다. 피조물의 원료가 더 나을수록(더 똑똑하고 강하고 자유로울수록), 잘되면 더 좋아지지만 잘못되면 더 나빠진다. 소는 아주 선하거나 악해질 수 없지만, 개는 그보다는 더 선하거나 악해질 수 있다. 아이는 그 이상이고, 범인凡人은 그 이상이고, 천재는 그 이상이다. 초인의 정신은 최선이나 최악이 될 수 있다.

《순전한 기독교 Mere Christianity》, 2부 3장

가장 불가항력의 행동일수록 가장 자유로운 행동이기도 합니다.
당신의 어떤 부분도 그 행동에서 제외되지 않는다는 뜻입니다.
역설이지요.
《피고석의 하나님 God in the Dock》, "질의응답"

인간은 어쩔 수 없이 자신을 …… 두 사람으로 생각하고 말하게
된다. 그중 하나가 다른 하나에게 영향을 미치며 관찰한다.
…… 물론 이 수상한 내면의 공범도 겉사람의 모든 속성을
똑같이 공유한다. 그 역시 당신을 대적하는 증인이고, 언제라도
협박범이 될 수 있으며, 수치심과 두려움을 부른다.
Studies in Words(단어 연구), 8장 4단원

당신의 자아를 그분께 내어 드리지 않는 한 참자아를 얻을 수
없다. ……
 아직 놓아 보내지 않았다면 아무것도 정말 당신 것이
아니다. 아직 죽지 않았다면 당신 안의 그 무엇도 부활하지
못한다. 자신을 구하면 장기적으로 미움과 외로움과 절망과
분노와 파멸과 부패밖에 얻지 못한다. 그러나 그리스도를
구하면 그분은 물론이고 덤으로 모든 것도 함께 얻는다.
《순전한 기독교 Mere Christianity》, 4부 11장

덤불 밑의 곰팡이, 길 위의 이끼, 야트막한 벽돌담은 겉보기에 똑같은데도 달라져 있었다. 그녀는 이미 선을 넘어 어떤 세계나 인격체나 임재 안에 들어와 있었다. 간절하고 끈질긴 불굴의 무엇이 그녀와 조우했고, 중간에 아무런 휘장이나 방벽도 없었다. …… 그녀를 조여 오는 이 요구는 비교조차 할 수 없을 만큼 그 어떤 요구와도 달랐다. 이것은 모든 정당한 요구의 근원이면서 나머지를 다 포괄했다. 이것만 알면 나머지도 이해가 되지만 나머지를 통해서는 이것을 알 길이 없었다. 예나 지금이나 이런 것은 없었고, 이제는 아예 이것밖에 없었다. 그러면서도 여태 모든 것이 이것과 같았고, 무엇이든 이것과 같음으로써만 존재했다. 그녀가 여태 '나'라고 부르던 초라한 자아상은 이 높이와 깊이와 너비 앞에 무너져 내려, 끝 모를 나락 속으로 맥없이 사라졌다. 진공 상태에 놓인 새처럼 말이다. ……

그녀에게 벌어진 이 일생일대의 사건은, 너무 짧아서 시간이랄 수도 없는 찰나의 순간에 제자리를 찾은 듯했다.

《그 가공할 힘 That Hideous Strength》, 14장

5.

어린아이처럼

'성인'을 단순 명사 대신 칭송의 말로 취급하는 비평가들은
자신도 성인일 수 없다. 어서 어른이 되고 싶고, 성인이라는
이유만으로 성인을 우러러보며, 유치해 보일까 봐 부끄러워하는
것, 이것은 다 유년기와 사춘기의 특징이다. …… 나는 열 살
때는 동화를 몰래 읽었고, 만일 그러다 들켰다면 창피했을
것이다. 그러나 50세가 된 지금은 동화를 드러내 놓고 읽는다.
내가 장성한 사람이 되어서는 어린아이의 일을 버렸는데,
유치함에 대한 두려움과 훌쩍 어른이 되고 싶던 마음도 함께
버렸다.

Of Other Worlds(다른 세계들에 관하여), "어린이를 위한 글을 쓰는 세 가지 방법"

시에 대한 어릴 적의 첫 반응을 여태 고스란히 간직한 성인만이 정말 장성했다고 할 수 있다. 거기에 무엇이든 보태서 더욱 풍부해진 상태로 말이다. 변화만으로는 성장이 아니고 변화에 연속성까지 합해져야 성장이다. 연속성이 없으면 성장도 없다. 《걸리버 여행기》에 대한 유년기의 감상鑑賞을 버려야만 성숙한 감상에 이를 수 있다는 비평가도 있지만, 그건 그렇지 않다. 만일 그렇다면 성숙하게 무르익는다는 개념 자체가 성립되지 않는다.

Selected Literary Essays (문학 평론선), "햄릿: 왕자인가 시인가?"

당신이 끼워 넣는 교훈은 당신의 의식 표면에서 긁어낸 상투어나 심지어 허언일 소지가 높다. 이런 말은 아이에게 적합하지 않다. …… 즉 작가가 구상한 전체 등장인물에게서 뻔히 예상되는 교훈만이 값지다는 식이다. …… 어린 독자를 가르치려 들거나 우상화하지 말고 인간 대 인간으로 대화해야 한다. 무엇보다도 최악의 태도는 어린아이라고 몽땅 싸잡아 무슨 원자재처럼 관리하려는 '꼰대' 근성이다.

Of Other Worlds (다른 세계들에 관하여), "어린이를 위한 글을 쓰는 세 가지 방법"

아이가 마법의 숲 이야기를 읽었다 해서 진짜 숲을 멸시하지는 않는다. 오히려 독서 덕분에 모든 진짜 숲에 약간 마법이 걸린다. …… 동화를 읽는 아이는 갈망한다는 사실 자체로 행복하다. 대개 사실주의 소설에서와는 달리, 생각이 자신에게 집중되지 않기 때문이다.

Of Other Worlds(다른 세계들에 관하여), "어린이를 위한 글을 쓰는 세 가지 방법"

2부

The Moral World

도덕 세계

1.

도道

내가 하려는 말은 두 가지다. 첫째로, 이 세상 모든 사람은 자기가 특정한 방식대로 행동해야 한다는 신기한 생각이 있고, 그 생각을 절대 떨치지 못한다. 둘째로, 그런데도 실제로는 그렇게 행동하지 않는다. 자연법을 알면서도 어긴다. 이 두 가지 사실이야말로 우리 자신에 대한 그리고 우리가 살고 있는 우주에 대한 모든 명쾌한 사고의 기초다.

《순전한 기독교 Mere Christianity》, 1부 1장

진실과 허위는 반대지만, 진실은 진실과 허위 둘 다의 기준이다.
The Allegory of Love (사랑의 유비), 7장 2단원

중국에서도 논하는 이 도道는 (가장) 위대한 것이다. 도는 모든 술어를 뛰어넘는 실재고, 창조주 앞에 놓여 있던 심연이다. 천리天理이고 길이자 방도다. 이 길로 우주가 운행되며, 이 길로 만물이 고요하고 잔잔하게 시간과 공간 속에 생겨나 영원히 지속된다. 모든 인간도 우주와 초우주의 순행을 본받아 바로 이 길을 걸어야 한다. 모든 활동을 그 위대한 본보기에 맞추어야 한다. ……

도를 아는 이들에 따르면, 아이를 예뻐하고 노인을 공경하는 것은 단지 부모나 자식으로서 순간의 감정에 충실한 심리 상태가 아니라, 우리의 일정한 반응을 요구하는 덕목이기도 하다. 실제로 그렇게 반응하든 아니든 관계없이 말이다.
《인간 폐지 The Abolition of Man》, 1장

자명하지 않다면 아무것도 입증될 수 없다. 마찬가지로 그 자체로 의무가 아니라면 아무것도 의무일 수 없다.
《인간 폐지 The Abolition of Man》, 2장

내가 편의상 '도'라고 칭하는 이것은 여러 가능한 가치 체계 가운데 하나가 아니다. 자연법, 전통 도덕, 절대 원리, 양심으로도 불리는 이것은 모든 가치 판단의 유일한 근원이다. 이것을 버리면 모든 가치도 버려지고, 어떤 가치라도 남기면 이것도 남는다. 이것을 논박하고 새로운 가치 체계를 대신 세우려는 노력은 자가당착이다. 세계 역사상 완전히 새로운 가치 판단은 전에도 없었고 후에도 없을 것이다. 소위 새로운 체계나 (요즘의 표현으로) "이데올로기"는 모두 이 도의 파편으로 이루어져 있다. 전체 문맥에서 제멋대로 떼어내 마구 부풀린 것인데, 그래도 각 부분의 타당성은 여전히 전적으로 이 도에 기반을 둔다. 부모를 공경할 의무가 미신이라면 자손을 돌볼 의무도 미신이다. 정의가 미신이라면 조국이나 민족에 대한 의무도 미신이다. 과학 지식을 추구하는 것이 진정한 가치라면 부부간의 정절도 마찬가지다. 이 도에 맞서는 새로운 이데올로기의 반란은 가지가 나무에 맞서는 반란과도 같아서, 반란에 성공한다 해도 어느새 자멸한 뒤다. 인간의 지성은 새로운 가치를 만들어 낼 능력이 없다. 새로운 원색을 상상해 내거나 새로운 해와 하늘을 삶의 터전으로 창조할 수 없는 것과 마찬가지다. ······

　이 도를 떠나서는 이 도는 물론이고 그 무엇도 비판할 근거가 없다.

《인간 폐지 The Abolition of Man》, 2장

사실 이 도는 "창조되지 않고 나신" 것이라 할 수 있습니다(니케아 신경에 성자 예수님을 묘사한 표현-옮긴이). 기독교적 관점에서 보면 이 도야말로 말씀이신 그분 자신이 아니겠습니까?
클라이드 킬비의 The Christian World of C. S. Lewis(C. S. 루이스의 기독교 세계)에 수록된 편지

현대 이전까지는 어떤 일류 사상가도 우리의 가치 판단이 합리적 판단이며 이를 통해 밝혀지는 내용이 객관적 사실임을 의심한 적이 없었다. 정욕의 유혹에 대립되는 것은 감정이 아니라 이성이라고 당연히 받아들여졌다. 플라톤과 아리스토텔레스가 그렇게 생각했고, 리처드 후커와 조셉 버틀러와 새뮤얼 존슨 박사도 마찬가지다. 그런데 현대에 와서 관점이 완전히 바뀌었다. 이제 가치 판단은 아예 판단으로 통하지 않는다. 그것은 환경과 전통의 영향으로 생겨난 공동체의 감정이나 콤플렉스나 입장일 뿐이며, 그래서 공동체마다 다르다. 어떤 대상이 선하다는 말은 우리의 감정 표현에 불과하며, 그 감정은 사회적으로 조건화된 것이다. ……측정 도구와 측정 대상이 별개가 아니고는 아무것도 측정할 수 없다. …… 인간의 지성은 새로운 가치를 만들어 낼 능력이 없다. 하늘에 새로운 태양을 달거나 분광spectrum에 새로운 원색을 넣을 수 없는 것과 마찬가지다.
《기독교적 숙고 Christian Reflections》, "주관주의의 독"

영구적 도덕 기준이 있으면 발전이 불가능할까? 오히려 반대다. 불변의 기준이 전제되지 않고는 진보가 불가능하다. 선善이 부동점이면 거기에 점점 더 가까워지는 것이 그나마 가능하지만, 종착역이 기차처럼 이동한다면 기차가 어떻게 그쪽으로 전진할 수 있겠는가? 우리가 생각하는 선이 바뀔 수는 있으나, 불변의 절대선이 없이는 좋은 쪽으로든 나쁜 쪽으로든 바뀔 수 없다. 절대선이 있어야 거기에 근접하든지 거기서 멀어지든지 할 수 있다. 덧셈의 합계가 점점 더 정답에 가까워지려면, 정답이 하나로 '정해져' 있어야 한다. ……

'선'이 진영 논리에 불과하다면, 그런 논리를 지어내는 이들 자신은 어떻게 선의 개념에 기댈 수 있는가? 자유라는 개념에는 통치자와 피통치자에게 똑같이 적용되는 객관적 도덕법이 전제된다. ……

어린아이처럼 객관적 가치를 믿는 단순한 믿음으로 돌아가지 않는 한, 우리는 망할 수밖에 없다.

《기독교적 숙고 Christian Reflections》, "주관주의의 독"

단지 선을 위해 선해질 수는 있지만, 단지 악을 위해 악해질 수는 없다. 달갑지 않고 내키지 않아도 친절하게 행동할 수 있음은 친절이 옳기 때문이다. 그러나 자고로 잔인한 것이 나쁘다는 이유만으로 잔인하게 행동한 사람은 아무도 없다. 잔인한 것이 자신에게 유쾌하거나 유익해서 그랬을 뿐이다.

다시 말해서 선은 스스로 선하지만 악은 저 혼자서는 악할
수조차 없다. 선은 그 자체로 존재하지만 악은 망가진 선일
뿐이다. 우선 선이 존재해야 망가질 수도 있다. 사디즘이라는
성 변태를 논할 수 있으려면 먼저 정상적 성性에 대한 개념이
있어야 한다. 무엇이 변태인지 가려낼 수 있음은 정상을
기준으로 변태를 설명할 수 있기 때문이다. 변태를 기준으로
정상을 설명할 수는 없다. …… 사람이 악해지려면, 선한 길을
택할 수 있는데도 나쁜 길로 들어서야 한다. 충동을 악용할 수
있으려면 그 충동이 원래 선했어야 한다.

《순전한 기독교 Mere Christianity》, 2부 2장

세상의 모든 불행은 그 세상을 지으시고 운행하시는 온전히
선하신 존재와 서로 모순되지 않는다. 이 교리에 대한 대표적
해설을 감옥에서 타살打殺되기를 기다리던 보에티우스(로마의
교부 철학자-옮긴이)와 로마의 약탈을 되짚어 보던 성
아우구스티누스에게서 볼 수 있다. ……

    만일 악도 선처럼 온전하고 자주적인 실재라면, 우리가 선에
충실한 것도 진영 논리에서 비롯된 자의적 소신에 불과하다.
하지만 견실한 가치 이론에는 그 이상이 요구된다. 즉 선은
원안이고 악은 그것의 변질에 불과해야 한다. 선은 나무고 악은
나무를 칭칭 감는 담쟁이여야 한다. 선은 악을 훤히 꿰뚫어 볼
수 있지만(제정신인 사람이 정신 질환을 이해하듯이), 악은 선을 간파할

수 없어야 한다. 선은 그 자체로 존재할 수 있지만, 악은 선에 기생하여 연명해야 한다.

　　이것을 무시하면 심각한 결과가 따른다. 즉 우리는 선인이 선을 좋아하듯 악인도 악 자체를 좋아한다고 착각하게 된다. ……

　　악이 악한 이치는 선이 선한 것과는 다르다. …… 이제부터라도 제대로 생각하려면 우리는 마귀에 대해 언뜻 떠오르는 막연한 개념을 꼼꼼히 따져서, 마귀가 '타락하여 반역한' 천사라는 더 정확한 개념에 도달해야 한다. …… 천사장 미가엘이 정말 옳고 사탄이 정말 틀린 것이라면, 태곳적부터 이 둘은 실재 자체의 궁극적 근원이신 하나님을 서로 다르게 대했을 수밖에 없다.

《피고석의 하나님 God in the Dock》, "악과 하나님"

내가 하나님을 반박하던 논리는 우주가 너무 잔인하고 불의해 보인다는 것이었다. 하지만 내 정의와 불의의 개념은 어디서 왔는가? 곧은 선線을 모르는 사람은 굽은 선도 가려낼 수 없다. 우주가 불의하다는 내 말은 무엇과 비교해서 그렇다는 것인가? 우주가 송두리째 악하고 무의미할 뿐이라면, 우주의 일부인 나는 왜 거기에 이토록 격한 반감이 드는가? 사람은 수중 동물이 아니라서 물에 빠지면 젖었다고 느껴지지만, 물고기는 자신이 젖었다는 느낌이 없을 것이다. 물론 나는 정의 관념을 단지 내 사건으로 치부하며 내버릴 수도 있다. 하지만 그러면 하나님을 반박하던 내 논리도 무너진다. 그 논리의 근거는 세상이 정말 불의하다는 것이었지, 세상이 어쩌다 내 개인 취향에 맞지 않는다는 것이 아니었기 때문이다. 요컨대 나는 하나님이 존재하지 않음(다시 말해서 실재가 온통 무의미함)을 입증하려다가 오히려 실재의 한 부분(즉 내 정의 관념)만은 지극히 유의미함을 인정할 수밖에 없었다. 그래서 무신론은 알고 보면 너무 단순하다. 우주가 온통 허무하기만 하다면, 우리가 그 허무함을 깨달았을 리도 없다. 우주에 빛도 없고 눈이 달린 피조물도 없다면, 어둠을 결코 알 수 없음과 마찬가지다. 그러면 어둠이 무의미해진다.

《순전한 기독교 Mere Christianity》, 2부 1장

이성 이외의 능력을 구사하는 것은 전혀 비합리적이지 않다. …… 이성을 엉뚱한 데 쓰지 않거나 이성의 한계에 갇히지 않는 것도 합리적이다. 이는 합리적인 사람일수록 더 잘 아는 사실이다. ……

교회에는 비신자가 보기에 비이성적이지만 신자가 보기에는 초이성적인 요소가 당연히 있어야 한다. 이성에 어긋나지 않되 이성으로는 다 알 수 없는 부분이 있어야 한다. …… 영국 국교회가 교회로 남을 수 있으려면 이 신비의 요소를 굳게 지켜야만 한다. 그것을 버리고 계몽된 상식의 법정에서 실속과 편의의 기준으로 정당화될 수 있는 부분만 남긴다면, 우리는

계시를 자연 종교의 옛 망령과 맞바꾸는 것이다.

《피고석의 하나님 God in the Dock》, "교회의 여사제?"

자연주의를 일관되게 정말 믿는다면, 자연주의 자체를 받아들일 수 없다. 자연주의도 사고 체계이기 때문이다. 자연주의에 따르면 모든 사고는 비합리적 원인에서 비롯되는 사건에 불과하다. ……

더 단순하게 이렇게 표현할 수도 있다. 각각의 사고(진위 판단이든 가치 판단이든)마다 비합리적 원인의 결과일 뿐 그 외는 없다고 믿는 순간, 그 각각의 사고는 모든 사람에게 늘 평가절하된다. 상대의 말이 전적으로 콤플렉스 때문이거나 뇌에 좀 이상이 있어서라면, 아무도 그 말에 비중을 두지 않는다. 자연주의가 옳다면 자연주의의 모든 사고까지도 전적으로 비합리적 원인의 결과다. …… 자가당착인 것이다. ……

사고한다는 자체가 곧 우리의 사고가 한낱 자연적 사건 이상이라는 증거다. 다른 모든 주장은 이 기본 증거에 부합해야 하고, 나아가 그것을 최대한 완성시켜야 한다.

《피고석의 하나님 God in the Dock》, "교리 없는 종교?"

물론 A가 그 자체로 선하다면, B는 A의 수단이므로 B도 선한 행위라는 추론이 가능하다. 하지만 "A는 그 자체로 선하다"라는 명제는 어떤 전제와 추론에서 나왔는가? 이것을 다른 출처로부터 받아들여야만 비로소 이후의 추론이 가능해진다.

《폐기된 이미지 The Discarded Image》, 7장 D단원

인간의 사고가 인간만의 산물이라는 견해는 과연 끝까지 살아남을 수 있을까? 인간이 특정한 방식으로 사고한다는 것은 호모 사피엔스에 대한 동물학적 정보에 불과할까? 인간의 사고는 인간 이외의 또는 우주의 실재를 조금도 반영하지 않는 것인가(틀림없이 그런 실재에서 귀결됨에도 불구하고 말이다)? 이런 질문을 던지는 순간 우리는 견제에 부딪친다. 지금 우리는 인간의 사고에 대한 하나의 특정 견해가 참인지 여부를 묻고 있다. 그런데 문제의 그 견해는 하필 인간의 사고가 참이 아니고 실재를 반영하지 않는다는 견해다. 이 견해 자체도 하나의 사고다. 다시 말해서 우리의 질문은 "그 어떤 사고도 참이 아니라는 이 사고는 참인가?"이다. 긍정으로 답하면 자체 모순이다. 모든 사고가 참이 아니라면 이 사고도 참이 아니기 때문이다.

그러므로 인간의 사고에 대한 전면적 회의론은 일고의 가치도 없다. 전면적 회의론을 한시도 받아들일 수 없는 이유가 있다. 그것이 성립되려면, 이 특정한 사고(회의론)만은 암암리에 회의 대상에서 제외되어야 하기 때문이다. 이는 마치 신입

사원에게 "이 사무실에서는 아무도 믿지 말라"라고 경고하는 사람이 매번 자신의 그 말만은 믿어 주기를 바라는 것과도 같다.

《기독교적 숙고 Christian Reflections》, "허무에 대하여"

적어도 한 부류의 사고(논리적 사고)만은 주관적일 수 없고, 우주의 실재와 무관할 수 없다. 사고에 타당성이 없는 한 우주의 실재를 믿을 근거가 없기 때문이다. 우리는 우주를 추론으로만 알 수 있다. 우리의 사고와 무관하다고들 하는 우주도 사실은 사고의 지배를 받는다. 타당한 추론을 통해서만 우주를 믿을 수 있으므로, 처음부터 추론의 타당성을 배제해서는 안 된다. …… 그래서 내 결론은 논리가 실재의 필연적 존재 방식을 보여 주는 참된 통찰이라는 것이다. 다시 말해서 사고의 법칙이 곧 실재의 법칙이기도 하다. 시원始原의 시간과 공간 속에서도 실재는 그렇게 존재했다.

《기독교적 숙고 Christian Reflections》, "허무에 대하여"

그분을 논박할 때 당신은 당신에게 논리력을 주신 바로 그 권세에 맞서는 것이다.

《순전한 기독교 Mere Christianity》, 2부 3장

우리가 계속 도덕적 판단을 내리려면(말이야 뭐라고 하든 어차피 그럴 수밖에 없다), 인간의 양심이 자연의 산물이 아님을 믿어야 한다. 양심이 유효하려면 어떤 도덕적 절대 지혜의 파생물이어야만 한다. 이 도덕적 지혜는 철저히 '스스로' 존재하며, 도덕도 이성도 없는 자연의 산물이 아니다.

《기적 Miracles》, 5장

도덕이나 의무는 …… 사람을 행복하게 하거나 타인의 선망을 불러일으킨 적이 없다. 충격적이지만 부인할 수 없는 사실이다. 의무감 때문에 순결하거나 정직하거나 친절한 사람은 우리가 되고 싶거나 더불어 살고 싶은 사람이 아니다. 우리는 순결과 정직과 친절을 좋아하는 사람이 되고 싶고, 그런 사람과 어울리고 싶다. 마음에서 우러난 친절이나 관용의 행위인 줄 알았는데 사실은 의무감 때문이었다는 의혹이 든다면, 그 의혹만으로도 해당 행위는 어느새 빛이 바랜다. 철학적으로 말하면 윤리는 자멸할 수밖에 없는 분야고, 도덕은 그 자신을 폐기하려 할 때만 건강하다. 신학적으로 말하면 인간은 아무도 행위로 구원받을 수 없다.

English Literature in the Sixteenth Century(16세기 영문학), 2권 1장

사실 우리는 체면을 워낙 중시해서, 부담스럽기만 한 계율이나 법을 자신이 어긴다는 사실을 차마 직시하지 못한다. 그래서 책임을 전가하려 든다. 알다시피 우리는 나쁜 행실에만 온갖 변명을 둘러댄다. 나쁜 성격만 피곤함이나 고민이나 허기 탓으로 돌리고, 좋은 성격은 자신의 공으로 돌린다. ……
어느 한 도덕관념이 다른 것보다 낫다고 말하는 순간, 당신은 제3의 기준으로 그 둘을 모두 평가하는 셈이다. 이쪽이 저쪽보다 더 그 기준에 부합한다고 말하는 셈이다. 자연히 이 평가 기준은 둘 중 어느 쪽과도 다르다. 사실 당신은 그 둘을 모종의 절대 도덕에 견주고 있다. 인간의 생각과 무관하게 정도正道가 존재한다고, 그리고 일부 사람의 관념이 다른 관념보다 정도에 더 가깝다고 인정하는 것이다.

《순전한 기독교 Mere Christianity》, 1부 1-2장

위험에 처한 사람이 도와 달라고 외치는 소리가 들려온다 하자. 아마 당신은 두 가지 마음이 들 것이다. 하나는 (집단 본능에 따라) 도와주려는 마음이고, 또 하나는 (자기보호 본능에 따라) 위험을 피하려는 마음이다. 그런데 이 두 충동과는 별개로 당신 안에 제3의 소리가 있어, 피하려는 충동을 억제하고 도우려는 충동을 따르라고 말할 것이다. 두 본능 사이에서 판단을 내려 어느 쪽을 따라야 할지를 정해 주는 이 요소가 그 둘 중 하나일 수는 없다. 매 순간 피아노의 어느 음정을 쳐야 할지를 알려 주는 악보가 그

자체로 건반의 한 음정일 수 없는 것과 마찬가지다. 도덕법은 우리가 연주해야 할 곡조를 알려 준다. 우리의 여러 본능은 건반일 뿐이다. ……

어느 한 본능이나 일련의 본능이 곧 도덕법은 아니다. 도덕법은 본능을 지휘하여 특정한 곡조를 이루어 낸다(이 곡조를 우리는 '선' 또는 '바른 행실'이라 칭한다).

《순전한 기독교 Mere Christianity》, 1부 2장

어떤 사람이 내게 "300년 전에 영국인은 마녀를 죽였습니다. 그게 당신이 말하는 인륜이고 바른 행실입니까?"라고 말했다. 하지만 지금 우리가 마녀를 처형하지 않는 이유는 바로 마녀의 존재를 믿지 않기 때문이다. 마녀의 존재를 믿는다면(악마에게 자신을 판 대가로 초자연적 힘을 받아 그 힘으로 이웃을 죽이거나 미치게 하거나 악천후를 부르는 이들이 정말 활보하고 있다고 생각한다면), 그런 고약한 매국노야말로 사형당해 마땅하다고 누구나 당연히 동의할 것이다. 도덕 원리는 달라진 것이 없고 사실 관계가 달라졌을 뿐이다. 마녀의 존재를 더 이상 믿지 않는 것은 지식의 큰 진보일 수 있지만, 있지도 않은 마녀를 처형하지 않는 것이 도덕의 진보는 아니다. 집에 쥐가 없어서 쥐덫을 치운 사람을 그것 때문에 인간답다고 하지는 않는다.

《순전한 기독교 Mere Christianity》, 1부 2장

사람이 그래서는 안 된다는 말은 과연 돌멩이가 이상하게
생겼다는(즉 그의 행동이 어쩌다 당신에게 불편하다는) 정도의 의미에
불과할까? 그렇게 생각하고 싶을지 몰라도, 사실은 전혀
그렇지 않다. 나보다 일찍 승차해서 기차의 구석 자리를
차지한 사람이나, 내가 등을 돌린 사이에 슬그머니 들어와 내
가방을 치우는 사람이나, 내게 불편하기는 매한가지다. 하지만
나는 후자만 비난하고 전자는 비난하지 않는다. 실수로 나를
넘어뜨리는 사람에게는 화나지 않는다. 잠시 발끈하더라도 금방
이성을 되찾는다. 하지만 일부러 넘어뜨리려 하는 사람에게는
설령 내가 넘어지지 않았어도 화가 난다. 전자와 달리 후자는
내게 실제로 피해를 입히지 않았는데도 말이다.

《순전한 기독교 Mere Christianity》, 1부 3장

도덕법에는 하나님을 '선하신' 분으로(너그럽거나 온유하거나
불쌍히 여기신다는 의미에서) 생각할 근거가 전혀 없다. 도덕법은
비정해서 관용을 모른다. 똑바로 하라고 명할 뿐 그게 얼마나
고통스럽거나 위험하거나 어려운지는 알 바 아니라는 식이다.
하나님이 도덕법 같다면 그분도 온유하지 않다.

《순전한 기독교 Mere Christianity》, 1부 5장

당신이 '하고 싶다'와 '부담스럽다'와 '잘해 보겠다'와 '도저히 못하겠다' 사이를 아무리 오가도, 거기서 '당위'와 '부당'의 단서는 털끝만큼도 얻지 못할 수 있다. 역시 도덕 경험을 다른 무엇으로 설명하려 하면, 항상 그 설명하려는 것 자체가 전제된다. 유명한 정신분석 전문의가 도덕 경험을 선사 시대의 근친 살해로 추적해 올라갈 때와 같다. 근친 살해가 죄의식을 유발함은 이미 그것이 인간에게 부당하게 느껴지기 때문이다. 그런 느낌이 없다면 죄의식도 있을 수 없다. 신비로운 경외심처럼 도덕도 비약이다. 객관적 경험에서는 '도출될' 수 없는 별개의 것이다. 게다가 도덕에는 너무 신기해서 간과할 수 없는 특성이 하나 있다. 인간에게 용인되는 도덕이 각기 다를 수는 있으나(근본은 흔히들 주장하는 것만큼 크게 다르지 않지만), 거기에 규정된 행동을 각 도덕의 지지자들조차 실천하지 못한다는 점만은 모두 똑같다. 모든 인간은 외부의 기준이 아닌 자신의 윤리 규범만으로도 유죄며, 그래서 누구나 죄의식이 있다. …… 죄의식은 객관적 경험의 논리적 또는 비논리적 추론이 아니다. 우리가 자꾸 경험과 연결시켜서 그렇지, 경험과는 무관하다. 죄의식은 이해할 수 없는 환영illusion이거나 아니면 계시다.

《고통의 문제 The Problem of Pain》, 1장

[양식良識과 종교적 확신의] 동일한 역설을 고대 작가들에게서도 볼 수 있었다. 가장 종교적인 부류(플라톤, 아이스킬로스,

베르길리우스)야말로 내게 정말 자양분이 되었다. 반면 종교에
부대끼지 않은 부류(버나드 쇼, H. G. 웰스, 존 스튜어트 밀, 에드워드 기번,
볼테르)는 이론상으로는 내 전폭적 지지를 받아 마땅한데도 모두
약간 얄팍해 보였다. 어릴 적 우리가 쓰던 말로 '깡통 부딪치는
소리가 났다'(내용이 없고 빈약하다는 뜻-편집자). 내가 그들을
좋아하지 않았던 것은 아니다. 그들은 다(특히 기번은) 즐거움을
주었다. 하지만 그 이상은 아니었다. 깊이가 없어 보였고 너무
단순했다. 그들의 책에는 삶의 질곡과 밀도가 보이지 않았다.
《예기치 못한 기쁨 Surprised by Joy》, 14장

하나님은 도덕적 선 이상일 수 있으나 그 이하는 아니다. 약속의
땅은 시내산을 통과해야 나온다. 도덕법은 그것을 뛰어넘으라고
있는 것이지만, 일단 도덕법의 요구를 인정하고 온 힘을 다해
지키려 애쓰다가 정정당당히 자신의 실패를 직시한 적이 없는
사람은 도덕법을 뛰어넘을 수 없다.
《고통의 문제 The Problem of Pain》, 4장

도덕적 우주의 한 일반 원칙을 '높을수록 위험하다'라고
정리할 수 있겠다. 가끔 바람도 피우고, 술에도 만취하고,
늘 약간 이기적이고, 때로 (법망 안에서) 거래에 꼼수도 쓰는

'평범한 속인俗人'은 통상적 기준으로 보아 분명히 '더 낮은' 부류에 속한다. 반면 위대한 대의로 영혼이 충만한 사람은 자신의 욕구와 재산과 안전까지도 거기에 종속시킨다. 그런데 종교재판과 공안위원회(공포정치 기간의 프랑스 독재 정부-옮긴이) 등 정말 극악무도한 일을 저지를 수 있는 사람은 후자다. 무자비한 과격파가 되는 쪽은 평범한 사람이 아니라 거물과 잠재적 성인聖人이다. 대의를 위해 당장이라도 죽을 수 있는 사람일수록 그것을 위해 당장이라도 남을 죽이기 쉽다. …… (그러나) 작고 하찮은 속인이 상대적으로 무해하다 해서 이를 과대평가해서는 안 된다. 그들은 특정한 유혹을 극복한 것이 아니라 그런 유혹과 연이 닿지 않았을 뿐이다.

《시편 사색 Reflections on the Psalms》, 3장

모든 악인 가운데 종교적 악인이야말로 최악이다. 모든 피조물 가운데 가장 사악한 마귀는 본래 하나님 존전의 지척에 서 있던 자다.

《시편 사색 Reflections on the Psalms》, 3장

탄압 대상을 위해 열성을 다하는 독재야말로 모든 독재 가운데 가장 가혹할 수 있다. 사사건건 참견하는 전능한 훈장訓長 밑에

사느니 차라리 악덕 사주 밑에서 일하는 편이 나을 것이다.

《피고석의 하나님 God in the Dock》, "인본주의 형벌론"

형벌을 순전히 본보기나 교정, 혹은 그 둘 다로 보는 이론은 지극히 부도덕합니다. 형벌을 응분의 벌로 보아야만 조금이라도 도덕과 연결됩니다. 범죄를 억제하는 것만이 중요하다면, 대중이 유죄로 보는 한 죄 없는 사람을 처형하는 일도 얼마든지 정당화되지 않겠습니까? 교정만의 문제라면, 우리의 모든 결함에 내리는 고통스러운 강압적 교정을 막을 도리가 없어요. 그러면 기독교를 정신병으로 치부하는 정부는 내일이라도 우리 모두를 교정 담당자에게 넘겨 '치료받게' 할 권리가 얼마든지 있습니다.

Church Times(처치 타임스)에 실린 편지, 1961년 12월 1일

범죄자의 처벌을 생각하지 않은 채 그저 그를 교정하거나 타인의 범죄를 억제할 생각만 한다면, 은연중에 우리는 그를 정의의 영역에서 완전히 몰아낸 것이다. 이제 그는 권리의 주체인 한 인격체가 아니라 한낱 객체와 환자와 '판례'로 전락했다.

《피고석의 하나님 God in the Dock》, "인본주의 형벌론"

"창조주 말렐딜에게 복종하겠소?" 대장 랜섬이 물었다. 제인은 "대장님, 저는 말렐딜을 모릅니다. 대신 대장님에게 복종하겠습니다"라고 답했다.

그러자 대장이 말했다. "지금은 그거면 충분하오. 몰라도 중심이 바르면 그분은 늘 그 마음을 받아 주신다오. 천국의 배려지요. 하지만 그것으로 충분하지 않을 때가 온다오. 그분은 심히 질투하시는 분이라서 결국에는 당신을 아무에게도 내주지 않고 독차지하실 거요. 일단 오늘 밤은 이걸로 됐소."

《그 가공할 힘 That Hideous Strength》, 10장

"선을 조금도 모르면서 이미 자신이 선하다고 생각하는 사람보다 차라리 선을 미워하는 사람이 때로는 천국에 더 가깝다네."

《천국과 지옥의 이혼 The Great Divorce》, 9장

2.

실재

기억을 '망상'이라 말하지 말게. 지금 보는 것이 10년 전에 보던 것보다 더 '진짜'여야 할 이유가 무엇인가? 지평선의 파란 언덕이 가까이 가서 보아도 파랄 것이라고 믿는다면 그거야 망상이지. 하지만 멀리서 보면 파랗다가 막상 그 위에 서 보면 초록이라는 말은 둘 다 확실한 사실이네.

《개인 기도 Letters to Malcolm》, 22장

"이 모든 것이(나무와 풀과 해와 달과 별과 아슬란 님까지도) 그저 우리가 지어낸 꿈이라 합시다. 그렇다고 가정해 봅시다. 그래도 나는 현실보다 이 지어낸 것들이 훨씬 더 중요해 보인다고 말할 수밖에 없소. 암흑 구덩이인 당신 왕국이 유일한 세상이라 합시다. 그렇다면 내게는 아주 한심해 보인다오. 생각해 보면 재미있소. 당신의 말이 맞다면 우리는 놀이를 지어내는 아기들일 뿐이오. 하지만 아기 넷이 모여 놀면 놀이 세계가 생겨날 수 있고, 그 앞에서 당신의 현실 세계는 무색해진다오. 그러니 나는 놀이 세계 편에 서겠소. 설령 우리를 이끌어 줄 아슬란 님이 없다 해도 나는 아슬란 님 편이오. 설령 나니아가 없다 해도 나는 최대한 나니아 사람답게 살 것이란 말이오."

《은 의자 The Silver Chair》, 12장

〔어떤 이들에게는〕 단순한 의식의 흐름이 실재이며, 시의 특수 기능은 복잡한 예의를 걷어내고 날것 그대로의 '삶'에 도달하는 것이다. 제임스 조이스의 《율리시스》 같은 작품이 인기 있는 데는 그런 이유도 있다. 내 생각에 이런 식의 비평은 온통 오류에서 비롯된다. …… 누구나 금방 알 수 있듯이, 온갖 이미지와 순간적 욕망이 마구 뒤섞인 혼돈은 자기 성찰을 통해 드러나는 것이지 의식의 본질적 특성은 아니다. 애초부터 의식은 선별적이며, 선별이 끝나면 의식도 끝난다. …… 건강한 정서와 신성한 이상理想까지 모두 포함해서, 주도면밀한 사람들이 향유하는 고도의 선별적 의식도 몽롱한 혼돈만큼이나 손색없는 실재이며 오히려 그 이상이다. 혼돈이 심리학자의 진단에 단서가 될 수 있음은 나도 부인하지 않는다. 하지만 혼돈을 통해 정신의 실재에 도달한다고 결론짓는다면, 이는 체온계나 피하 조직을 의학 교과서에서 읽고는 인체의 '실재'를 보았다고 생각하는 것이나 같다. …… 아직 잠들지는 않았으나 의지와 이성과 주의력과 정연한 상상력이 다 멈춤 상태일 때, 그때 인간은 무엇을 하고 있는 것일까? 그것을 밝히려는 문학도 있을 수야 있겠지만, 그런 문학을 사실주의로 본다면 우리는 망상에 **빠지는** 것이다.

《실낙원 서문 A Preface to "Paradise Lost"》, 19장

종교 발달의 각 단계마다 인간은 반항할 수 있다. 어쩌면 자신의
본성을 꺾지 않아도 되며, 그래도 부조리는 아니다. 그는 신령한
세계 체험the Numinous에 대해 영적 눈을 감을 수 있다. 다만
그러려면 인류의 위대한 시인과 예언자 가운데 절반, 자신의
유년기, 막힘없는 깊고 풍부한 경험 등과 결별할 각오가 되어
있어야 한다. 그는 도덕법을 망상으로 치부하여 인류의 공통
기반에서 떨어져 나갈 수 있다. 신령한 세계의 체험을 의인과
연결시키지 않고 야만인으로 남아, 성性이나 죽은 사람이나
생명력이나 미래를 숭배할 수 있다. 하지만 막대한 대가를
치러야 한다.

    종교 발달의 마지막 단계인 그리스도의 역사적 성육신에
이르면, 우리의 확신이 이보다 깊어질 수는 없다. 이 이야기는
유사 이래의 종교에 늘 따라붙던 많은 신화와 이상하게
비슷하면서도 다르다. 이성으로는 다 알 수 없으니 우리가
지어냈을 리 만무하다. 너무 확실한 인과성으로 인해 오히려
의구심을 자아내는 범신론이나 뉴턴 물리학과도 다르다. ……
실재의 본진에서 우리에게 어떤 메시지를 보내올 것이라면,
마땅히 우리는 거기서 기독교 신앙의 바로 그 의외성과 의도된
극적인 반전을 예상해야 한다. 대가의 손길이 스며 있는 이것은
실재의 거칠고 야성적인 맛이다. 우리가 만들지도 않았고
사실은 우리를 위해 만들어진 것도 아닌데 우리를 강타해 온다.

《고통의 문제 The Problem of Pain》, 1장

대개 실재란 정말 당신이 짐작할 수 없는 무엇이다. 이것이 내가
기독교를 믿는 이유 가운데 하나다. 기독교는 당신이 넘겨짚지
못할 종교다. 기독교에서 제시하는 우주가 그저 우리가 늘
예상하던 대로라면, 그것을 우리가 지어냈다고 느껴질 것이다.
그런데 사실 기독교는 누구도 지어낼 만한 것이 아니다.
거기에는 진짜에서만 볼 수 있는 묘한 특이점이 있다.

《순전한 기독교 Mere Christianity》, 2부 2장

인간의 사고는 속절없이 추상적이어서 순수 수학에나
안성맞춤이다. 그런데 우리가 경험하는 실재는 이 고통, 이
쾌락, 이 개, 이 사람 등 구체적인 것뿐이다. 그래서 사람을
사랑하고 고통을 견디고 쾌락을 즐기는 동안에는 우리는
인성이나 고통이나 쾌락을 지적으로 이해하는 것이 아니다.
이해하려 하면 구체적 실재가 한낱 사례나 예시의 수준으로
전락하여, 이제 우리가 상대하는 것은 실재 자체가 아니라
그것으로 대변되는 관념이다. 여기에 우리의 딜레마가 있다.
맛보려면 몰라야 하고 알려면 맛보지 말아야 한다. 더 정확히
말해서, 경험 속에 들어가 있으면 한 종류의 지식을 잃고, 경험
밖으로 나오면 다른 종류의 지식을 잃는다. 생각하는 동안에는
우리는 생각의 대상과 단절된다. 맛보고 만지고 뜻을 품고
사랑하고 미워하는 동안에는 명확하게 이해하기가 힘들다.
명쾌하게 사고할수록 더 단절되고, 실재 속에 깊이 들어갈수록

생각은 밀려난다. 부부가 끌어안고 있는 순간에는 쾌락을 연구할 수 없고, 회개하면서 회개를 공부할 수 없고, 폭소를 터뜨리면서 유머의 속성을 분석할 수 없다. 하지만 그때가 아니면 언제 이런 것을 정말로 알 수 있겠는가? "이 치통만 없어지면 고통에 대한 글을 한 장 더 쓸 수 있으리라." 하지만 정작 치통이 멎으면 내가 고통에 대해 아는 것은 무엇인가?

《피고석의 하나님 God in the Dock》, "신화가 사실이 되었다"

내면의 활동을 즐기면서 동시에 그 활동에 관해 숙고할 수는 없다. 예컨대 뭔가를 희망하면서 동시에 희망에 관해 생각할 수는 없다. 희망할 때는 희망하는 대상을 바라보지만, 눈길을 돌려 희망 자체를 보는 순간 그것은 중단된다. 물론 아주 신속하게 두 활동 사이를 오갈 수 있고 실제로 오가지만, 그래도 둘은 양립할 수 없는 별개다. ……(내 결론인데) 분노나 정욕을 무력화하는 가장 확실한 방법은 당신의 주의를 그 모욕이나 상대방 여자에게서 돌려 감정 자체를 관찰하는 것이다. 쾌락을 망치는 가장 확실한 방법은 당신의 만족감을 분석하는 것이다. 그런데 여기에 따라 나오는 사실이 있다. 모든 자기 성찰은 어떤 면에서 우리를 오도한다는 것이다. 자기 성찰이란 '자기 내면'에서 벌어지는 일을 보는 것이다. 그런데 그것을 보려고 눈길을 돌리는 순간, 직전까지 벌어지던 일은 거의 다 중단된다. 그렇다고 해서 자기 성찰이 아무런 성과가 없다는 뜻은 아니다.

자기 성찰을 통해 바로 모든 정상 활동이 중단되고 남은 것들이
정확하게 드러난다. 그 남은 것이란 주로 심적 이미지와 육체적
감각이다. 이런 앙금이나 흔적이나 부산물에 불과한 그것을
활동 자체로 착각한다면, 이는 중대한 과오다. 그래서 사람들이
자칫 생각이란 무언의 말일 뿐이라고 또는 시의 감상이란 그저
일련의 심상 모음일 뿐이라고 믿게 될 수 있다. 하지만 사실
이것들은 각각 생각과 감상이 중단되고 뒤에 남은 것이다.
《예기치 못한 기쁨 Surprised by Joy》, 14장

우리는 타고난 시인이다. 그래서 무엇이든 양이 아주 많아지면
이를 양으로만 취급하지 않는다. 우리의 상상력이 깨어나면서,
양이 질로 변해 외경의 대상이 된다. 그렇지 않다면 산술적으로
거대할 뿐인 은하도 회계 장부의 숫자만큼이나 그저 그럴 것이다.
《기적 Miracles》, 7장

우리 그리스도인이 중시하는 역사적 사건들은 황송하게도
하나님이 우리에게 역사의 전말을 보이시며 중요하다고 지적해
주신 바로 그 사건들이다. 기독교 신앙이 아니라면 이런 확신이
가능하기나 하겠는가?
《기독교적 숙고 Christian Reflections》, "역사주의"

역사는 하나님이 친히 손으로 쓰신 이야기다.
《기독교적 숙고 Christian Reflections》, "역사주의"

"이 순간 속에 모든 순간이 들어 있습니다."
《천국과 지옥의 이혼 The Great Divorce》, 11장

웬만한 것(아니, 모든 진품)은 겸손히 분수를 지켜야만 선하다네.
Letters (서한집), 1940년 4월 16일

3.

위계질서

표준을 모르는 사람은 변이도 알 수 없고, 뻔한 사실을 모르는 사람은 미묘한 차이도 알 수 없다.

《오독 An Experiment in Criticism》, 10장

비난에는 언제나 기준이 전제된다. …… 남을 잔인하거나 게으르다고 하는 이유는 당신의 머릿속에 친절이나 근면이라는 기준이 들어 있기 때문이다. 비난하려면 기준의 정당성부터

인정해야 한다. 기준을 의심하면 자동으로 당신의 비난도 설득력을 잃는다. …… 확실히 옳은 것이 없다면 확실히 틀린 것도 당연히 없어진다. …… 세상을 잔인하고 악한 존재가 지었다면, 우리의 사고력도 그가 지었다. 우리의 사고력을 그가 지었다면, 그를 잔인하고 악하다고 판단하는 우리의 기준도 사고의 일부이므로 그가 지었다. 하지만 그런 잔인하고 악한 존재에게서 기원한 기준을 어떻게 믿을 수 있겠는가? 그를 배격한다면 그의 모든 작품까지도 배격해야 한다. 그런데 그를 배격하는 우리의 도덕적 기준도 그의 작품이다. 그 기준을 받아들인다면, 사실 우리는 그가 잔인하고 악한 존재가 아니라고 전제하는 것이다. 반대로 기준을 배격한다면, 그를 비난할 수 있는 유일한 척도를 내버리는 것이다.

《기독교적 숙고 Christian Reflections》, "허무에 대하여"

정신이 온전한 문명인이라면 누구에게나 일련의 원리가 있게 마련이다. 즉 자신의 욕망 가운데 일부는 물리치고 일부는 허용하는 선택 기준이다. 어떤 사람에게는 그것이 기독교 원리고, 어떤 사람에게는 위생 원리고, 어떤 사람에게는 사회학적 원리다. 진짜 대립하는 것은 기독교와 '본성'(본능적 욕망)이 아니라, 본성을 통제하는 다른 원리들과 기독교 원리다. 인생을 몽땅 망치지 않을 바에야 어차피 본성을 통제해야 하기 때문이다. 기독교 원리가 여타 원리보다 더 엄격한 것은

사실이지만, 기독교 원리에 순종하는 일에는 도움의 손길이
임한다. 다른 원리대로 살 때는 얻을 수 없는 도움이다.

《순전한 기독교 Mere Christianity》, 3부 5장

정치적 평등이야 나도 지지한다. 그러나 흔히들 민주주의자가
되는 데는 두 가지 상반된 이유가 있다. 하나는 모든 인간이
워낙 선해서 국가 통치에 참여할 자격이 있고, 또 워낙 현명해서
국가에 그들의 조언이 필요하다고 보는 입장이다. 이는
허황하고 비현실적인 민주주의 이론이다. 반면에 타락한 인류는
너무 악하기 때문에 아무에게도 다른 인간을 다스릴 절대
권력을 맡길 수 없다고 보는 입장도 있다.

　나는 바로 후자가 민주주의의 진정한 근거라고 생각한다.
나는 하나님이 평등주의 세상을 창조하셨다고 믿지 않는다.
오히려 인간이 동물에게 가지는 권위만큼이나 자녀와 아내와
무지한 자에 대한 부모와 남편과 식자의 권위도 그분의
원안이었다고 믿는다. ……

　내게 평등이란 옷과도 같다. 둘 다 타락의 결과이자 타락에
대한 대응책이다. 평등주의에 이를 수밖에 없었던 과정을
거꾸로 되돌려 정치적 차원에서 예전의 각종 권위로 회귀하려
한다면, 이는 옷을 다 벗는 것만큼이나 어리석은 일이다.
나치당과 나체주의는 똑같은 과오를 범한다. 그러나 정말 살아
있는 것은 우리 각자의 옷 안에 그대로 있는 맨몸이며, 우리의

진정한 관심사는 평등한 시민이라는 가면 속에 여전히 살아서 (아주 정당하게) 숨어 있는 위계의 세상이다.

《영광의 무게 The Weight of Glory》, "멤버십"

인간의 가치가 평등하다는 말은 공허하다. 가치를 세상적 의미로 본다면(모든 사람이 평등하게 유용하거나 아름답거나 선하거나 재미있다는 뜻이라면) 어차피 이는 허튼소리다. 반대로 모든 사람의 가치가 불멸의 영혼으로서 평등하다는 뜻이라면 그 속에는 위험한 오류가 숨어 있다. 모든 영혼의 무한한 가치는 기독교 교리가 아니다. 하나님이 인간을 위해 죽으신 것은 인간에게서 무슨 가치를 보셨기 때문이 아니다. 하나님과의 관계를 떠나 개개 영혼 자체만 보면 가치는 전혀 없다. 사도 바울이 썼듯이 가치 있는 사람을 위한 죽음은 신성한 것이 아니라 그저 용감할 뿐이다. 그런데 하나님은 죄인을 위해 죽으셨다. 그분이 우리를 사랑하심은 우리가 사랑받을 만해서가 아니라 그분이 사랑이시기 때문이다. 그분의 사랑이 모든 사람에게 평등할 수는 있으나(죽기까지 모두를 사랑하셨음은 분명하다) 그 표현의 확실한 의미를 나는 모른다. 평등이 존재한다면 평등한 것은 그분의 사랑이지 우리가 아니다.

《영광의 무게 The Weight of Glory》, "멤버십"

평등은 양적 개념이므로 대개 사랑과는 전혀 무관하다.
겸손하게 권위를 사용하고 기쁘게 순종을 받아들이는
것이야말로 우리 영혼이 살아가야 할 길이다. 하다못해 감정
생활에서도 우리는 "너나 나나 똑같다"라고 말하는 세상을
박차고 나온다. 그러니 그리스도의 몸 안에서는 더 말할 것도
없다. 거기서는 행군이 춤으로 바뀌고 옷이 벗겨져 나간다. G. K.
체스터턴의 말처럼 우리는 복종할수록 더 성장하고 가르칠수록
더 낮아진다. 다행히 내가 속한 교회의 예배 시간에는 성직자는
서 있고 나는 무릎을 꿇는 순간이 있다. 바깥세상에 민주주의가
더 공고해지면서 공경심을 품을 기회는 자꾸 사라져 간다. 이럴
때일수록 불평등으로 돌아가 활력과 정화와 소생을 얻는 것이
더욱 요긴한데, 그게 가능한 곳이 바로 교회다.

《영광의 무게 The Weight of Glory》, "멤버십"

동시에 나는 일부 현대인의 머릿속에 잔존하는 개념, 즉
문화 활동이 그 자체로 영적이고 칭송받을 만하다는 개념도
배격한다. 마치 학자와 시인이 청소부와 구두닦이보다
본질적으로 하나님께 더 기쁨이 된다는 듯한 생각과
태도 말이다. 영어 단어 '스피리추얼'spiritual을 독일어 단어
'가이스트리히'geistlich처럼 좁은 의미의 '영적'이라는 의미로 처음
쓴 사람은 매튜 아놀드인데, 이로써 그는 지극히 위험하고
반기독교적인 오류를 끌어들였다. 이 오류를 우리의 머릿속에서

영영 지워 버리자. 베토벤 같은 작곡가의 일도 파출부의 일도 정확히 똑같은 조건에서만 영적이다. 즉 "주께 하듯" 겸손히 하고 하나님께 드려야 한다. 물론 그렇다고 청소 일을 할지 교향곡을 작곡할지 정하는 문제를 순전히 우연에 맡겨야 한다는 말은 아니다. 하나님의 영광을 위해 두더지는 땅을 파고 수탉은 울어야 한다.

《영광의 무게 The Weight of Glory》, "전시(戰時)의 학문"

인간이 평등을 요구하는 이유는 두 가지인데, 각각 가장 고결한 감정과 가장 비열한 감정에 속한다. 고결한 이유는 모두를 공정하게 대우하려는 마음이지만, 비열한 이유는 남이 나보다 잘하는 것을 싫어하는 마음이다. ……

평등이란 (수학을 떠나서는) 순전히 사회적 개념이다. 정치·경제적 동물로서의 인간에게나 적용될 뿐 정신세계에는 설 자리가 없다. 아름다움은 민주적이지 않아서, 다수보다 소수에게 더 자신을 드러낸다. …… 덕도 민주적이지 않아서, 웬만한 사람보다 더 치열하게 추구해야 덕을 얻는다. 진리도 민주적이지 않아서, 자신이 호의를 베푼 대상에게 특별한 재능과 각고의 노력을 요구한다. 이런 차원 높은 영역에까지 평등을 요구하려 든다면, 정치적 민주주의는 가망이 없다. 윤리적, 지적, 심미적 민주주의는 곧 죽음이다.

민주주의를 존속시켜 줄 진정한 민주적 교육은 그 나름의

분야에서 가차 없이 귀족적이고 뻔뻔스러울 만큼 '지식인'다워야
한다. ……
　　민주주의가 가능하려면 소인들이 대인을 너무 중대시해서는
안 된다. 스스로 대인이라고 착각하는 소인이 넘쳐 나면
민주주의는 죽는다.
《현안 Present Concerns》, "민주적 교육"

그들의 사회적 계층에서 그들의 특성이 나는 것이 아니라,
그러한 특성을 지녔기에 그 계층에 속하는 것이다.
《피고석의 하나님 God in the Dock》, "눈 속의 비행 청소년들"

"너나 나나 똑같다"라고 말하는 사람치고 그렇게 믿는 사람은
아무도 없어요. 정말 믿는다면 그렇게 말하지 않을 겁니다.
세인트 버나드 같은 품종의 개가 장난감 개에게, 학자가
저능아에게, 고용 적격자가 부랑자에게, 미녀가 못생긴
여자에게 그렇게 말할 리는 없지요. 순전히 정치 분야가
아니고서야 평등을 부르짖는 사람은 열등감의 소유자뿐입니다.
그래 봐야 자신의 가렵고 쓰라리고 괴로운 열등의식만
표출되는데도 본인은 한사코 부인해요.
　　그래서 그는 반감을 품습니다. 남이 잘하는 것이 무조건

싫어서지요. 그래서 깎아내리다 못해 아예 남의 장점이
없어지기를 바랍니다. 어느새 그는 단순한 차이조차도 상대가
잘난 척하는 것으로 곡해합니다. …… "핫도그가 싫다는 사람이
있어. 그런 걸 먹기에는 분명히 자기가 너무 잘났다고 생각하지.
…… 그들도 제대로 된 사람이라면 나와 같아야 해. 다르면 안
된다고. 민주적이지 않아."

《스크루테이프, 축배를 제안하다 Screwtape Proposes a Toast》

전부 하향 평준화해서 노예와 하찮은 존재와 있으나 마나 한
자로 만드세요. 그러면 모두가 평등해집니다. 이런 식으로
독재자는 '민주주의'를 시행할 수 있습니다. 하지만 이런
의미의 민주주의는 그 자체로 독재여서, 굳이 더 독재하지
않아도 똑같은 결과를 낸답니다. 이제 아무도 옥수수 밭에
나가 막대기를 휘둘러 키를 똑같게 만들 필요가 없어요. 키
작은 줄기는 키 큰 줄기의 우듬지를 직접 물어뜯을 테고, 키 큰
줄기는 다른 줄기와 같아지려고 스스로를 잘라낼 테니.

《스크루테이프, 축배를 제안하다 Screwtape Proposes a Toast》

현대 독자는 평등주의 개념에서 출발하는 경향이 있다. 두 사람에게 케이크를 공정하게 분배하려면 똑같이 두 조각으로 나누어야 한다고 전제하는 셈이다. 그러나 아리스토텔레스를 위시하여 그의 시대로부터 에드먼드 스펜서 시대까지의 가장 명망 있는 정치 사상가들은 하나같이 거기에 이렇게 답할 것이다. "두 사람이 누구냐에 따라 달라진다. A가 B보다 두 배로 선한 사람이라면 당연히 케이크도 A에게 두 배로 주는 것이 정의다. 정의란 맹목적 평등이 아니라 비례적 평등이기 때문이다." 이 원리를 케이크보다 중요한 사안들에 적용하면, 정의란 명예와 권력과 자유 등을 일정한 사회 위계 내의 다양한 계층별로 잘 차등 분배하는 기술이다. 정의가 제대로 실현되면 그런 차이가 조화를 이룬다.

The Allegory of Love (사랑의 유비), 7장 3단원

모든 의무는 신성하기에 모든 의무를 수행할 우리의 책임도 절대적이다. 우리는 물에 빠진 사람을 구조할 의무가 있으며, 거주지가 위험한 해안가라면 행여 누가 물에 빠질 경우에 대비해 어쩌면 인명 구조법을 배워야 할 의무도 있다. 내 목숨을 버려서라도 상대를 살리는 것이 우리의 의무일 수 있다. 그러나 인명 구조에 헌신하여 완전히 거기에만 매달린다면(다른 것은 일절 말하거나 생각하지 않고, 세상 모든 사람이 수영을 배울 때까지 사람으로서 해야 하는 모든 활동을 중단해야 한다고 우긴다면) 이는 편집증이다.

요약하자면 물에 빠진 사람을 구하는 일은 목숨을 버릴 만한 의무는 되지만 삶의 목적으로 삼을 정도는 아니다. …… 나라나 정당이나 계층의 한시적 권익을 위해 무조건 헌신하는 사람은 가장 명백한 하나님의 소유인 자기 자신을 가이사(시저)에게 바치는 것과 같다. ……

'하나님의 주권'과 '문화, 정치, 기타 무엇의 권리 주장' 사이에 타협이란 있을 수 없다. 하나님의 주권은 무한하고 만고불변하여 우리는 거기에 저항하거나 순응할 수 있을 뿐 중도란 없다. 그럼에도 불구하고 분명히 기독교는 인간의 일상생활 가운데 그 어느 것 하나도 배제하지 않는다. 사도 바울은 사람들에게 현직에 충실하라고 말했고, 이교도가 베푸는 잔치까지 포함해 그리스도인도 만찬회에 가도 된다고 전제하기까지 했다. ……

아무리 초라한 자연적 활동도 하나님께 드리면 그분이 다 받아 주시지만, 아무리 고상한 일도 그분께 드리지 않으면 다 악해진다. 기독교는 그저 자연적 삶을 새로운 삶으로 대체하는 것이 아니라 자연적 소재를 초자연적 목적을 위해 활용하는 새로운 질서다.

《영광의 무게 The Weight of Glory》, "전시(戰時)의 학문"

4.

대상의 올바른 사용

코르크 따개에서 대성당에 이르기까지 무엇이든 솜씨가
담긴 작품을 평가하려면, 일단 그 자격 요건으로 그것이
무엇인지부터 알아야 한다. 그것의 기능과 용도를 알아야 한다.

《실낙원 서문 A Preface to "Paradise Lost"》, 1장

절제Temperance라는 단어를 금주禁酒의 의미로 국한함으로써
발생한 현대의 큰 폐단이 있다. 똑같이 무절제해질 수 있는
것이 술 말고도 많은데 사람들이 이를 망각하기 쉬워졌다.
골프나 모터사이클을 중심으로 살아가는 남자도 밤마다 술에
취하는 사람 못지않게 무절제하며, 옷이나 카드놀이나 자신이
키우는 개밖에 생각할 줄 모르는 여자도 마찬가지다. 물론
겉으로는 잘 드러나지 않는다. 카드놀이나 골프에 미친 사람은
길 한복판에서 당신을 넘어뜨리지 않는다. 그러나 하나님은
겉모습에 속지 않으신다.

《순전한 기독교 Mere Christianity》, 3부 2장

예술을 즐길 수 있으려면 일단 접어 두어야 할 요소들이 있는데,
좋은 예술 작품을 그저 교양 삼아 듣거나 보거나 읽는 사람 또는
남에게 그렇게 권하는 사람은 바로 그런 요소들을 동원한다.
즉 똑똑해지려 하거나, 돋보이려 하거나, (한 집단에) 반발하고
(다른 집단에) 동화하려 한다. 그 밖에도 수많은 산만한 감정이
그 자체의 좋고 나쁨을 떠나 우리를 어지럽혀, 예술 앞에서
맹목적이고 무기력하게 만들 수 있다. ……

    똑똑해지려고 시를 읽는 사람은 시를 읽어도 똑똑해지지
않는다. 진정한 즐거움이란 자연스럽고 불가항력적이며 다른
속셈이 없어야 하기 때문이다.

《세상의 마지막 밤 The World's Last Night》, 3장

전쟁 등 다른 모든 것에서와 마찬가지로 종교에서도 위로를
구해서는 위로를 얻을 수 없다. 진리를 구하면 결국 위로를
얻을 수도 있지만, 위로를 구하면 위로도 진리도 얻지 못한다.
처음에는 아첨과 희망 사항뿐이다가 끝에 가서는 절망만
남는다.

《순전한 기독교 Mere Christianity》, 1부 5장

좋은 취향도 그것을 의식하는 순간 좋은 면이 일부 소실된다.

《예기치 못한 기쁨 Surprised by Joy》, 7장

삼각형을 생각한다고 우리가 세모꼴로 변하지 않듯이 악을
생각한다고 악해지는 것도 아니다.

《실낙원 서문 A Preface to "Paradise Lost"》, 12장

게임은 본래 재미로 하는 것이지만 마침 건강에도 좋다. 하지만
건강을 위해 게임을 한다면 아마 건강해지지 않을 것이다.

Image and Imagination (이미지와 상상), "우리의 영문학 요강"

쾌락주의는 쾌락만이 선이라는 음울한 철학인데, 단언컨대
그거라면 우리는 귀가 따갑게 들었다. 그러나 쾌락을 공부하는
과학 내지 철학인 소위 쾌락론은 아직 우리가 거의 시작도 하지
못했다.

《현안 Present Concerns》, "쾌락론"

개를 중심으로 살아가는 여자는 결국 인간으로서 자신의
유용성과 존엄성을 잃을 뿐 아니라 개를 소유하는 온당한
쾌락마저 잃는다. …… 큰 선善보다 작은 선을, 전체적 선보다
부분적 선을 선호할 때마다 작은 선이나 부분적 선은 상실된다.
그것을 얻고자 희생했음에도 말이다. …… 부수적인 것을
얻으려면 가장 중요한 것을 첫자리에 두어야만 한다. ……
　이러한 맥락에서 지난 30년간 우리 문명이 무엇을 첫자리에
두었는지 묻지 않을 수 없다. 답은 분명하다. 문명 자체를
첫자리에 두었다. 문명의 보존이 일대 목표였고 문명의 붕괴는
공포 자체였다. 흔히 문명으로 통하는 평화, 높은 생활수준,
위생, 교통수단, 과학, 오락 등이 그동안 우리의 목표였다.
…… 문명에 위기가 닥친 이유가 바로 여태 우리가 문명을
최고선으로 삼았기 때문은 아닐까? …… 문명보다 다른 것에 더
마음을 쓰지 않는 한 아마 문명은 결코 무사하지 못할 것이다.

《피고석의 하나님 God in the Dock》, "우선적인 것들과 부차적인 것들"

가장 열심히 시도할수록 오히려 가장 안 되는 일이 많은데, 사랑이나 취침이나 태연한 행동 등이 그렇다.

Studies in Medieval and Renaissance Literature (중세와 르네상스 문학 연구), 9장 3단원

정복은 정복자에게나 피정복자에게나 거의 모든 다른 악을 낳는 악이다.

Studies in Medieval and Renaissance Literature (중세와 르네상스 문학 연구), 9장 1단원

경험이란 것은 아주 정직해서 좋다. 아무리 연달아 길을 잘못 들었어도 앞만 똑바로 보고 있으면 반드시 머잖아 경고판이 나온다. 당신이 자신에게 속았을망정 경험은 당신을 속이지 않는다. 공정하게만 시험한다면 경험 세계는 어디서고 '참'으로 판명된다.

《예기치 못한 기쁨 Surprised by Joy》, 11장

통치자의 사상이 종교의 위력을 띠면 이는 나쁜 신호다. 종교재판 당시의 재판관처럼 이제 그들도 상대의 진실이나 선을 조금도 인정할 수 없다. 오히려 평범한 도덕규범을 철폐하고, 인간의 지극히 평범한 모든 감정에까지 시시콜콜 고도의 제재를 가한다. 통치자 자신도 남들처럼 자주 감정에 이끌려 행동하면서 말이다. 요컨대 이런 사상 앞에서는 건전한 회의가 불가능하다.

Of Other Worlds(다른 세계들에 관하여), "홀데인 교수에 대한 답글"

개인이 70년밖에 살지 못한다면, 천 년 세월 이어질 수도 있는 정부나 국가나 문명이 개인보다 더 중요하다. 하지만 기독교가 진리라면, 개인이 더 중요한 정도가 아니라 비교할 수 없이 더 중요하다. 개인은 영원하지만, 그에 비하면 정부나 문명의 생명은 한순간에 불과하기 때문이다.

《순전한 기독교 Mere Christianity》, 3부 1장

인간이 던지는 질문 중에 하나님이 보시기에 답이 없는 것도 있을까? 얼마든지 그렇다고 본다. 모든 난센스 질문은 답할 수 없다. 1마일은 몇 시간으로 되어 있나? 노란색은 사각형인가 원인가? 우리가 던지는 질문의 절반(대단한 신학적, 형이상학적 문제의 절반)은 그와 같을 것이다. ……

장차 천국에서 문제가 다 해결되겠지만, 그렇다고 우리 눈에 모순으로 보이는 모든 개념이 절묘한 조화를 이루지는 않을 것이다. 그런 개념은 다 무너져 내려, 애초에 전혀 문제가 못 되었음이 밝혀질 것이다.

《헤아려 본 슬픔 A Grief Observed》, 4장

5.

종교와 반反종교

당시 나는 수많은 무신론자나 반反신론자처럼 온갖 모순의 소용돌이 속에서 살아가고 있었다. 나는 하나님이 존재하지 않는다고 우겼다. 그러면서도 하나님이 존재하지 않는 것에 몹시 화가 났고, 하나님이 세상을 만드신 것에 대해서도 똑같이 화가 났다.

《예기치 못한 기쁨 Surprised by Joy》, 7장

기독교가 진리이기를 누구나 바라리라는 생각, 그래서
모든 무신론자는 자신의 가장 깊은 모든 갈망의 좌절을
받아들인 용감한 사람이라는 생각, 이것은 순전히 주제넘은
허튼소리지요.

쉘던 베너컨의 《잔인한 자비 A Severe Mercy》에 실린 편지

인간은 여간해서 추상적이고 부정적인 신의 개념을 넘어 살아
계신 하나님께로 나아가려 하지 않는다. 그럴 만도 하다. 여기에
범신론의 뿌리 깊은 주원인이 있고, 기독교 전통의 신의 개념을
배격하는 원인도 그와 다르지 않다. 인간이 후자의 개념을
싫어하는 근본적 이유는 하나님이 인간으로 제시되어서가
아니라, 왕이나 심지어 전사로 제시되기 때문이다. 범신론자의
신은 하는 일도 없고 요구하는 것도 없다. 책장에 꽂혀 있는
책처럼 그냥 당신이 바라는 대로 있을 뿐이다. 그는 당신을
추적하지 않는다. 그의 눈길 한 번에 언제라도 하늘과 땅이
떠나가 버릴 위험도 없다.

《기적 Miracles》, 11장

인도^{India}에서 그리스도를 전할 때 어려운 점은 곧 어려움이
하나도 없다는 것이네. 거기서 상대해야 하는 본격 범신론은
최고이자 최악이야. 타고난 종교성으로 모든 신을 환영하지.
무엇이든 덥석 받아들이지만 아무것도 오래가지 못하네.
Letters(서한집), 1959년 4월 30일

믿을 교리가 없는 신은 그림자에 불과하다. 그는 지혜의
근본인 주를 경외하는 마음을 불러일으키지 못하며, 따라서
지혜의 완성인 사랑도 낳지 못한다. …… 이 이름뿐인 종교는
무엇으로도 우리에게 확신이나 회심이나 (근본적 의미의) 위로를
가져다줄 수 없다. 따라서 우리 문명의 생명력을 되살릴 수도
없다. 너무 값싼 종교라서 우리의 본능적 게으름과 탐욕을
제어하기는커녕 결코 거기에 맞수조차 될 수 없다.
《피고석의 하나님 God in the Dock》, "교리 없는 종교?"

그리스도인이 되고 나니 기분상 모든 것이 사실 같지 않아 보일
때가 있다. 그런데 내가 무신론자였을 때는 기분상 기독교가
아주 그럴듯해 보였다.
《순전한 기독교 Mere Christianity》, 3부 11장

그는 종교로 하나님을 대신했네. 여정으로 도착을, 전투로 승리를, 구애로 결혼을, 대개 수단으로 목적을 대신하듯 말일세. 하지만 종교라는 개념은 이미 현세부터 위험해. 거기에는 종교가 삶의 또 하나의 분야, 즉 경제와 사회와 지식과 여가와 기타 모든 것에 여분으로 더해지는 분야라는 암시가 깔려 있다네.

《개인 기도 Letters to Malcolm》, 6장

신이 있는 사람은 그 신을 예배한다. 이를 '종교'라 표현하는 사람은 구경꾼이다. 바쿠스 신의 신도가 생각한 것은 바쿠스지 종교가 아니다. 대상만 다를 뿐 그리스도인도 마찬가지다. 사람이 신을 진지하게 받아들이는 순간 종교에 대한 관심은 끝난다. 이제 생각의 대상이 바뀐 것이다. 요즘은 종교를 논하는 자리에 청중을 쉽게 끌어들일 수 있지만, 그렇다고 종교적인 사람이 늘어나고 있다는 증거는 없다. '부동층'이 많다는 증거일 뿐이다. 그러나 회심이 이루어지면 매번 그런 부동층이 줄어든다.

《피고석의 하나님 God in the Dock》, "부흥인가 쇠퇴인가?"

파시즘과 공산주의가 위력적인 이유는 다른 모든 악과 마찬가지로 선을 포함하고 있거나 모방하기 때문이야. ……
물론 이 둘의 경우는 실패하여 인류를 바로 그 선에 굶주리게 했지. 어쨌든 파시즘과 공산주의가 아주 악하다는 내 확신은 달라지지 않는다네.

Letters(서한집), 1940년 1월 17일

3부

The Bible

성경

인간은 자칫 우리 주님의 삶을 (인간의 삶이기에) 인간의 삶으로만
읽을 수 있다. …… 마찬가지로 성경도 인간의 문학으로만 읽을
수 있다. …… 이 모든 영역에 똑같이 필요한 것은 단지 지식이
아니라 확실한 깨달음과 올바른 초점이다. …… 글자를 읽을
줄 모르는 청중에게 시詩가 흰 종이 위의 검은 점일 뿐이라고
말해도, 그들은 글을 모르니 뭐라고 반박할 도리가 없다. 시를
현미경으로 관찰하고, 인쇄 잉크와 지질을 분석하고, (그런
식으로) 얼마든지 연구해 보라. "이것이 시다"라고 말할 만한 분석
결과는 하나도 나오지 않는다. 그러나 글을 읽을 줄 아는 이들은
여전히 시의 존재를 믿는다. ……

　성경을 문자적으로만 해석하는 사람에게 그분은 늘 가장
이해하기 어려운 스승이다. 어떤 체계로도 그 예리한 깨우침을
따라갈 수 없다. 그물이 인간의 마음보다 좁거나 그물코가
사랑보다 촘촘하지 못하면, 신성한 물고기이신 그분을 담을 수
없다.

《시편 사색 Reflections on the Psalms》, 11장

최후의 심판 날은 그리스도인에게 아주 친숙하고도 무서운
개념이다. …… 우리 주님의 가르침에서 어떤 속임수로도
삭제할 수 없는 개념이 있다면, 바로 인류가 결국 크게 둘로
갈린다는 것이다. 그분은 이것을 양과 염소, 좁은 길과 넓은 길,
알곡과 가라지, 타작마당의 키, 슬기로운 처녀와 미련한 처녀,

…… 일부는 안에 들어가고 일부는 바깥 어두운 데 남겨진 채로
닫히는 혼인 잔치의 문 등으로 표현하셨다. …… 바로 그분이
직접 하신 말씀을 통해서 기독교에 '최후 심판'이라는 그림이
들어왔다.

《기독교적 숙고 Christian Reflections》, "시편"

애굽에서 탈출한 이스라엘을 죄에서 해방되는 영혼의 모형으로
받아들인다 해도, 출애굽이라는 역사적 사건은 없어지지
않는다.

The Allegory of Love (사랑의 유비), 5장 2단원

어떤 사람들은 '은유'로 한 말에는 도통 아무런 의미도 없다고
단정한다. 십자가를 지라는 그리스도의 말씀이 은유라는 그들의
생각은 맞지만, 십자가를 진다는 것이 그저 적당히 구제하며
훌륭하게 산다는 뜻이라는 결론은 틀렸다. 지옥 '불'이 은유라는
그들의 생각은 타당하지만, 거기에 후회 이상의 심각한
의미는 없다는 결론은 어리석다. 그들은 창세기의 타락(넘어짐)
이야기도 은유인 만큼 사실은 넘어진 것이 아니라고 말한다.
이는 '마음이 찢어진다'라는 표현이 은유이므로 실제 의미는
'기분 만점이다'라는 말과도 같다. 이런 식의 해석은 내가

보기에 궤변이다. 내게 '은유적' 기독교 교리란, 본래 이미지를
걷어낸 후에도 그전과 똑같이 '초자연적'이거나 충격적인
의미다. 추상적 해석이 더해지면서 점차 은유로 변한 교리도
마찬가지다.
《기적 Miracles》, 10장

심리학이나 경제학이나 정치학 분야의 책도 시집이나 신앙
서적만큼 늘 은유적이다.
《기적 Miracles》, 10장

우리 시대에 실제로 '문학으로서의 성경'이라는 표현이
생겨났다. 거기에는 성경의 신학적 내용을 배격하는 이들도
영문학의 보고로서 성경을 계속 즐긴다는 암시가 폭넓게 깔려
있다. 그럴 수도 있다. 부모가 신자가 아니라서 성경에 타의로
익숙해진 적은 없지만, 성경의 문학적 매력에 끌려 성경을
꾸준히 읽는 사람이 있을 수 있다. 다만 나는 그런 사람을 본
적이 없다. 내가 지방에 살아서 그런지도 모른다. 앞뒤가 안
맞는 말일지 모르지만, 어쨌든 나는 성경을 문학으로 읽는다는
이들은 성경을 읽지 않는다는 의구심을 떨칠 수 없다.
성경의 종교적 주장을 다시 인정하지 않는 한, 성경이

문학이라는 주장은 내 생각에 '입에 발린 소리'일 뿐이며 그나마 점차 줄어들 것이다.

Selected Literary Essays(문학 평론선), "흠정역 성경의 문학적 영향"

하나님은 겸손히 갓난아기로 오셔서 시골 처녀의 품에 안기셨고, 나중에는 순회 전도자로서 로마의 공권력에 체포되셨다. 그 똑같은 겸손으로 그분은 자신이 평범하고 투박한 대중 언어를 통해 전파되도록 조치하셨다. 당신이 전자를 소화할 수 있다면 후자도 소화가 될 것이다. 그런 의미에서 성육신은 불경한 교리고, 기독교는 지독히 불경한 종교다. 기독교가 세상에 처음 올 때 지금의 흠정역 Authorised Version 성경에서 느껴지는 한껏 아름다운 자태로 왔을 것이라고 생각한다면, 메시아가 이 땅의 위대한 왕으로 오실 것이라고 예상한 유대 민족만큼이나 우리도 과녁을 한참 빗나간 것이다. 신약 성경의 진정한 신성함과 아름다움과 숭고함은 (그리스도의 생애와 마찬가지로) 그런 것과는 차원이 달라서, 한없이 더 깊거나 더 안쪽에 있다.

J. B. 필립스의 Letters to Young Churches(신생 교회들에 보낸 서신들)에 쓴 서문

끝으로, 불편한 역설 같을지 모르지만 우리는 가끔 흠정역
성경에서 벗어나야 한다. 다른 이유가 아니라면 흠정역
성경이 너무 아름답고 장엄하다는 이유만으로라도 그래야
한다. 아름다움은 격을 높이지만 단조로운 면도 있다. 기존의
연상 효과도 귀하지만 오히려 혼동을 주기도 한다. 번역이
아름답고 장엄하다 보니 성경이 말하는 황홀하거나 무시무시한
실체가 우리에게 밋밋하고 무난하게 다가올 수 있고, 그러면
우리는 가만히 감탄사만 발할지도 모른다. 사실은 수치심에
화끈거리거나, 두려워 말문이 막히거나, 감격스러운 소망과
경배에 넋을 잃어야 하는데도 말이다.

J. B. 필립스의 Letters to Young Churches(신생 교회들에 보낸 서신들)에 쓴 서문

성경이 덜 읽힐수록 역본은 더 많아지니 신기한 일입니다.

Letters(서한집), 1962년 5월 25일

태초에 하나님은 자신과 인간과 천사와 (본래 상태의) 동물의
즐거움을 위해 위대한 상상력으로 자연계 전체를 고안하여
빚으셨고, 굳이 자신을 인간의 언어로 표현하셨다. 이때 그
언어가 때로 시詩로 터져 나온 것은 내 생각에 적절하다 못해
거의 불가피해 보인다. 시 또한 이전에 보이지 않고 들리지 않던
것에 몸을 입혀 주는 작은 성육신이기 때문이다.
《시편 사색 Reflections on the Psalms》, 1장

다른 세상에서 온 손님이 시만 보고 인류를 평가한다면, 세속
시를 통해서는 우리가 한결같은 감정의 평평한 고원에서
으레 살아간다는 인상을 받을 것이다. 하지만 신앙 시를
통해서는(거의 이것을 통해서만) 인간의 경험을 모든 곤경과 침체와
정처 없는 방황까지도 사실 그대로 접할 것이다. …… 세속 시에
깔려 있는 사뭇 명쾌하고 일관된 태도는 실제 내면의 경험으로
뒷받침되지 않지만, 신앙 시에는 날것 그대로의 삶이 들어
있다. 뭐니 뭐니 해도 신앙생활이란 자신을 알아 가고 미몽에서
깨어나는 원천이자 가장 건강한 형태의 정신분석이기 때문이다.
Review of English Studies(영문학 평론)에 실린 서평, 1941년 1월

내 경우 시편이 주는 가장 값진 선물은 춤추던 다윗과 똑같이
하나님을 즐거워하게 해 준다는 것이다. ……
　〔시편 기자들은〕 그분께 갈급했고, 최고의 그리스도인에게나
혹은 그리스도인이 경험하는 최고의 순간에만 가능한 그분의
순전한 임재를 사모했다.

《시편 사색 Reflections on the Psalms》, 5장

시편을 읽노라면 고색古色이 짙다는 인상을 받는다. 세월의
깊은 구덩이를 들여다보는 느낌인데, 그 심연에 사는 인물들이
렌즈를 통해 내 눈앞에 바짝 다가온다. 그렇게 일순 근접해 온
그들은 거의 충격적이리만치 이질적인 느낌을 준다. 감정을
절제하지 못한 채 자기연민에 빠지고, 흐느껴 울고, 저주하고,
기뻐 외치고, 희한한 무기를 휘두르고, 낯선 악기 소리에
맞추어 춤춘다. 그런데 이와 나란히 내 머릿속에 떠오르는 다른
이미지가 있다. 영국 국교회의 찬양대, 잘 세탁된 성직자복,
비누처럼 매끈한 사내아이들 얼굴, 무릎 방석, 오르간, 기도서,
열린 창으로 햇빛과 함께 들어오는 갓 깎은 묘지의 풀 냄새
등이다. 때에 따라 둘 중 한쪽의 인상이 희미해지기는 하지만,
아마 어느 쪽도 완전히 사라지지는 않을 것이다.

《기독교적 숙고 Christian Reflections》, "시편"

〔시편 119편은〕 자수처럼 오랜 시간 말없이 한 땀 한 땀 수놓은 무늬다. 대상을 사랑하는 마음과 숙련된 솜씨를 여유롭게 즐기는 마음이 잘 드러나 있다. ……

이것은 고루함도 아니고 심지어 꼼꼼함도 아니다. 도덕적 아름다움에 매혹된 사람의 언어다.

《시편 사색 Reflections on the Psalms》, 6장

시편 기자들은 …… 우리에게 풍경을 별로 보여 주지 않는다. 그들이 여태 내가 본 어떤 그리스어 표현보다도 훨씬 더 감각적이고 즐겁게 보여 주는 것은 바로 기후에 대한 느낌이다. 그들은 기후를 정말 시골 사람의 눈으로 보았고, 거의 식물이 즐거워하는 것같이 그것을 즐거워했다.

《시편 사색 Reflections on the Psalms》, 8장

세상 최고의 신성한 문서가 한 백성에게 맡겨졌는데, 그들의 시는 다분히 대구법에 의존해 있어. 그래서 다른 어떤 언어로 옮겨져도 시로 남을 수밖에 없지. 이 얼마나 신기한 하나님의 경륜인가.

Letters(서한집), 1940년 7월 16일

기적이 가능한가의 문제에 결코 경험으로만 답할 수는 없다.
기적이라 부를 만한 모든 사건은 결국 우리의 오감으로
지각된다. 즉 우리는 무엇을 보거나 듣거나 만지거나 냄새
맡거나 맛본다. 그런데 감각은 완전무결하지 않다. 비범한 일이
발생한 것 같을 때면, 언제고 그것이 환영illusion이었다는 말이
가능하다. 초자연을 배제하는 철학을 고수한다면 누구나 늘
그렇게 말할 것이다.

《기적 Miracles》, 1장

하나님이 기적을 행하시면, 사건의 자연적 흐름이 중단되는
것이 아니라 그 흐름 속에 새로운 사건이 끼어든다. ······
    기적이란 절대로 원인이 없는 사건이거나 결과가 없는
사건이 아니다. 기적의 원인은 하나님의 활동하심이다. 기적의
결과는 자연의 법칙에 따른다. ······ 기적의 특이한 점은 그런
식으로 뒤로, 즉 자연의 이전 역사와 맞물리지 않는다는 것이다.
······ 기적이 자연의 이전 역사와 어떻게 맞물리는지를 알려면
자연과 기적 둘 다를 더 큰 맥락으로 되돌려 놓아야 한다. 모든
일은 다른 모든 일과 이어져 있지만, 늘 우리가 기대하는 짧고
곧은 길로 연결되지는 않는다.

《기적 Miracles》, 8장

본래 기적은 자연의 통상적 과정에 균열을 일으킬 수밖에 없다.
하지만 기적이 진짜라면, 바로 그 균열을 통해 전체 실재의
통일성과 일관성을 더 깊이 확인할 수 있다. 기적은 시의
통일성을 깨뜨리는 운율 없는 산문 뭉텅이가 아니라, 대담한
최고의 운율과도 같다. 그 운율은 시의 다른 대목에서는 대구를
이루지 못할지 몰라도, 해당 위치에서 해당 효과를 냄으로써
시인이 생각하는 통일성을 가장 잘 계시해 준다(알아듣는
사람에게는 그렇다). …… 자연이 기적을 낳을진대, 외부의
남성적인 힘에 의해 수태된 그 기적은 여자가 남자에게서
자녀를 낳는 것만큼이나 지극히 '자연스럽다.'

《기적 Miracles》, 8장

신학은 당신에게 사실상 이렇게 말한다. "하나님을 인정하되
아울러 가끔 기적이 벌어질 가능성도 인정하라. 그러면
절대다수 사건의 일률성('기적이 허용되지 않는 절대 불가변성의
상태'라는 의미에서-옮긴이)을 믿는 네 믿음도 인정해 주겠다."
이 원리에 따르면 당신은 일률성을 절대화할 수는 없지만,
일률성이 대세거나 거의 절대적이라고 믿을 근거는 충분하다.
하나님은 자연이 스스로 전능하다고 우기는 데는 제동을
거시지만, 자연의 정당한 몫은 인정하신다. 기와 한 장
아끼려다 대들보를 썩힐 필요는 없다. 그 결과는 정말 훨씬
비참하다. 자연을 절대화해 보라. 그러면 자연의 일률성은 아예

불가능해진다. 욕심이 과하면 아무것도 얻지 못하고, 데이비드 흄처럼 교착 상태에 빠진다. 그런 면에서 신학의 배려는 요긴하다. 덕분에 과학자에게는 계속 실험할 여지가 남고, 그리스도인에게는 계속 기도할 여지가 남는다.

《기적 Miracles》, 13장

반복해서 발생하지 않는 일은 과학의 소재가 될 수 없다. 그래서 역사는 과학이 아니다. 나폴레옹이 아우스터리츠 전투에서 어떻게 싸웠는지를 알려고, 그에게 실험실에 와서 다시 싸워 보라고 할 수는 없다. 같은 나이에 같은 기후와 같은 지형에서 같은 부대와 함께 말이다. 대신 기록을 보아야 한다. 사실 기적이 과학에서 배제된다는 증거는 아직 없다. 기적의 문제도 다른 수많은 문제처럼 실험실에서는 풀릴 수 없음이 입증되었을 뿐이다.

《피고석의 하나님 God in the Dock》, "교리 없는 종교?"

내 생각에 힌두교의 모든 본질적 요소는 기적을 빼도 손상되지 않으며, 이슬람교도 다분히 그렇다. 그러나 기독교에서는 기적을 뺄 수 없다. 기독교 자체가 하나의 거대한 기적 이야기다. 자연주의적 기독교는 기독교 고유의 요소를 전부 몰아낸다.

《기적 Miracles》, 10장

4부

삼위일체

The Trinity

1.

하나님

몇 년 전 내가 무신론자였을 때 만일 누가 "당신은 왜 하나님을 믿지 않는가?"라고 물었다면, 내 답변은 이런 식이었을 것이다. "우리가 살고 있는 우주를 보라. 칠흑같이 어둡고 상상도 못하게 차가운 텅 빈 공간이 대부분이다. 이 공간에 운행하는 행성은 공간 자체에 비해 너무 적고도 작아서, 설령 행성마다 지극히 행복한 피조물로 가득 차 있다 해도 삶과 행복이 우주를 만든 능력자에게 부산물 이상이었다고 믿기는 어렵다. …… 역사는 다분히 범죄와 전쟁과 질병과 테러로 얼룩진 기록이며, 사이사이에 있는 행복은 겨우 그 행복을 잃을까 봐

조마조마하게 애가 탈 만큼이다. 그나마 행복이 지속될 경우고, 그마저 끝나면 쓰라리고 불행한 기억만 남는다. 인간이 가끔씩 상황을 약간 개선하여 소위 문명이 출현한다. 그러나 모든 문명은 덧없이 지나가며, 지속 기간에도 각 문명 특유의 각종 고통을 유발한다. 문명 덕분에 인간이 통상적으로 겪는 고통을 좀 덜었다 해도, 새로운 고통이 이를 족히 능가할 정도다. ……나더러 이것을 자비롭고 전능한 영의 작품으로 믿으라 한다면, 나는 모든 증거가 그 반대 방향을 가리킨다고 답하겠다. 우주의 배후에 영이 없거나, 있어도 선과 악에 무관심하거나, 아니면 악한 영이다."

그러나 내가 제기할 생각조차 못했던 의문이 하나 있었다. 나도 미처 몰랐는데 비관론자들의 막강하고 유창한 논리는 동시에 문제점을 낳는다. 우주가 그렇게 나쁘거나 그 절반만큼이라도 나쁘다면, 도대체 인간이 어떻게 우주의 기원을 지혜롭고 선한 창조주에게 돌리게 되었단 말인가?

《고통의 문제 The Problem of Pain》, 1장

우주를 탐험하여 하나님이나 천국을 찾으려는 것은 셰익스피어의 희곡을 읽거나 보면서 그를 등장인물로 만나기를 바라는 것과도 같다. 그가 태어나고 묻힌 곳인 스트랫퍼드를 작품 속에서 찾으려는 것과도 같다. 셰익스피어는 어떤 의미에서 그의 모든 희곡의 모든 순간 속에 존재하지만, 결코 작품 속 인물인 폴스타프나 맥베스 부인처럼 존재하지는 않는다. 기체처럼 희곡 속에 두루 퍼져 있지도 않다.

희곡이 극작가 없이 저절로 존재한다고 생각하는 바보가 있다면 …… 설령 그가 모든 희곡을 공부해 보았더니 그 속에 셰익스피어는 없더라고 진심으로 말해도, 셰익스피어에 대한 우리의 믿음은 별로 달라지지 않는다. ……

하나님의 존재를 셰익스피어의 존재만큼 쉽게 입증할 수 있다는 말은 결코 아니다. 내 요지는 하나님이 존재하신다면, 그분과 우주의 관계가 우주 내의 사물과 사물의 관계보다는 극작가와 희곡의 관계에 더 가깝다는 것이다. ……

어떤 사람에게는 하나님이 어디서나 보이지만 어떤 사람에게는 아무 데서도 보이지 않는다. 이 땅에서 그분을 볼 줄 모르는 사람은 우주에 나가도 아마 보지 못할 것이다. (사실 우리는 이미 우주 속에 있다. 해마다 거대한 원을 그리며 우주를 여행한다.) 그러나 성도가 우주선을 타고 올라가면 이 땅에서 보이던 하나님이 거기서도 보일 것이다. 보는 눈에 따라 크게 달라진다.

《기독교적 숙고 Christian Reflections》, "보는 눈"

하나님이 어떤 분이신지를 충분히 알면 그분의 존재 여부는
문제가 될 수 없다. 그분이 존재하지 않는다는 것은 언제나
불가능했다. 본래 그분은 모든 존재의 막연한 중심, 그냥
온전히 계시는 분, 모든 사실의 근원이다. 그런데 세상을
창조하심으로써 그분도 이제 어떤 의미에서 특수한 존재가
되셨다. 심지어 많은 것 가운데 하나가 되었다. 이렇게 말한다
해서 그분과 나머지 모든 것 사이의 무한한 차이가 좁혀지는
것은 아니다. 오히려 이는 그분의 창조가 완전하다는 점을
인정하는 것인데, 범신론은 그 절대적인 완전성을 흐려 놓는다.
그분에게는 워낙 존재가 넘쳐 나서 그 존재를 나누어 주실 수
있고, 모든 것을 자신과는 완전히 구분되는 타자로 존재하게
하신다. 만물이 곧 신이라는 말은 그래서 거짓이다.

《기적 Miracles》, 11장

하나님이 인간으로 사신 삶은 우리 관점에서 볼 때 세계사의
일정 기간(AD 1년부터 십자가 사건까지)이다. 그래서 우리는 이를
그분이 하나님으로 존재하신 역사 가운데의 한 시대라고도
생각한다. 하지만 하나님께는 역사가 없다. 역사가 있기에는
그분은 너무도 완전하게 실재 자체시다. 역사가 있다는 말은
당신의 실재 가운데 일부는 잃었고(이미 과거로 흘러갔으므로)
일부는 아직 없다는 뜻이다(미래에 올 것이므로). 사실 찰나의
현재밖에 없는데, 그마저도 그렇게 말하는 순간 지나가 버린다.

하나님이 그런 존재라는 생각은 천만부당하다. 우리 자신도 늘 과거와 현재와 미래로 구분되는 것이 싫을 수 있다.

《순전한 기독교 Mere Christianity》, 4부 3장

내가 대적하던 그분은 말씀을 거두셨고, 내 주장은 한없이 시시해졌다. 그분은 논쟁하지 않으시고 "나는 주±이니라. 나는 나니라. 나는 있느니라"라고만 말씀하셨다.

    종교심을 타고난 사람은 이런 계시가 얼마나 무서운지 잘 모른다. 우호적인 불가지론자는 '하나님을 찾는 인간'에 대해 유쾌하게 말하지만, 이는 쥐가 고양이를 찾는다는 말이나 마찬가지다. 전에는 나도 그렇게 말했다.

《예기치 못한 기쁨 Surprised by Joy》, 14장

하나님을 숙제 검사관이나 거래 상대로 생각하는 사람은 아직 그분과의 관계가 바르지 못한 것이다. 그분과의 사이에 흥정이 오간다고 생각한다면 자신이 누구이고 하나님이 어떤 분이신지를 한참 오해한 것이다. 하나님과 바른 관계를 맺으려면 먼저 자신이 파산 상태라는 사실부터 알아야 한다.

《순전한 기독교 Mere Christianity》, 3부 12장

하나님의 임재를 무시할 수는 있지만 어디서도 피할 수는 없네. 세상은 그분으로 충만하지. 그분은 어디에나 숨어 다니신다네.incognito

《개인 기도 Letters to Malcolm》, 14장

기독교 신학에서 말하는 하나님은 살아 계신 실체로서 뜻을 품고 행하시는 분이다. 그런데 왜 많은 사람은 예단하기를, 하나님이 다른 무엇일지 몰라도 그런 분은 아니라고 하는 것일까? 내 생각에 이유는 다음과 같다. 신비로운 삿갓조개가 있다고 하자. 삿갓조개 세계의 현인인 그는 (황홀한 환상 중에) 인간이 어떤 존재인지를 본다. 그가 제자들에게 이를 설명하려면 부정적 진술이 많이 필요하다. 그래서 인간은 껍질이 없고, 암석에 붙어살지 않고, 물속에 있지 않다고 말해 준다. 제자들도 (그만큼은 아니어도) 환상을 조금 본 적이 있기에, 이 모두를 종합하여 웬만큼 인간을 파악한다. 그런데 이때 철학사를 저술하고 비교 종교학을 강의하지만 직접 환상을 본 적은 없는 유식한 삿갓조개들이 등장한다. 그들은 그 예언자 삿갓조개의 말에서 순전히 부정적 진술만을 취한다. 이를 보완해 줄 긍정적 통찰이 없다 보니, 그들이 생각하는 인간은 젤리처럼 무정형이고(껍질이 없다) 거처가 불특정하며(암석에 붙어살지 않는다) 생전 양분을 섭취하지 않는 존재다(양분을 실어 나를 물이 없다). 그들에게는 인간이 예로부터 외경의 대상인지라,

결론은 무차원 공간의 굶주린 젤리야말로 최고의 존재
양식이라는 것이다. 반면 인간에게 분명한 형체와 구조와
각종 기관이 있다는 교리는 무조건 조잡한 유물론적 미신으로
배격된다.
《기적 Miracles》, 11장

"하나님은 인격체로 존재하시는가?" 존 A. T. 로빈슨 주교(저서
《신에게 솔직히》의 중심 주제를 "우리의 하나님상을 버려야 한다"라는 제하의
글에 사전 공개했다-옮긴이)는 이 질문을 궁극적 실재가 인격체인지
여부와 엄격히 구분한다. 하지만 후자에 긍정으로 답하는
사람은 이미 전자에도 긍정으로 답한 것 아닌가? 하나님처럼
언어의 심각한 오용 없이도 묘사될 수 있는 존재라면 궁극적
실재일 수밖에 없고, 궁극적 실재가 인격체라면 하나님도
인격체시다.
《피고석의 하나님 God in the Dock》, "우리의 하나님상을 버려야 할까?"

물론 '만난다'라는 말은 신인동형론(하나님을 사람의 형상으로
빗대어 묘사하는 일-편집자)의 표현이네. 마치 하나님과 내가 다른
동료 피조물처럼 대면할 수 있다는 듯이 말이야. 사실 그분은
내 위와 내 안과 내 아래와 내 사방에 계시네. 그래서 균형을

이루려면 각종 형이상학적이고 신학적인 추상 개념도 필요해. 다만 여기서고 다른 어디서고 절대 해서는 안 될 생각이 있네. 신인동형론의 은유는 연약한 우리를 배려한 미봉책인 반면 추상 개념은 그대로 진리라는 생각이지. 양쪽 다 똑같이 미봉책일 뿐일세. 각기 따로는 오해의 소지가 있으며 둘을 합해야 서로를 바로잡아 주네. 극히 유보적인 자세로 "이건 아닙니다. 그렇지 않습니다. 이 또한 주님이 아닙니다"라고 계속해서 되뇌지 않는 한 추상 개념은 치명적 악영향을 미친다네. 지고한 생명조차 무기력해 보이고 지고한 사랑조차 냉담해 보일 테니 말이야. 유치한 은유가 해로운 것은 그것이 주로 비신자의 회심을 막기 때문이네. 아무리 조잡한 은유도 신자에게야 전혀 해로울 것이 없지. 성부 하나님께 정말 수염이 있다고 믿어서 망한 사람이 누가 있겠는가?

《개인 기도 Letters to Malcolm》, 4장

분노한 왕이라는 은유를 전선줄의 은유로 바꾸어서 무엇을 얻었는가? 절망으로 우리 모두의 말문이 막혔을 뿐이네. 분노의 주체는 용서가 가능하지만 전기는 용서하지 못하기 때문이지.

《개인 기도 Letters to Malcolm》, 18장

우리가 맞서 싸워야 할 것은 알렉산더 포프의 이 격언일세. "전능한 제1원인은 예외 없이 일반 법칙대로 행동한다."

희한하게도 포프는 이 철학적 신학이 어린이와 야만인의 종교보다(또한 신약 성경보다) 발전한 것이라 생각했고, 그에게 동조하는 이들도 다 그렇게 생각하네. 그들에게는 이것이 덜 고지식하고 덜 신인동형론처럼 보인다네. 하지만 진짜 차이는, 여기에 신인동형론이 더 감쪽같이 숨어 있어 훨씬 막심한 피해를 끼친다는 것이지. ……

포프의 견해에 따르면 하나님이 일하시는 방식도 똑같아야 하네. 그분께 전체에 대한 일괄 계획이 있어서 우리는 무슨 말로도 거기에 영향을 미칠 수 없어. 그래서 그분은 우리의 기도를 들어주시거나 하다못해 일부러 거부하실 자유가 별로(어쩌면 전혀?) 없다네. 각 개인의 무수한 복과 화는 그 일괄 계획대로 대량 생산되는 거지. 하나님도 어쩔 도리가 없다네. 다 부산물일 뿐이야. ……

유한한 우리 인간이야 일반 법칙에 비추어 사고해야 하네. 하지만 하나님이 어떻게 이런 미봉책으로 한없이 투명한 시야를 더럽히실 수 있겠는가? 이는 그분이 참고서를 들추어 보셔야 한다든지, 행여 나라는 개인을 생각하실 경우 "가브리엘아, 루이스의 파일 좀 가져와라"라는 말씀부터 하실 것이라는 생각이나 같네.

《개인 기도 Letters to Malcolm》, 10장

빛은 눈에 보이지 않지만 빛 덕분에 우리는 사물을 볼 수 있다.
하나님에 대한 진술도 다른 것들에 대한 지식에서 추론되는데,
그 다른 것들을 우리는 그분의 조명하심 덕분에 알 수 있다.

《네 가지 사랑 The Four Loves》, 6장

하나님은 기본 사실 내지 실상이며, 다른 모든 사실의
근원이다. 따라서 절대로 그분을 막연하고 두루뭉술한 존재로
생각해서는 안 된다. 그분은 모든 것 가운데 가장 확실한
실체로 존재하시며, 가장 개성 있고 "가지런하고 표현이
섬세하신"(윌리엄 블레이크의 표현-옮긴이) 분이다. 그분을 말로
형언할 수 없음은 그분이 불명확해서가 아니라 너무 명확해서
굳이 모호한 언어가 필요 없기 때문이다. …… 문법상으로는
우리가 그분에 대해 하는 말이 '은유'다. 하지만 더 깊은
의미에서, 참생명이신 하나님에 대한 '은유'에 불과한 것은 바로
우리의 몸과 마음의 에너지다.

《기적 Miracles》, 11장

그분이 전능하시다는 말은 본질상 불가능한 일이 아닌 본질상 가능한 일을 다 하실 수 있다는 뜻이다. 그분이 기적을 행하신다 하여 엉터리 일까지도 하신다고 생각해서는 안 된다. 그래도 그분의 능력은 제한되지 않는다. 당신이 "하나님은 피조물에게 자유 의지를 주심과 동시에 거두실 수 있다"라고 말한다면, 그분에 대해 무엇 하나도 제대로 말한 것이 아니다. "하나님이라면 하실 수 있다"라는 말만 덧붙인다 해서 단어의 무의미한 조합에 갑자기 의미가 생겨나지는 않는다. "하나님으로서는 다 하실 수 있느니라"(마태복음 19:26-옮긴이)라는 말씀은 여전히 사실이다. 하지만 본질상 불가능한 일은 아예 실재하지 않기 때문에 그 '다'에 해당하지 않는다. 두 가지 상호 배타적인 일을 수행하는 것은 지극히 연약한 피조물에게 못지않게 하나님께도 불가능하다. 그분의 능력이 벽에 부딪쳐서가 아니라 아무리 하나님의 경우라도 엉터리 일은 엉터리이기 때문이다.

《고통의 문제 The Problem of Pain》, 2장

"당신이 뭐라고 기도할지를 하나님이 수백만 년 전부터 정확히 알고 계셨다"라는 개념에 신경 쓰지 마십시오. 그건 그렇지 않습니다. 하나님은 당신의 말을 지금 듣고 계십니다. 엄마가 아이의 말을 듣는 것만큼이나 단순하지요. 그분의 영원성 때문에 생겨나는 차이라면 (발음하는 순간 이미 과거로 변해 버리는)

지금이 그분께는 무한하다는 것입니다.

Letters(서한집), 1949년 8월 1일

"모든 일은 그분에 의해 그분을 위해 존재합니다. 그분은 또 자신의 즐거움을 위해 자신을 표현하시며, 그런 자신을 좋게 보시지요. 친히 자신을 낳으셨으니 그분에게서 나오는 것은 곧 그분 자신입니다. 그분을 찬송할지라!"

"생각이 어두워진 사람에게는 모든 것이 계획 없이 지어진 것처럼 보이지요. 계획이 그의 예상보다 많기 때문입니다. …… 하나의 움직임을 잘 보십시오. 그것이 모든 틀로 연결되면서 전체의 큰 움직임처럼 보일 겁니다. 그렇게 보일 뿐 아니라 실제로 그래요. 아무도 감히 반박할 수 없습니다. 계획이 없어 보임은 온통 계획이라서 그렇고, 중심이 없어 보임은 온통 중심이라서 그렇습니다. 그분을 찬송할지라!"

《페렐란드라 Perelandra》, 17장

완전한 선은 달성할 목표를 두고 논쟁할 일이 없고, 완전한 지혜는 그 목표를 달성할 최적의 수단을 두고 논쟁할 필요가 없다. 하나님의 행위는 그분 말고 다른 어떤 원인에서도 비롯되지 않으며, 외부의 어떤 장애물도 그 행위를 막을 수 없다. 이것이 그분의 자유다. 그분의 모든 행위는 그분의 선이라는 뿌리에서 자라나고, 그분의 전능하심이라는 대기 속에서 꽃을 피운다.

《고통의 문제 The Problem of Pain》, 2장

모루에서 불꽃이 날리듯, 그에게서 왕의 자태와 권위와 유쾌한 위엄과 관대함이 뿜어져 나왔다. 지상에서 쓰던 수단대로 종을 울리고 나팔을 불고 기장banners을 날려 보지만, 그의 품위를 대변하기에는 역부족이다. 그것은 마치 햇살에 빛나는 높고도 긴 물결 같아서 물마루가 매끈하고 비췻빛 아치가 둘렸으며, 우레 같은 소리와 더불어 황공하게도 웃음이 그치지 않았다. 또 그것은 장엄한 축제 때 높은 왕의 어전에 처음 울리는 음악과도 같았다. 아이들이 들으면 두려움에 가까운 전율이 심장을 찌를 정도다. 그는 왕 중의 왕인 위대한 글룬드-오야르사였던 것이다. 주로 그를 통해 창조세계의 기쁨이 아르볼 항성계에 바람처럼 퍼져 나간다. 옛날 사람들에게 주피터로 알려졌던 그는 이 이름 때문에 그를 지은 창조주와 혼동되기도 했으나, 이 무엄함은 치명적이지만 이해할 만한 것이었다. 그래서 그들은 피조물의 기준으로라도 그의 위쪽으로 몇 계단이나 더 있는지 상상조차 못했다.

《그 가공할 힘 That Hideous Strength》, 15장

여태 내가 접해 본 철학 이론 가운데 "태초에 하나님이 천지를 창조하시니라"라는 창세기 말씀보다 근본적으로 더 발전된 것은 하나도 없다.

《기적 Miracles》, 4장

지구가 모든 별 가운데 하나이듯, 당연히 우리 인간과 인간사도 모든 창조세계의 일부에 불과하다. 모든 별도 우주 자체에 비하면 아주 작듯이, 모든 피조물과 왕과 권력 그리고 우리가 지어낸 가장 막강한 신들도 스스로 존재하시며 무한히 깊으신 하나님에 비하면 아무것도 아니다. 그분은 우리의 아버지이시고, 우리를 구원하시며, 우리 안에 내주하여 위로하신다. 어떤 인간이나 천사도 그분 자신이 어떤 분인지를 또는 "하나님이 하시는 일의 시종"(전도서 3:11 - 옮긴이)을 말하거나 생각할 수 없다. 그들은 다 미약한 파생물이기 때문이다. 그들의 시력은 믿을 것이 못 되는 데다, 궁극의 실상이신 그분의 감당 못할 빛 앞에서 그들은 아예 눈을 가린다. 그 빛은 전에도 있었고 이제도 있고 장차도 있을 것이다. 빛이 아니었던 적도 없고, 빛의 반대도 전혀 없다.

《고통의 문제 The Problem of Pain》, 10장

우리의 기도에 대한 가부간의 응답은 영원 속에서 주어진다네.
세상의 영적 역사와 물리적 역사를 서로 맞물리는 이 작업은
전체의 창조 행위 속에서 이루어지네. 우리는 자신의 기도와
기타 자유로운 행위를 막상 그 순간이 돼서야 알 수 있지만,
이 모두가 전체 교향곡의 악보에 영원히 들어 있어. 그렇다고
'예정된' 것은 아니네. 예정이라는 말은 영원이 그저 옛날이라는
어감을 풍기지. 우리는 삶을 영원한 현재로 경험할 수 없지만,
하나님이 보시기에 우리는 영원하다네. 우리의 가장 깊은
실체는 그렇네.

《개인 기도 Letters to Malcolm》, 20장

하나님이 기도를 제정하신 목적 가운데 하나는 사건의 과정이
국가처럼 통치되는 것이 아니라 예술 작품처럼 창조된다는 것을
보여 주시려는 것일 수 있네. 모든 존재가 작품에 기여하며,
특히 기도를 통해서는 의식적으로 기여한다네. 또한 모든
존재가 그 작품의 목표이자 수단이지. …… 세상은 기도가 일부
필요하도록 지어졌어. …… 그러나 '일부'는 거기서 그친다네. 이
위대한 예술 작품(창조된 세상)은 모든 파도의 굽이와 모든 곤충의
비행에 이르기까지 '모든' 행위와 존재를 위해 지어졌네.

《개인 기도 Letters to Malcolm》, 10장

평범하고 순수한 한 그리스도인이 기도를 아뢰고자 무릎을
꿇는다. 그는 하나님과 소통하려 한다. 그가 그리스도인이라면
자신을 기도하게 하시는 분 또한 하나님이심을 안다. 즉 그
사람 안에 계신 하나님이시다. 또 그는 하나님을 제대로 아는
자신의 모든 지식이 그리스도를 통해서 온다는 사실도 안다.
하나님이자 인간이신 그리스도께서 곁에서 그의 기도를
도우시고 그를 위해 기도하신다. 보다시피 하나님은 그가
기도드릴 대상이자 그의 안에서 그가 기도하도록 추동하시는
분이다. 즉 도달하려는 목적지이자 원동력이시다. 아울러
그분은 목적지로 향해 가는 길 내지는 다리이시다. 요컨대
평범한 한 사람이 기도하는 작고 평범한 방에 실제로 삼위일체
하나님이 온전한 삼중의 생명으로 함께 계신다. 이 사람은
더 높은 차원의 생명에 붙들리는데, 나는 이를 '조에'(헬라어로
'하나님의 생명, 영원한 생명'이라는 뜻 - 편집자) 또는 영적 생명이라
부른다. 그는 자신으로 남아 있으면서도 동시에 하나님께
이끌려 하나님 속으로 들어간다.

《순전한 기독교 Mere Christianity》, 4부 2장

선善은 피조물이 아니다. 결코 창조되었을 수 없다. 선에는
부수적 성질이 조금도 없다. 플라톤의 말마따나 선은 "존재의
피안"에 있다. 그것은 신들 자체를 신성하게 하는 힌두교의
"천칙"(리타; 우주의 법칙)이고, 모든 실재를 낳는 중국의 "도"다.

그러나 우리는 가장 현명한 이교도들보다도 더 은총을 입었기에, 존재 너머에 있으면서 부수적 성질을 용납하지 않고 나머지 전체에 신성을 부여하며 모든 존재의 근거가 되는 그것이 무엇인지를 안다. 그것은 단지 법칙(율법)만이 아니라 또한 낳으시는 사랑과 거기서 나신 사랑이다. 나아가서 이 두 분 사이의 사랑은 스스로 존재하시는 두 분의 생명에 함께 연합하는 모든 이들 안에도 내재한다. 하나님은 단지 선하신 것이 아니라 선이시고, 선은 단지 신성한 것이 아니라 하나님이다.

《기독교적 숙고 Christian Reflections》, "주관주의의 독"

18세기에 "하나님이 옳은 일을 명하신 것이 아니라 그분이 명하셔서 옳은 일이 되었다"라고 주장하는 형편없는 신학자들이 있었다. 그 입장을 확실히 밝히려고 그중 하나는 이런 말까지 했다. 하나님이 어쩌다 우리에게 그분과 서로를 사랑하라고 명하셨지만, 그분과 서로를 미워하라고 똑같이 명하실 수도 있었고, 그러면 미움이 옳은 일이 되었을 것이라고 말이다. 반반의 확률 중에 그분이 한쪽을 고르신 셈이다. 물론 이런 견해대로라면 하나님은 그저 자의적 폭군이 된다. 이런 윤리와 신학보다는 차라리 하나님도 믿지 않고 윤리도 없는 편이 더 낫고 덜 불경하다.

《시편 사색 Reflections on the Psalms》, 6장

말로만 우리 자신이 악하다고 할 때는 하나님의 '진노'가 미개한
교리 같다. 그러나 우리의 악을 깨닫는 순간, 진노는 그분의
선하심의 필연적 귀결로서 불가피해 보인다.

《고통의 문제 The Problem of Pain》, 4장

신경질적인 화풀이가 아니라 너그러우면서도 매서운
의분이라면, 분노는 (꼭 당장은 아니더라도) 사랑으로 바뀌어 상대를
기쁘게 수용하고 다시 환대한다네. 친구나 연인의 진정한
화해는 그렇게 이루어지지. 격노도 뜨겁고 사랑도 뜨겁네. 이런
분노는 사랑이 칼에 베여 흘리는 피야. 연인의 사랑을 되살리는
것은 신중한 지적이 아니라 분노일세. 하나님의 진노와 용서는
둘 다 유비類比면서 동일한 범주에 속하네. 바로 생명과 사랑과
깊은 인격적 관계라는 범주이지. 해방과 '문명'을 부르짖는
해석은 다 우리를 오도할 뿐이야. 하나님의 진노를 세련된 불만
정도로 일축하면, 그분의 사랑도 한낱 인도주의로 전락한다네.
'소멸하는 불'과 '온전한 아름다움'이 둘 다 사라지는 걸세.

《개인 기도 Letters to Malcolm》, 18장

하나님의 '선'은 우리의 선과는 다르지만 전혀 무관하게
다르지는 않다. 즉 흰색과 까만색처럼 다른 것이 아니라 완전한
원과 아이가 처음으로 그리려는 바퀴처럼 다르다. 아이가
그림 그리는 법을 배우면, 지금 그리는 원이 자기가 처음부터
그리려던 것이었음을 알게 된다.

    성경에 이 교리가 전제되어 있다. 그리스도는 인간에게
회개를 촉구하시는데, 하나님의 기준이 만일 인간이 이미
알면서도 실천하지 못하는 기준과 전혀 무관하게 다르다면, 그
촉구는 무의미할 것이다.

《고통의 문제 The Problem of Pain》, 3장

정의 없는 자비는 무자비해진다.

《피고석의 하나님 God in the Dock》, "인본주의 형벌론"

우주를 절대선이 지배하지 않는다면, 우리의 모든 노력은
결국에는 가망이 없다. 하지만 우주를 절대선이 지배한다 해도,
우리는 날마다 그 선을 대적하고 있으며 내일이라고 더 나아질
가망성도 희박하다. 그래서 우리의 사정은 역시 절망적이다.
이러지도 못하고 저러지도 못한다. 하나님만이 우리의
위안이신데, 그분은 가장 두려운 대상이기도 하다. 가장 필요한

그분을 가장 피하고 싶어진다. 그분만이 아군이 되실 수 있건만
우리는 스스로 그분의 적이 되었다. 절대선을 대면하는 일이
재미있을 것처럼 말하는 이들이 있으나 다시 생각해야 한다.
그들은 아직 종교를 만지작거리고만 있을 뿐이다.
《순전한 기독교 Mere Christianity》, 1부 5장

우주를 다스리시는 것도 하나님께는 큰일이 아니다. ……
　　노리치의 줄리안(중세 영국의 신비주의자-옮긴이)이 본 환상을
우리도 늘 명심해야 한다. 환상 중에 하나님의 손안에 견과 같은
작은 물체가 있었는데, 그 견과는 바로 "지은 바 된 만물"(요한복음
1:3-옮긴이)이었다. 아무것도 필요하지 않으신 하나님이 사랑으로
피조물을 지으시되 차고 넘치도록 많이 지으셨으니, 바로
그들을 사랑하시고 온전하게 하시기 위해서다.
《네 가지 사랑 The Four Loves》, 6장

대체로 '우리를 향한 하나님의 사랑'이 '그분을 향한 우리의
사랑'보다 사고하기에 훨씬 확실한 주제다. 아무도 경건한
감정을 항시 품을 수는 없으며, 설령 그럴 수 있다 해도
하나님의 주요 관심사는 우리의 감정이 아니다. 대상이
하나님이든 사람이든 기독교적 사랑은 의지(뜻)의 문제다. 힘써

그분의 뜻을 행한다면 우리는 "주 너의 하나님을 사랑하라"
하신 계명에 순종하는 것이다. 사랑의 감정은 그분이 원하시면
주시는 것이지 우리가 지어낼 수는 없고, 권리로 요구해서도 안
된다. 그러나 기억해야 할 놀라운 사실이 있다. 우리의 감정은
있다가도 없어지지만 우리를 향한 그분의 사랑은 그렇지 않다.
그분의 사랑은 우리가 저지르는 죄나 우리의 냉담함에도 지칠
줄 모르며, 그래서 우리나 그분 자신께 어떤 대가가 따르더라도
죄를 반드시 퇴치하시려는 뜻도 절대 변함이 없으시다.

《순전한 기독교 Mere Christianity》, 3부 9장

그들의 얼굴에서 영적이면서 지적이고 순수한 사랑이 가시 돋친
번갯불처럼 뿜어져 나왔다. 그렇게 표현되는 사랑은 우리가
경험하는 사랑과는 어찌나 다르던지 자칫 포악하다고 오해받기
쉬웠다.

《페렐란드라 Perelandra》, 16장

사실 우리가 원하는 것은 '하늘에 계신 아버지'라기보다
구름 속 할아버지다. 흔히들 말하듯 이 마음씨 좋은 노인은
"마음껏 즐기는 젊은이의 모습을 좋아한다." 우주를 향한 그의
계획은 그저 하루를 마칠 때마다 진심으로 "다들 좋은 시간을

보냈구나"라고 말할 수 있는 정도다. ……

    나와 별 상관이 없는 사람에 대해서는 무조건 그들이 행복해졌으면 좋겠다고 외친다. 그러나 대상이 자신의 친구와 연인과 자녀로 바뀌면 어느 결에 엄격해져, 비열하고 불화한 행복보다는 차라리 그들이 고생하는 쪽을 바란다. 하나님은 사랑이신데, 본래 사랑이란 무조건 잘해 주기만 하는 것이 아니다. 모든 기록으로 보아, 그분은 종종 우리 죄를 지적하며 책망하셨지만 우리를 멸시하신 적은 없다. 오히려 가장 깊고 참혹하고 치열하게 우리를 사랑하심으로써 감당 못할 영광을 베푸셨다.

《고통의 문제 The Problem of Pain》, 3장

우리는 하나님의 예술 작품이다. 은유가 아니고 사실이다. 지금도 그분은 우리를 빚으시는 중이며, 그래서 우리에게 특정한 성품이 형성되기까지는 만족하지 않으신다. 이 또한 내 표현으로, 우리를 향한 "감당 못할 영광"이다. 화가는 아이를 즐겁게 해 주려고 대충 그리는 스케치에는 큰 공을 들이지 않을 것이다. 꼭 뜻대로 되지 않아도 그냥 넘어간다. 그러나 일생일대의 그림에는 끝없이 정성을 쏟을 것이다. 방식은 달라도 남자가 여자를 사랑하고 엄마가 자녀를 사랑하는 것만큼이나 자신이 애틋하게 사랑하는 작품이기 때문이다. 그래서 명작이 나올 때까지 당연히 혼신을 다한다. 열 번이나

칠했다 긁어내고 다시 시작해서 완성한 명작을 상상해 보라.
차라리 잠깐이면 끝나는 간단한 스케치였으면 하는 마음도 들
수 있다. 마찬가지로 우리도 하나님이 예비하신 우리의 운명이
덜 영광스럽더라도 차라리 덜 고되었으면 하는 마음이 당연히
든다. 하지만 그러면 우리가 바라는 사랑도 더 많아지지 않고
줄어든다.

《고통의 문제 The Problem of Pain》, 3장

개는 본래 냄새도 나고, 이런저런 습관 때문에 사람한테
사랑받기 힘든 면도 있다. 그래서 사람은 개를 씻기고, 대소변을
가리게 길들이고, 물건을 훔치지 못하게 가르친다. 그러면서
마침내 개를 완전히 사랑할 수 있게 된다. 이 모든 과정에서
강아지는(그가 신학자라면) 인간의 '선'이 심히 의심스러울 것이다.
하지만 잘 훈련된 장성한 개는 그런 의심을 전혀 하지 않을
것이다. 자기가 야생 개보다 중요해지고 더 건강하게 오래
살게 되었을 뿐 아니라, 동물의 팔자로는 한없이 과분한
애정과 충절과 관심과 위로의 별세계에 비유컨대 은혜로
받아들여졌으니 말이다. …… 실제로 우리는 자신이 하나님께
별로 대수롭지 않은 존재여서 그분이 우리를 본능적 충동대로
살게 내버려 두셨으면 하는 마음이 들 수 있다. 하지만 그러면
역시 우리가 구하는 사랑도 더 많아지지 않고 줄어든다.

《고통의 문제 The Problem of Pain》, 3장

하나님이 인간을 사랑하신다는 기독교의 말은 정말 사랑하신다는 뜻이다. 그분이 워낙 공정해서 인간이 잘되기를 '사심 없이' 바라신다는 뜻이 아니라, 뜻밖이자 황송하게도 실제로 우리가 그분의 사랑의 대상이라는 뜻이다. 사랑의 하나님을 원한다면 여기 그런 분이 계시다. 당신이 경솔하게 부르는 그 위대하신 영은 현존하시며, "무서운 면이 있는 주"(단테의 시구-옮긴이)이시다. 그분은 꾸벅꾸벅 졸면서 당신의 입맛대로 행복을 빌어 주는 마음씨 좋은 노인도 아니고, 냉철하게 박애를 실천하는 양심적인 판사도 아니고, 책임지고 손님을 편안하게 해 주려는 집주인도 아니다. 그분은 소멸하는 불이시며 세상을 지은 사랑이시다. 이 사랑은 예술가가 작품을 사랑하듯 집요하고, 사람이 개를 사랑하듯 위계적이고, 아버지가 자식을 사랑하듯 자상하고 후덕하며, 남녀 간의 사랑처럼 배타적이어서 매섭게 질투한다.

《고통의 문제 The Problem of Pain》, 3장

인간의 고난과 사랑의 하나님을 조화시키는 문제가 안 풀리는 이유는 우리가 '사랑'이라는 단어에 시시한 의미를 부여하기 때문이고, 매사를 인간 중심으로 바라보기 때문이다. 인간은 세상의 중심이 아니다. 하나님은 인간을 위해 존재하지 않으시며, 인간도 자신을 위해 존재하지 않는다. …… 사랑의 하나님께 이대로의 우리 모습에 만족하실 것을 요구한다면,

그것은 하나님이기를 중단하라는 요구와 같다. 하나님이
하나님이신 이상 현재 우리의 성품 가운데 어떤 오점이
필연적으로 그분의 사랑을 가로막고 거부할 수밖에 없다.
게다가 그분은 이미 우리를 사랑하시기에 어떻게든 우리를
사랑스러운 모습으로 빚으셔야 한다. …… 우리가 말하는 지금
여기의 '행복'은 하나님이 생각하시는 주목표가 아니다. 그러나
우리가 하나님이 막힘없이 사랑하실 만한 모습으로 변하면,
실제로 우리는 행복해진다.

《고통의 문제 The Problem of Pain》, 3장

세상이 존재하는 주목적은 우리가 하나님을 사랑하기 위해서가
아니라 그분이 우리를 사랑하시기 위해서다. 그런데 이 사실
자체도 더 깊은 의미에서는 우리를 위한 것이다. 무엇 하나
부족한 것이 없으신 하나님이 굳이 우리를 필요로 하신 것은
우리가 누군가에게 필요한 존재가 되어야 하기 때문이다.
기독교에서 배우듯이, 인간을 대하시는 하나님을 보면 처음부터
끝까지 그분은 무한히 베푸실 뿐이다. 존재하지도 않던 인간을
택하셔서 그분께 사랑받는 존재가 되게 하신다. ……
    우리의 가장 고귀한 행동은 주도가 아니라 반응이어야
한다. 그래서 하나님의 사랑을 허상이 아니라 실체로 경험하면,
우리는 그분이 요구하시는 대로 순복하고 그분이 바라시는 대로
따라가게 된다.

《고통의 문제 The Problem of Pain》, 3장

하나님이 원하시지 않는 다른 무엇이 되려 한다면, 정작 우리가 바라는 그것은 결코 우리를 행복하게 해 줄 수 없다. 하나님의 요구가 우리의 본능적 귀에는 사랑은커녕 독재자의 강요처럼 들리지만, 사실은 그것이 우리를 가장 좋은 곳으로 데려간다. 자신이 무엇을 원하는지를 안다면, 우리도 그곳으로 따라가고 싶을 수밖에 없다. 그분은 우리에게 예배와 순종과 엎드림을 요구하신다. …… 정신 이상자가 독방 벽에 '어둠'이라고 끼적여도 해가 빛을 잃지 않듯이, 인간이 하나님을 예배하지 않아도 그분의 영광은 조금도 줄어들지 않는다. 다만 하나님의 뜻은 우리가 잘되는 것이며, 우리는 그분을 사랑할 때 잘된다. ……

이렇듯 하나님은 우리가 원하는 대로 주시지 않고, 좋든 싫든 우리에게 필요한 것을 주려 하신다. 역시 우리는 이 감당 못할 영광 앞에 부끄러워진다. 사랑이 너무 적기는커녕 너무 많아서다. ……

우주에서 생산되는 유일한 식량을 먹는 법을 배우지 않는다면 우리는 영원히 굶주릴 수밖에 없다. 다른 우주가 존재한다 해도 거기서 날 수 있는 식량도 이것뿐이다.

《고통의 문제 The Problem of Pain》, 3장

몸이 물에 그냥 젖듯이 사랑의 '감정'도 그냥 생겨난다. 그러나
물은 물에 젖을 수 없듯이 그런 감정도 하나님께는 해당하지
않는다. 그분은 사랑이시므로 사랑이 더 많아지거나 줄어들
수 없다. 그분의 사랑이 우리의 덧없고 부수적인 감정보다
덜 격렬하거나 덜 뜨겁다고 생각한다면, 이는 한없이 비참한
망상이다.

《기적 Miracles》, 11장

온갖 부류의 사람이 "하나님은 사랑이시다"라는 기독교의
표현을 즐겨 따라 한다. 그러나 그들은 하나님이 적어도 두
인격체가 아니라면 "하나님은 사랑이시다"라는 말에 사실상
아무런 의미가 없음을 모르는 것 같다. 사랑이란 인격체와
인격체 사이에만 가능하다. 하나님이 단 하나의 인격체라면
세상이 창조되기 전부터 그분은 사랑이 아니었다. 물론 그들은
하나님이 사랑이라는 말을 전혀 다른 의미로, 즉 "사랑이 곧
하나님이다"라는 뜻으로 쓴다. 사랑의 감정이 어디서 어떻게
생겨나 어떤 결과를 낳든 간에, 우리의 감정을 애지중지해야
한다는 뜻이다. 어쩌면 사랑의 감정도 중요할지 모르지만,
그것은 "하나님은 사랑이시다"라는 진술의 기독교적 의미와는
거리가 멀다. 그리스도인은 살아 역동하는 하나님의 사랑이 온
세상을 창조했고 영원히 그분 안에서 역사한다고 믿는다.

《순전한 기독교 Mere Christianity》, 4부 4장

플라톤 철학의 본질적 기류는 동경 혹은 갈망이다. 인간의 영혼이 자연계의 어두운 허상 속에 갇혀 있어, (플라톤의 표현으로) "존재의 피안"에 있는 아름다움과 실재를 찾고자 손을 뻗어 허우적거린다는 것이다. …… 그러나 기독교에서는 인간의 영혼은 찾는 주체가 아니라 찾음의 대상이다. 찾으시는 쪽은 하나님이다. 그분이 다른 세상에서 내려와 인간을 찾아내 치유하신다. 잃은 양을 찾아다니다가 끝내 찾아내는 선한 목자의 비유에 그것이 잘 압축되어 있다.

Studies in Medieval and Renaissance Literature (중세와 르네상스 문학 연구), 9장 3단원

창조세계는 철저히 위임받은 대리인인 것 같네. 하나님은 피조물이 할 수 있는 일이면 아무것도 직접 해 버리지 않으신다네. 내 생각에 이는 그분이 본래 '주시는 분'이기 때문이야. 그리고 그분은 오직 그분 자신을 내주신다네. 자신을 내주시고자, 어떤 의미에서 자신의 일을 그분이 만드신 창조물에게 대신 맡기시고 적절한 정도만큼 자신을 제한하시는 걸세.

《개인 기도 Letters to Malcolm》, 13장

존 밀턴의 하나님이 싫다는 이들 가운데 다수가 하는 말은 그냥 하나님이 싫다는 뜻이다. 그분은 무한한 적통 왕권과 무한한 실제 능력에 더하여 사랑까지 겸비하신 분이고, 본질상 그 사랑에는 진노도 포함되어 있다. 이에 대한 인간의 반감은 비단 시를 읽을 때로 국한되지 않는다. ……

 우리도 이 우주의 이야기 속에 들어 있어, 매 순간 메시아 쪽 아니면 사탄 쪽으로 가까워지고 있다. 이 사실을 기억하면 이제 우리는 종교의 세계로 들어가는 것이다. 하지만 그러면 서사시를 즐기던 휴일은 끝난다. 밀턴의 입(잠시 관찰자 시점에서 이야기를 보게 하려던-옮긴이)을 제대로 막는 셈이다.

《실낙원 서문 A Preface to "Paradise Lost"》, 19장

어떻게 행동하든 누구나 하나님의 뜻을 수행하겠지만 요한처럼 섬길 수도 있고 〔가롯〕 유다처럼 쓰일 수도 있다.

《고통의 문제 The Problem of Pain》, 7장

"그분은 온통 타오르는 기쁨이요 힘이십니다. ……
그분의 뜻에서 벗어나 내 어찌 바라서는 안 될 길로
빠지겠습니까?"

《페렐란드라 Perelandra》, 9장

2.

그리스도

"목마르지 않으냐?" 사자 아슬란이 물었다.

"목말라 죽겠어요." 질이 대답했다.

"그럼 마셔라." 사자가 말했다.

"정말요? 그래도 되나요? 제가 마시는 동안 저쪽으로 가 주시겠어요?" 질이 말했다.

사자는 눈빛으로만 답하며 들릴 듯 말 듯 으르렁 소리를 냈다. …… "차마 마시러 가까이 가지 못하겠어요." 질이 말했다.

"그럼 목말라 죽을 텐데." 사자가 말했다.

"그렇긴 해요!" 질은 한 발짝 더 다가서며 말했다. "그럼 가서 다른 시내를 찾아봐야 할까 봐요."

그러자 사자가 말했다. "다른 시내는 없단다."

《은 의자 The Silver Chair》, 2장

"예, 우리의 세상에도 마구간 안에 온 세상보다 더 큰 분이 계셨던 적이 있어요." 여왕 루시가 말했다.

《마지막 전투 The Last Battle》, 13장

진짜 충격은 그다음이다. 유대인 가운데서 갑자기 어떤 사람이 나타나 마치 자신이 하나님인 것처럼 말하고 다닌다. 자신이 늘 존재했고, 죄를 용서하며, 종말에 세상을 심판하러 온다고 주장한다. 여기서 분명히 해 둘 것이 있다. 인도인 같은 범신론자들 사이에서는 아무나 자신이 신의 일부라거나 신과 하나라고 말해도 하등 이상할 것이 없다. 하지만 이 사람은 유대인이므로 하나님을 그런 뜻으로 말했을 리가 없다. 그들의 언어에서 하나님이란 세상 바깥에 계셔서 세상을 지으셨고, 나머지 모든 것과는 무한히 다르다는 뜻이었다. 그것을 알고 나면, 이 사람이 한 말이야말로 역사상 인간의 입에서 나온 가장 충격적인 발언임을 알 수 있다.

《순전한 기독교 Mere Christianity》, 2부 3장

유대인 가운데서 한 사람이 태어나 자신이, 자연을 끔찍이
사랑하면서도 도덕법을 제정한 신이라거나 그 신의
아들이라거나 그 신과 '하나'라고 주장했다. 어쩌면 가볍게
무시당하기 쉬운 궤변이자 망발이다. 이 주장은 워낙
충격적이어서 우리는 이 사람을 둘 중 하나로밖에 볼 수 없다.
그는 유난히 가증스러운 부류의 지독한 미치광이거나 아니면
그때나 지금이나 정확히 자신이 말한 그대로의 존재다. 중도는
없다. 그런데 모든 기록으로 보아 전자의 가설은 성립되지
않는다. 그렇다면 당신도 후자에 수긍해야 한다. 그러면
기독교의 다른 모든 주장도 믿어진다.

《고통의 문제 The Problem of Pain》, 1장

그분은 다시 "나는 한 분이신 하나님에게서 났으며, 아브라함이
있기 전부터 내가 있느니라"라고 말씀하신다. 히브리어에서
"스스로 있는 자"I am라는 말이 무엇인지 잊지 말라. 그것은 어떤
인간도 입에 올려서는 안 되는 하나님의 이름이었고, 그 이름을
발설했다가는 죽어야 했다. ……

 부처에게 가서 "당신이 브라흐마(힌두교의 창조신-옮긴이)의
아들입니까?"라고 묻는다면, 그는 "미몽의 속세를 벗어나지 못한
중생이여"라고 답할 것이다. 소크라스테스에게 가서 "당신이
제우스신입니까?"라고 묻는다면, 그는 우리를 비웃을 것이다.
마호메트에게 가서 "당신이 알라입니까?"라고 묻는다면, 그는

자신의 옷을 찢고 나서 우리의 목을 벨 것이다. 공자에게
"당신이 상제입니까?"라고 묻는다면, 아마 그는 "순리에
어긋나는 말은 무도하니라"라고 답할 것이다. 다른 위대한
도덕 스승이 그리스도와 똑같이 말한다는 것은 개념 자체가
불가능하다. 내 생각에 그런 말을 할 수 있는 이는 하나님
아니면 지독한 미치광이뿐이며, 후자라면 그는 인간의 사고를
온통 좀먹는 망상에 빠져 있다. …… 그분은 단지 도덕 스승으로
여겨진 적이 없으며, 그분을 실제로 만난 사람 중 누구에게도
그런 인상을 남기지 않으셨다. 그분이 자아내신 반응은 주로
세 가지니 곧 미움과 두려움과 경배였다. 가벼운 호감을 표한
사람은 눈을 씻고 보아도 없다.

《피고석의 하나님 God in the Dock》, "예수 그리스도를 어떻게 생각할 것인가?"

모든 신자는 물론이고 많은 비신자에게도 공통점이 하나
있다면, 바로 복음서에서 접하는 예수님에게서 특유의 성격이
느껴진다는 것이다. …… 그분의 여러 상반된 모습이 우리에게
조금도 이상해 보이지 않는데 …… 곧 투박하면서도 예리한
통찰력, 타협을 모르는 엄격함, 불가항력의 온유함 등이다.
이 성격의 특색이 어찌나 강한지 "나는 마음이 온유하고
겸손하니"(마태복음 11:29-옮긴이)라는 그분의 자평까지도 그대로
받아들이게 된다. 우리만 아니라 많은 비신자도 마찬가지다.
그분이 온전히 성육신하신 하나님만 아니라면, 그런 말이 소름

끼치도록 교만한 말일 텐데도 말이다.

《기독교적 숙고 Christian Reflections》, "현대 신학과 성경 비평"

원하신다면 하나님은 바늘로 찔러도 피 한 방울 나오지 않을 것 같은 철인으로 성육신하실 수도 있었습니다. 그런데 지극히 겸손하게도 굳이 섬세한 감성의 사람으로 성육신하셨어요. 그래서 나사로의 무덤에서 눈물을 흘리셨고, 겟세마네에서 핏방울 같은 땀을 떨구셨습니다. 그렇지 않다면 우리는 사람의 선악이 의지의 문제일 뿐 감정 자체는 전혀 중요하지 않다는 값진 교훈을 놓쳤을 것입니다. 또 아주 요긴한 도움이 되는 다음 사실까지도 놓쳤을 테지요. 그분은 우리 가운데 가장 연약한 사람이 당하는 일을 모두 당하셨고, 죄를 제외하고는 우리 본성의 강한 면만 아니라 약한 면까지 모두 공유하셨습니다. 만일 그분이 성육신하실 때 대단한 용기를 타고나셨다면, 우리 가운데 많은 이에게는 그분이 아예 성육신하지 않으신 것과 거의 똑같았을 것입니다.

Letters(서한집), 1947년 2월 23일

"작디작은 꽃씨 안에 그분의 전부가 거하는데도 그분은 수축되지 않으십니다. 씨앗 안에 계신 그분이 천국을 온통 품고 계시는데도 그분은 팽창하지도 않으십니다. 그분을 찬송할지라!" ……

"창조주 말렐딜이 계시는 곳이 곧 중심입니다. 그분은 어디에나 계십니다. 일부는 여기에 계시고 일부는 저기에 계시는 것이 아니라, 생각지도 못할 만큼 작은 곳까지 포함해서 곳곳마다 말렐딜의 전부가 계십니다. 이 중심에서 벗어나는 사람은 의지가 비뚤어져 결국 허무의 세계에 떨어지지요. 그분을 찬송할지라!" ……

"그분의 도시에서는 모든 것이 각 사람을 위해 지어졌습니다. '상처 입은 세상'에서 죽으실 때 그분은 막연한 무리를 위해서가 아니라 한 사람 한 사람을 위해 죽으셨습니다. 세상에 사람이 하나뿐이었다 해도 그분은 그 사람을 위해 죽으셨을 거예요. 먼지 한 톨에서부터 가장 강한 엘딜(작중 외계인-옮긴이)에 이르기까지, 각각의 것이 전체 창조세계의 최종 목적입니다. 또 그것은 그분의 찬란한 빛이 와서 머물다가 다시 그분께로 돌아가는 거울이기도 하지요. 그분을 찬송할지라!"

《페렐란드라 Perelandra》, 17장

"그의 말에 신경 쓸 것 없어. 우연이란 없으며 우리를 인도하시는 분은 아슬란 님이야." 퍼들글럼이 말했다.
《은 의자 The Silver Chair》, 10장

신화가 사실이 되어 성육신한 적이 있다면, 바로 이와 같을 것이다. 그 어떤 문학에도 이런 것은 없었다. 다른 신화나 역사에 조금씩 비슷한 면은 있었어도 정확히 이렇지는 않았다. 게다가 이 '신화'의 주인공 같은 인물은 없었다. 이토록 오랜 세월이 흐르도록 그분은 플라톤에게 소크라테스가 그랬고 제임스 보스웰에게 새뮤얼 존슨이 그랬던 것만큼이나(요한 페터 에커만에게 괴테가 그랬고 존 깁슨 록하트에게 월터 스콧이 그랬던 것보다는 열 배나 더) 피부로 느껴지는 실존 인물이면서(네 사례 모두, 전자가 개인적 친분을 바탕으로 후자에 관한 책을 썼다-옮긴이), 또한 다른 세상의 광채에 둘러싸인 초자연적 존재 곧 신이다. 그것도 그냥 많은 신 가운데 하나가 아니라(그분 앞에서 다신론은 의미를 잃는다) 바로 하나님이시다. 모든 역사를 통틀어 오직 이때만 신화가 정말 사실이 되었다. 말씀이 육신이 되셨고 하나님이 인간이 되셨다.
《예기치 못한 기쁨 Surprised by Joy》, 15장

"사람인가요?" 루시가 물었다.

"아슬란 님이 사람이냐고요?" 비버 씨가 엄숙하게 말했다. "천만의 말씀! 사실 그분은 숲의 왕이시며 위대한 바다 황제의 아들이세요. 야수의 왕이 누군지 아시죠? 아슬란 님은 사자예요. 위대하신 최고의 사자!"

"어! 나는 사람인 줄 알았는데요. 그럼 정말 안전한가요? 나라면 사자를 만나면 겁날 것 같거든요." 수잔이 말했다.

"물론 그렇겠죠." 비버 부인이 말했다. "아슬란 님 앞에서 다리가 후들거리지 않는 사람이 있다면 누구보다도 용감하거나 아주 어리석거나 둘 중 하나예요."

"안전하지 않다는 말인가요?" 루시가 말했다.

"안전하냐고요?" 비버 씨가 말했다. "내 아내가 한 말을 못 들었나요? 도대체 누가 안전 따위를 말하던가요? 물론 안전하지 않아요. 하지만 그분은 선한 분이시지요. 진정 왕이신걸요."

《사자와 마녀와 옷장 The Lion, the Witch and the Wardrobe》, 8장

처음에는 도덕과 의무와 규율과 죄와 덕이 기독교의 관건인 것 같지만, 기독교는 우리를 이 모두에서 이끌어 내어 그 너머의 세계로 데려간다. 여기까지는 그리스도인이라면 누구나 동의할 것이다. 어렴풋이 내다보이는 그 나라에서는 혹시 농담으로라면 몰라도 이런 것들이 전혀 화젯거리가 못 된다. 거울이 빛으로 가득하듯이 거기서는 모두가 선으로 충만하다. 그런데 그들은

이를 선은커녕 무엇이라고도 부르지 않고 부를 생각조차 하지 않는다. 그저 그것의 근원이신 그분을 바라보느라 여념이 없다.
《순전한 기독교 Mere Christianity》, 3부 12장

선해지려고 안간힘을 써 보지 않고는 아무도 자신이 얼마나 악한지 모른다. 항간에 선한 사람은 유혹의 의미를 모른다는 얼빠진 생각이 떠돌지만, 이는 새빨간 거짓말이다. 유혹을 물리치려 애쓰는 사람만이 유혹이 얼마나 센지를 안다. …… 바람의 위력을 알려면 바람에 맞서 걸어야지 가만히 누워 있어서는 안 된다. 5분 만에 유혹에 굴하는 사람은 그 유혹이 한 시간 후에 어떻게 될지를 모른다. 그래서 악한 사람은 어떤 의미에서 악에 거의 무지하다. 늘 악에 굴하여 온실 속의 화초처럼 살아왔기 때문이다. 우리 안의 악한 충동이 얼마나 센지는 거기에 맞서 싸워 보지 않고는 모른다. 그리스도는 유혹에 굴하신 적이 없는 유일한 인간이시므로, 또한 유혹의 의미를 온전히 아시는 유일한 인간이시다. 명실상부한 현실주의자는 그분뿐이다.
《순전한 기독교 Mere Christianity》, 3부 11장

"나는 예수를 위대한 도덕적 스승으로는 받아들일 마음이 있지만 그가 자신이 하나님이라고 한 주장은 받아들이지 않는다." 이거야말로 우리가 절대로 할 수 없는 말이다. 한낱 인간이 예수께서 말씀하신 대로 말한다면, 그는 위대한 도덕적 스승일 수 없다. 그는 자신이 계란 반숙이라고 주장하는 사람만큼이나 미치광이거나 아니면 지옥의 마귀일 수밖에 없다. 이제 당신은 마음을 정해야 한다. 이 사람 예수는 그때도 지금도 하나님의 아들이거나, 아니면 정신 이상자 내지 그보다도 못한 존재다. 당신은 그를 바보 취급하며 입을 다물게 할 수도 있고, 귀신이라고 침 뱉으며 죽일 수도 있다. 아니면 그의 발밑에 엎드려 주님이요 하나님이라고 고백할 수도 있다. 하지만 그분이 위대한 스승이라는 말도 안 되는 선심만은 쓰지 말라. 그분은 우리에게 그런 가능성을 남겨 두지 않으셨고 그럴 의도도 없었다.

《순전한 기독교 Mere Christianity》, 2부 3장

우리 주님의 가르침은 조금도 부족한 데가 없지만, 우리의
예상이나 바람대로 간단명료하게 체계적인 방식으로
주어지지는 않았다. 그분은 책을 쓰지 않으셨다. 전해 내려온
어록만이 있을 뿐인데, 대부분 질문에 답하신 내용이며 어느
정도 각각의 정황 속에서 이루어졌다. 그것을 다 모아도
무슨 체계로 정리되지는 않는다. 그분은 말씀을 전하셨을
뿐 강의하지는 않으셨고, 역설법과 속담과 과장법과 비유와
반어법은 물론이고 (불경해질 의도는 없지만) '농담'도 활용하셨다.
너무 문자에 얽매이면, 그분의 격언도 일반 속담처럼 서로
모순되어 보일 수 있다. 그래서 머리만으로는 그분의 가르침을
이해할 수 없고, 마치 무슨 '과목'인 양 '다 뗄' 수도 없다. 그런
식으로 접근한다면 그분은 가장 이해하기 어려운 스승이 될
것이다. 그분은 직선적 질문에 직선적으로 답하신 적이 거의
없다. 우리의 욕심대로 그분을 정확히 '못 박아' 규명할 수는
없다. 그런 시도는 (역시 불경해질 의도는 없지만) 햇빛을 병에
담으려는 것과도 같다.

《시편 사색 Reflections on the Psalms》, 11장

장난감이 살아 움직인다면 얼마나 재미있을지 어렸을 때 생각해 본 적이 있는가? 당신이 정말 장난감을 살려 낼 수 있다고 가정해 보자. 양철 병정이 진짜 꼬마 인간이 되려면 양철이 살로 변해야 한다. 그런데 양철 병정이 이를 싫어한다 하자. 그는 살에는 관심이 없고 양철이 망가진다고만 생각한다. 당신이 자기를 죽인다는 것이다. 그래서 무슨 수를 써서라도 당신을 막으려 한다. 할 수만 있다면 사람이 되지 않으려 한다.

당신이 그 양철 병정을 어떻게 할지는 나는 모른다. 그러나 하나님이 우리에게 하신 일은 이렇다. 제2위격이신 성자 하나님이 친히 사람이 되셨다. 실제 인간으로 세상에 태어나셨다. 특정한 키와 몸무게와 머리색에 특정한 언어를 쓰신 실존 인물이었다. 모든 것을 아시고 온 우주를 창조하신 영원하신 존재가 인간이 되셨을 뿐 아니라, 그전에는 아기였고 그전에는 태아로 여자의 몸속에 있었다. 이것을 조금이나마 실감해 보려면 당신이 달팽이나 게가 되어도 좋겠는지 생각해 보라.

하나님만 아니라 인간 그리스도도 부활하셨다. 그것이 핵심이다. 처음으로 우리는 진정한 인간을 보았다. 양철 병정 하나가 나머지 모두처럼 정말 양철이었는데, 장엄하게 온전히 살아났다.

《순전한 기독교 Mere Christianity》, 4부 5장

호감형의 매력적인 인간 예수는 사실 19세기 회의론의 산물입니다. 이 회의론을 주창한 사람들은 그분의 신성을 더는 믿지 않으면서도 기독교를 최대한 붙들어 두려 했지요. 하지만 마음을 열고 복음서를 읽는 비신자에게 (처음) 보이는 것은 그것이 아닙니다. 처음 보이는 것은 우리에게 전혀 발언권이 없다는 사실이에요. 아무리 긍정적인 판단이라도 우리는 그분을 도덕적으로 판단할 권한이 없습니다. 너무도 분명히 밝혀져 있듯이, 판단하는 일은 전적으로 그분의 몫이며 우리는 판단을 받는 쪽입니다. 그분의 판단은 너그러울 때도 있고 놀랄 만큼 혹독할 때도 있습니다. 그러나 판단이란 언제나 위에서 아래로 향하는 법이지요.

Letters(서한집), 1940년 3월 26일

"어서 오너라, 애야." 그가 말했다.

"아슬란 님, 이번에 보니 더 크시네요." 루시가 말했다.

"그건 네가 나이를 더 먹어서 그렇단다, 애야." 아슬란이 대답했다.

"아슬란 님의 나이가 더 많아져서가 아니고요?"

"나는 나이를 먹지 않는다. 하지만 해마다 자라는 너에게는 내가 이전보다 더 커 보일 것이다."

《캐스피언 왕자 Prince Caspian》, 10장

그는 아슬란에 대한 실화를 하나도 몰랐다. 아슬란이 위대한 사자, 바다 황제의 아들, 나니아의 모든 왕보다 높은 왕인데도 말이다. 그런 그가 사자의 얼굴을 한 번 흘끗 보더니 안장에서 내려와 말 옆에 무릎을 꿇었다. ……

　　모든 왕보다 높은 왕은 그쪽으로 몸을 구부렸다. …… 그가 얼굴을 들자 둘의 눈이 마주쳤다. 그 즉시 안개의 은은한 빛과 사자의 불 같은 빛이 한데 엉켜 영광의 소용돌이를 이루더니 하나로 모아지면서 사라져 버렸다.

《말과 소년 The Horse and His Boy》, 11장

순전한 빛이신 하나님이 이 땅에 운행하시니, 어둠은 그분의 심장 속으로 빨려들어 삼켜져 버리네. 스스로 존재하시는 그 빛 속이 아니고는 어둠이 어디서 소멸될 수 있겠는가?

《개인 기도 Letters to Malcolm》, 13장

하나님이 칸트 철학자라면, 우리 쪽에서 가장 순수하고 선한 동기로 그분께 나아가지 않는 한 우리를 받아 주지 않으실 것이다. 그러면 누가 구원받을 수 있겠는가?

《고통의 문제 The Problem of Pain》, 6장

"오, 아슬란 님, 이렇게 와 주셔서 고맙습니다." 루시가 말했다.

"나는 늘 여기에 있었단다. 네 덕분에 방금 눈에 보이게 되었을 뿐이지." 그가 말했다.

"아슬란 님!" 루시는 약간 나무라다시피 말했다. "저를 놀리지 마세요. 저 때문에 아슬란 님이 눈에 보이시게 되다니요!"

"사실이란다. 내가 정해 둔 법칙을 내가 지키지 않을 것 같으냐?" 아슬란이 말했다.

《새벽 출정호의 항해 The Voyage of the "Dawn Treader"》, 10장

아슬란이 말했다. "자, 브리. 이 딱하고 거만하고 겁먹은 말아, 가까이 오너라. 얘야, 더 가까이 오렴. 겁내지 말고 나를 만져 보고 냄새도 맡아 보렴. 여기 내 발과 꼬리와 수염이 있다. 나는 정말 야수란다."

그러자 브리는 떨리는 목소리로 말했다. "아슬란 님, 제가 정말 어리석었어요."

"그것을 아직 젊어서 깨닫는 말은 행복하도다. 사람도 마찬가지다."

《말과 소년 The Horse and His Boy》, 14장

겟세마네에서 그분은 기본 자유를 속박당하시고, 절대 권한을
포기하시고, 생명 자체를 버리셔야 했어. 자고로 평범한 인간은
흔히들 생각하는 만큼 삶을 그렇게까지 사랑한 적이 없네.
우리는 자기 몫의 작은 삶마저도 감당하기에 너무 버거워,
삶의 대부분을 최대한 삶이 아닌 것으로 전락시키지 않는가.
약물과 수면과 방종과 오락에 빠지는가 하면, 고통만 확실히
없다면 안락한 죽음도 마다하지 않지! 인생을 에누리 없이 산
사람만이 죽음의 참혹성을 온전히 맛볼 수 있는데, 그런 사람은
한 분뿐이야.

Letters (서한집), 1940년 9월경

아슬란이 말했다. "마녀는 심오한 마법만 알았지 더 심오한
마법이 있는 줄은 몰랐던 거다. 마녀는 태초 이후의 일만
알거든. 좀 더 거슬러 올라가 태초 이전의 적막과 어둠을 볼
수 있었다면 거기서 다른 마법도 읽었을 텐데 말이지. 마녀는
몰랐지만, 배신한 적이 없는 자가 자원하여 배신자 대신 죽임을
당하면 돌 탁자가 깨지면서 죽음이 원래 없었던 일처럼 된단다."

《사자와 마녀와 옷장 The Lion, the Witch and the Wardrobe》, 15장

비타민 이론이 나오기 오래전에도 사람들은 저녁을 먹고 나면 기분이 좋아졌고, 비타민 이론이 어느 날 폐기되어도 저녁 식사는 똑같이 계속될 것이다. 그리스도의 죽음에 대한 이런저런 이론은 기독교가 아니고, 기독교가 어떻게 작용하는지 설명한 것일 뿐이다. ……

알다시피 그리스도는 우리를 위해 죽임을 당하셨고, 그 죽음으로 우리 죄를 씻으시고 사망 자체를 무력화하셨다. 이것이 기독교이며 우리가 믿어야 할 골자다. 이 모든 일이 그리스도의 죽음을 통해 어떻게 성취되었는지를 설명하려고 우리가 세우는 이론은 다 지극히 부차적인 것이다. 그것은 단지 도해나 도식일 뿐이므로 우리에게 도움이 되지 않는다면 버려야 하고, 도움이 되더라도 실체와 혼동해서는 안 된다.

《순전한 기독교 Mere Christianity》, 2부 4장

예수님의 부활을 어떤 사람들은, 상황이 하나님의 통제를 벗어나자 다급하게 주인공을 구하려 한 궁여지책이라고 생각할 것이다.

《기적 Miracles》, 12장

이 개념은 우리의 생각에서 예수님의 재림을 몰아낸다. 세상이 서서히 무르익어 완성되어 간다는 이 개념은 경험에서 나온 일반론이 아니라 신화다. 이 신화 때문에 우리는 진짜 의무와 진짜 관심사에 소홀해진다. 대신 우리는 자신이 등장인물로 나오는 연극의 줄거리를 추측하려 한다. 하지만 연극의 등장인물이 어떻게 줄거리를 짐작할 수 있겠는가? 우리는 극작가나 제작자가 아니고 청중도 아니다. 우리는 지금 무대에 올라서 있다. '출연 중'인 장면을 잘 연기하는 것이 이후의 장면을 추측하는 것보다 훨씬 더 중요하다.

《세상의 마지막 밤 The World's Last Night》, 7장

재림의 교리가 가르쳐 주듯이 우리는 세상의 드라마가 언제 끝날지 모르며 알 수도 없다. 언제라도 막이 내릴 수 있다. …… 그 사실에 어떤 이들은 낭패감을 견디지 못한다. …… 우리는 이 연극을 모른다. …… 오직 극작가이신 하나님만이 아신다. 청중이 있다면(천사들과 천사장들과 하늘에 있는 모든 이들이 무대 주위와 객석에 가득하다면) 그들은 어렴풋이 알지도 모른다. …… 다 끝나면 그때 그분이 말씀해 주실 것이다. 저마다 맡았던 배역을 놓고 극작가께서 우리 각자에게 하실 말씀이 있을 것이다. 그 배역을 잘 연기하는 것이 한없이 중요하다.

《세상의 마지막 밤 The World's Last Night》, 7장

그 순간을 예측할 수 없기에, 바로 그래서 우리는 매 순간 준비되어 있어야 한다. 우리 주님은 이 실제적 결론을 몇 번이고 되풀이하셨다. 마치 그 결론 하나를 위해 재림을 약속하기라도 하신 듯이 말이다. 그분의 권고는 "깨어 있으라"에 방점이 찍혀 있다. "내가 도둑같이 오리니 너희는 깨어 있으라. 엄중히 단언하거니와 너희는 내 기척을 도무지 알아차릴 수 없다."
…… 요지는 아주 단순하다. 학생은 베르길리우스를 강독하는 교재에서 자신이 어느 부분을 번역하게 될지를 모른다. 그래서 모든 대목을 번역할 수 있어야 한다. 초병은 적이 자신의 초소를 공격하거나 장교가 시찰을 나올 시각이 언제인지를 모른다. 그래서 항상 깨어 있어야 한다. ……

때로 여성들은 옷이 자연적인 햇빛 아래서 어떻게 보일지를 인공조명 아래서 판단해야 하는 어려움을 겪는다. 우리 모두의 문제도 아주 비슷하다. 영혼의 옷을 입되 현세의 전등불이 아니라 내세의 햇빛에 맞추어야 하는 것이다. 그 빛을 소화할 수 있다면 좋은 옷이다. 그 빛은 영원하기 때문이다.

《세상의 마지막 밤 The World's Last Night》, 7장

3.

성령, 그리고 천사

이런 감정을 하나님이 주시는 생일 카드로 감사히 받으십시오.
다만, 그것이 축하의 말일 뿐 진짜 선물은 아님을 잊지 마십시오.
…… '진짜'는 성령이라는 선물이며, 그분은 대개(어쩌면 결코)
감정이나 기분으로 경험할 수 없습니다. 당신의 감정은 신경계의
반응에 불과하니 거기에 의존하지 마십시오. 그렇지 않으면
감정이 사라져 다시 기분이 가라앉을 때(조만간 반드시 그렇게
됩니다), 당신은 진짜마저 사라졌다고 생각할 수 있습니다. 하지만
진짜는 사라지지 않아요. 느껴지지 않아도 성령은 늘 곁에
계십니다. 느껴질 듯 말 듯할 때도 역사하고 계실 수 있습니다.

Letters(서한집), 1952년 5월 15일

이런 취지에서 보자면 하나님께 알려지는 대상은 보통 사물의 범주에 속하네. 우리도 지렁이와 양배추와 성운과 같이 하나님이 아시는 대상인 것이지. 하지만 우리가 1) 그 사실을 (일반론이 아니라 현존하는 사실로) 인식하고 2) 그렇게 하나님께 알려지기로 자발적으로 동의하면, 하나님과의 관계에서 우리 자신을 사물이 아니라 인격체로 대하는 것이네. 우리가 베일을 벗은 것이지. 베일이 하나님의 시야를 가릴 수 있다는 말은 아닐세. 달라지는 건 우리니까. 수동적이던 우리가 능동적으로 변하는 것이네. 그저 수동적으로 알려지기만 하는 게 아니라 능동적으로 우리 쪽에서도 보여 드리고 말씀드리며 우리 자신을 내드리는 것이지.

이렇게 스스로 인격체의 자격을 취해 하나님을 대하는 일이 그 자체로는 주제넘은 망상에 불과할 수 있다네. 아무런 근거가 없다면 말이야. 하지만 우리가 배웠듯이 그건 그렇지 않네. 우리에게 이 자격을 주신 분은 바로 하나님이시고, 성령으로 말미암아 우리는 그분을 "아버지"라 부르지. 베일을 벗고 죄를 자백하고 요청 사항을 '아룀'으로써 우리는 그분 앞에서 인격체라는 높은 지위에 오르는 것이네. 반면에 그분은 우리에게로 내려와 인격체가 되시고 말이야.

《개인 기도 Letters to Malcolm》, 4장

나와 결혼하기 오래전에 (헬렌은) 오전 내내 어떤 부담을 느낀
적이 있다. 업무를 보는데 하나님의 막연한 감화가 (이를테면)
'바로 옆에서' 그녀의 관심을 끌었던 것이다. 물론 그녀도 완전한
성인聖人은 아닌지라 이번에도 여느 때와 마찬가지로 회개하지
않은 죄나 단조로운 의무의 문제려니 생각했다. 결국 그녀는
포기하고(우리는 자꾸 미루는 버릇이 있다) 그분을 대면했다. 그런데
메시지는 "내가 너에게 주고 싶은 것이 있다"였고, 그 즉시
그녀는 기쁨에 잠겼다.

《헤아려 본 슬픔 A Grief Observed》, 3장

그가 말했다. "천사는 오감이 없다. 천사의 경험은 순전히
지적이고 영적이다. 그래서 우리는 하나님에 대해 천사가
모르는 것을 안다. 그분의 사랑과 기쁨 가운데 특정한 부분은
감각 경험을 통해서만 피조물에게 전달될 수 있다. 천사가
절대로 알 수 없는 하나님의 일면이 우리에게는 파란 하늘, 꿀의
단맛, 냉수나 온수의 기분 좋은 감촉, 심지어 취침 등을 통해
흘러든다."

《피고석의 하나님 God in the Dock》, "단편들"

"빛 자체는 우리 눈에 보이지 않고, 빛을 받는 더 느린 사물만 보여요. 그래서 우리의 빛은 경계선에 머물다가 사물이 너무 빨라지면 자취를 감추지요. 그런데 엘딜(이 책에서 "영, 천사"를 의미함-편집자)의 몸도 빛만큼 빠른 움직임이에요. 당신은 그 몸이 빛으로 만들어졌다고 말할지 모르지만, 엘딜에게는 그것이 빛이 아닙니다. 그의 '빛'은 더 빠른 움직임인데, 우리에게는 그것이 무無와 같아요. 우리가 말하는 빛이 그에게는 물 같은 것, 눈에 보이는 것, 손으로 만져지고 그 안에 잠길 수 있는 것입니다. 그것은 더 빠른 빛을 받지 않으면 캄캄하기까지 하지요. 또 우리가 말하는 고체(살과 흙)가 그에게는 우리의 빛보다 더 성기어서 잘 보이지 않습니다. 더 구름 같고 거의 무에 가까워요. 우리가 보기에 엘딜은 벽과 바위도 뚫고 지나다니는 무형의 성긴 몸입니다. 그런데 그의 입장에서 보면, 자신이 고체이고 벽과 바위는 구름 같기 때문에 그런 투과가 가능합니다. 하늘 가득한 진짜 빛에서 비켜나 쉬려고, 그는 태양 광선 속으로 뛰어듭니다. 그런데 그 진짜 빛이 우리에게는 밤하늘의 캄캄한 허공이에요. 작은 자여, 이런 것들은 우리의 오감을 벗어나기는 하지만 이상한 것은 아닙니다."

《침묵의 행성 밖에서 Out of the Silent Planet》, 15장

5부

Sin

죄

1.

악

노파는 말했다. "그 이야기는 그렇게 단순하지 않아요. 사과를 먹은 후에 아주 많은 일이 벌어졌습니다. 우선 그 맛이 남자와 여자 안에 엄청난 욕구를 불러일으켜, 그들은 앞으로 그것을 아무리 먹어도 양이 차지 않을 것만 같았어요. 그래서 모든 야생 사과나무로도 모자라 계속 나무를 더 심었고, 온갖 종류의 다른 나무에도 산사과를 접붙였답니다. 모든 과일에 그 맛이 조금씩 섞이도록 말이지요. 그들은 대성공을 거두었고, 결국 나라의 식물계 전체를 망쳐 놓았어요. 그 땅의 열매나 뿌리치고 …… 산사과 맛이 살짝 배지 않은 것이 없을 지경이었지요. 전혀 영향을 입지 않은 것은 당신도 맛본 적이 없습니다."

《순례자의 귀향 The Pilgrim's Regress》, 5권 3장

창조주께 반항하는 피조물은 반항할 힘까지 포함해서 자신의
모든 힘의 근원에 반항하는 것이다. …… 이는 꽃향기가 꽃을
해치려는 것과도 같다.

《실낙원 서문 A Preface to "Paradise Lost"》, 13장

풋내기 무신론자는 자신의 신념을 아무리 잘 지켜도 지나치지
않다. 사방에서 위험이 그를 노리고 있다. '교리를 알' 각오가
없는 한 하나님의 뜻을 행해서는 안 된다. 시도조차 금물이다.
나도 그때 내 모든 행위와 갈망과 생각을 우주의 영과
합일시켜야 했다. 그래서 난생처음 정말 큰맘 먹고 나 자신을
성찰했는데, 결과를 보고 소름이 끼쳤다. 온갖 정욕과 야심과
두려움과 달콤한 증오가 내 안에 아수라장처럼 우글거렸던
것이다. 내 이름은 "군대"였다(마가복음 5:9-옮긴이).

《예기치 못한 기쁨 Surprised by Joy》, 14장

거짓말쟁이나 신성을 모독하는 사람이 말할 때도 여전히
하나님이 말씀하시는 것일까? 어떤 의미에서는 그렇네.
하나님을 떠나서는 누구도 아예 말이라는 것을 할 수 없어.
그분의 말씀에서 파생되지 않은 말은 없고, 순수한 행위
자체이신 그분에게서 기인하지 않은 행위는 없네. 사실

신학에서 가르치는 죄의 극악무도함을 내가 실감할 수 있는
길은 다음 사실을 기억하는 것뿐이야. 모든 죄는 하나님이
우리 안에 불어넣어 주신 에너지가 변질된 것이라네.
변질되지 않았다면 그 에너지는 거룩한 행위로 피어날
것이고, 그런 행위에 대해서라면 "하나님이 하셨다"와 "내가
했다"가 둘 다 맞는 말이 되지. 우리는 하나님이 우리 안에
부어 주시는 포도주에 독을 타고, 우리를 악기 삼아 그분이
연주하시려는 곡조를 망쳐 놓으며, 그분이 그리시려는 자화상을
일그러뜨린다네. 그래서 모든 죄는 무엇보다도 신성 모독일세.

《개인 기도 Letters to Malcolm》, 13장

이상하게 우리는 시간만 지나면 자신의 죄가 없어진다고
착각한다. 어렸을 때의 잔인한 행동과 거짓말이 마치 현재의
자신과는 무관한 듯이 말하면서 웃기까지 한다. 그런 말을
나는 남들에게서도 들었고, 나 자신도 그렇게 말하곤 했다.
하지만 죄 자체도 그 죄에 대한 책임도 시간이 지난다고 조금도
달라지지 않는다. 죄책을 씻어 주는 것은 세월이 아니라 회개와
그리스도의 피다.

《고통의 문제 The Problem of Pain》, 4장

마크가 자신이 부탁받은 일을 수행하기 전에 그것이 범죄임을 분명히 자각하기는 이번이 처음이었다. 그런데도 거의 무의식중에 덜컥 수락해 버렸다. 분명히 고민도 없었고 결단의 느낌도 없었다. 세계사 속에는 이런 일의 중대성이 그 당장에 십분 드러난 경우도 있을 것이다. 저주받은 황무지에 대한 마녀의 예언이라든지 건너야 할 여러 명백한 루비콘강처럼 말이다. 그러나 마크의 경우는 한바탕 웃는 사이에 다 끝나 있었다. 동료 전문가끼리 주고받는 내밀한 웃음이었는데, 이것이야말로 아직은 중대한 악인이 아닌 각 개인을 중대한 악행에 가담시키는 데 지상 최고의 위력을 발휘한다.

《그 가공할 힘 That Hideous Strength》, 6장

그제야 그녀는 적들의 계략이 악마같이 교활함을 깨달았다. 그들은 진실을 약간 섞어 훨씬 그럴듯한 거짓말을 지어냈던 것이다.

《마지막 전투 The Last Battle》, 9장

밀턴의《실낙원》에 가장 잘 묘사된 등장인물은 사탄이다. …… 밀턴은 자기 안에 사탄이 있어 그를 잘 묘사할 수 있었고, 우리도 우리 안에 사탄이 있어 거기에 공감할 수 있다. 작가이기

전에 인간으로서 그는 지옥 길로도 가 보았고, 괜히 천국에
대들기도 했고, 악의로 곁눈질하며 피하기도 했다. 타락한
인간은 타락한 천사와 아주 비슷하다. …… 그래서 밀턴이 사탄
속에 자신을 많이 투사했다는 말은 옳다. 그러나 그가 자신의
그 부분을 좋아했다거나 우리에게 그것을 좋아하기를 바랐다는
결론은 부당하다. 그도 나머지 우리처럼 악한 죄인이지만,
그렇다고 사탄처럼 저주받은 것은 아니다.

《실낙원 서문 A Preface to "Paradise Lost"》, 13장

[《실낙원》 속의] 사탄을 숭배한다면, 이는 고통의 세상에만 아니라
거짓말과 세뇌와 망상과 그칠 새 없는 자서전의 세상에도
찬성표를 던지는 것이다. 하지만 선택은 가능하다. 우리 각자는
거의 하루도 빼놓지 않고 그 선택의 자리로 조금씩 이동한다.

《실낙원 서문 A Preface to "Paradise Lost"》, 13장

우리 모두가 그렇듯이 랜섬도 악마의 미소에 관해 종종 말했다.
그런데 자신이 지금껏 그런 말을 심각하게 생각하지 않았음을
이제야 깨달았다. 이 미소는 독기를 품었거나 험상궂지 않았고
시쳇말로 불길하지도 않았다. 조롱의 기미조차 없었다. 오히려
그것은 지독히도 순진하게 랜섬을 반기면서 그것만의 쾌락의

세계로 부르는 것 같았다. 마치 쾌락에 관한 한 모든 사람의
뜻이 같고, 쾌락이 세상에서 가장 당연한 것이라서 논쟁이 있을
수 없다는 듯이 말이다. 이 미소는 교활함이나 부끄러움이나
음흉한 속셈을 보이지 않았다. 선을 배격한 것이 아니라 아예
선이 존재하지 않는 양 무시했다. 알고 보니 랜섬이 여태 보았던
악은 건성의 어색한 시도들뿐이었다. 그런데 이 생물은 전력을
다했다. 그 극한의 악은 이미 갈등 단계를 넘어 섬뜩하리만치
순수와 비슷해져 있었다. ……

문득 랜섬은 이전에 읽었던 옛 철학자들과 시인들의 말이
생각났다. 악마를 보는 것만도 지옥의 가장 끔찍한 고통 중
하나라는 말이었다.

《페렐란드라 Perelandra》, 9장

증오는 모든 구별을 모호하게 한다.
Of Other Worlds (다른 세계들에 관하여), "공상과학소설"

유스터스는 잠자는 중에 용으로 변했다. 용의 보물 더미 위에서
용처럼 탐심을 품고 자다가 자신이 용이 되고 말았다.
《새벽 출정호의 항해 The Voyage of the "Dawn Treader"》, 6장

아담과 하와는 죄만 짓지 않았다면 늙지 않았을 것이다. 요지는 그들이 결코 어리거나 철없거나 미성숙하지도 않았다는 것이다. 그들은 성숙하고 온전한 상태로 창조되었다. …… 이에 비하면 우리는 마치 얼굴이 빨개져 어색하게 몸을 비틀며 말을 더듬는 아이 꼴이다. 몰랐다는 변명으로 자신의 바보짓에서 빠져나가 보려는 아이 말이다.

《실낙원 서문 A Preface to "Paradise Lost"》, 16장

스트레이크가 말했다. "우리가 당신에게 베풀려는 형언할 수 없는 영광을 모르겠소? 당신은 전능한 신이 창조되는 현장에 함께 있을 수 있소. 진짜 신을 만들 밑그림을 이 집에서 보는 것이오. 결국 우주의 왕좌에 올라 영원히 다스릴 주체는 인간 또는 인간이 만든 존재요."

《그 가공할 힘 That Hideous Strength》, 8장

2.

자아

우리는 아침에 눈을 뜨면 새 하루를 하나님의 발밑에 내려놓으려 한다. 그러나 면도를 마치기도 전에 벌써 이날도 나의 하루로 변하고, 그중 하나님의 몫은 '내' 돈과 '내' 시간을 떼어 바쳐야 하는 공물처럼 느껴진다. …… 연인은 타산 없는 충동에 순응하여 서로 포옹하다가 짜릿한 성적 쾌락을 아주 순수하게 경험한다. 이때만 해도 그 충동은 갈망만이 아니라 선의로 충만할 수 있으며, 굳이 하나님을 모른척하지 않아도 된다. 그러나 두 번째 포옹은 쾌락을 노린 것일 수 있고, 목표를 이루려는 수단일 수 있고, 타인을 쾌락의 도구로 전락시키는

시발점일 수 있다. 처음의 순수함과 순응 그리고 자연스럽게
흐름을 타려던 마음은 이렇게 모든 활동에서 사라져 버린다.
…… 그렇게 매일 한평생 우리는 주르르 미끄러져 추락한다.
마치 지금 우리에게 의식되는 하나님이 미끄러운 경사면이라서
그 위에서는 멈춤이 불가능하다는 듯이 말이다. …… 하지만
하나님이 우리를 그렇게 지으셨을 리가 없다. 하나님의
반대쪽으로 작용하는 인력 즉 "평소의 자아로 귀향하는 여정"(존
키츠의 시구-옮긴이)을 우리는 타락의 산물로 보아야 한다.

《고통의 문제 The Problem of Pain》, 5장

사탄이 우리의 첫 조상의 머릿속에 넣어 준 생각은 그들도
'하나님처럼 될' 수 있다는 것이었다. 저절로 생겨난 존재인 양
자립할 수 있고, 자신의 주인이 될 수 있으며, 하나님을 떠나
그분 바깥에서 스스로 행복을 지어낼 수 있다는 것이었다.
돈, 빈곤, 야망, 전쟁, 매매춘, 계급, 제국, 노예 제도 등 소위
인류 역사는 거의 다 그 가망 없는 시도에서 비롯되었다. 즉
인간이 하나님 아닌 다른 데서 행복을 찾으려 한 길고도 비참한
이야기다.

《순전한 기독교 Mere Christianity》, 2부 3장

> 모든 회심의 이야기는 복된 항복의 이야기다.
> 조이 데이빗먼의 Smoke on the Mountain(산 위의 연기)에 쓴 서문

우리는 저마다 자기중심적인 삶을 타고났다. 그래서 칭찬받으려 응석부리고, 타인의 삶을 이용하고, 온 우주를 착취하려 한다. 특히 자기보다 낫거나 강하거나 높은 것, 자신이 왜소하게 느껴질 만한 것이라면 무엇이든 멀찍이 거리를 두고 그냥 외톨이로 남으려 한다. 이 자아는 영적 세계의 빛과 공기를 두려워한다. 성장기에 지저분하게 지낸 사람이 목욕을 두려워하는 것과도 같다. 어떤 면에서 당연한 일이다. 행여 영적 삶에 붙잡히기라도 하면 자기중심성과 아집이 모두 결딴날 줄을 본인도 아는 것이다. 그래서 그런 상황을 모면하려고 필사적으로 싸우려 든다.

《순전한 기독교 Mere Christianity》, 4부 5장

하나님에 관해서라면 우리는 영혼이 그분으로 채워지는 빈 구멍일 뿐임을 잊어서는 안 된다. 영혼이 하나님과 연합하려면 당연히 계속 자아를 버려야 한다. 가면을 벗고 자신을 드러내 그분께 양도해야 한다. 복된 사람은 자신에게 부어지는 시뻘건 쇳물을 점점 더 참아 내는 거푸집과도 같고, 한낮의 이글거리는

영적 햇빛 앞에 시나브로 완전히 옷을 벗는 몸과도 같다.

《고통의 문제 The Problem of Pain》, 10장

피조물의 아집에서 비롯된 이 행위는 피조물 본연의 신분에 전혀 어울리지 않으며, 타락이라 칭할 만한 유일한 죄다. 원죄가 성립되려면 까다로운 조건이 갖추어져야 한다. 우선 아주 극악무도한 죄여야 한다. 그렇지 않으면 결과가 별로 비참하지 않을 테니 말이다. 그러면서도 아직 유혹과 타락을 모르는 인간이 선뜻 범할 만한 죄여야 한다. 하나님을 버리고 자아를 내세우면 이 두 조건이 모두 충족된다.

《고통의 문제 The Problem of Pain》, 5장

내 생각에 종교의 본질은 본능적 목표보다 더 고결한 목표에 대한 갈증이다. 유한한 자아는 온전히 선하고도 자신에게 온전히 유익한 목표를 갈망하고, 그 목표에 순순히 따르며, 그 목표를 위해 자기를 부인한다. 자기를 부인하면 결국 자기를 발견하고, 떡을 물 위에 던지면(너그러이 베풀면) 여러 날 후에 도로 찾으며(전도서 11:1-옮긴이), 죽으면 산다. 이것이야말로 인류에게 너무 일찍 알려 주어서는 안 되는 거룩한 역설이다.

《피고석의 하나님 God in the Dock》, "교리 없는 종교?"

피조물이 하나님을 하나님으로 인식하고 자신을 자아로 인식하는 순간, 하나님과 자아 중에서 누구를 중심에 둘 것인가 하는 무서운 선택이 시작된다. 날마다 이 죄를 짓기는 영악한 사람만 아니라 어린아이와 무지한 농부도 마찬가지고, 혼자 사는 사람도 무리를 지어 사는 사람 못지않다. 이는 모든 개인의 삶에 벌어지는 타락이고, 날마다 각자의 모든 개별적 죄의 배후에 깔려 있는 원죄다. 지금 이 순간에도 당신과 나는 이 죄를 짓고 있거나 지으려 하거나 아니면 회개하고 있다.

《고통의 문제 The Problem of Pain》, 5장

"결국은 모든 인간이 구원받는다"라고 진실로 말할 수만 있다면 얼마나 좋겠는가. 그런데 내 이성이 반문한다. "각자의 의지가 수반되는가, 수반되지 않는가?" 의지와 무관하다면 즉시 모순이 드러난다. 순복한다는 것은 지극히 자발적인 행위인데 어떻게 의지 없이 가능한가? 반대로 의지가 수반된다면 내 이성이 이렇게 되묻는다. "순복하려는 의지가 없다면 그때는 어떻게 되는가?"

《고통의 문제 The Problem of Pain》, 8장

우리 주님은 고갈되어 무기력한 사람의 악을 세상적 성공으로
이어지는 악보다 훨씬 관대하게 대하신다. 자신의 힘으로
충분하다는 착각이 얼마나 위험한지를 보면 그 이유를 알 수
있다. 매춘부에게는 현재의 삶이 마냥 만족스러워서 하나님을
의지하지 못하게 될 위험 같은 것이 없다. 그 위험은 교만한
사람, 탐욕스러운 사람, 스스로 의롭다고 여기는 사람의 몫이다.

《고통의 문제 The Problem of Pain》, 6장

당신의 자아 전체를(모든 소원과 경계심까지) 그리스도께 양도하는
것은 무섭다 못해 거의 불가능한 일이다. 우리 모두가 늘
하려는 일이 그보다 훨씬 쉽다. 우리가 하려는 일이란 소위
'자아'로 남아 개인의 행복을 삶의 큰 목표로 유지하면서 동시에
'착해지는' 것이다. 우리 모두는 (돈이나 쾌락이나 야망을 중심으로)
자기 뜻과 마음대로 살면서, 그럼에도 불구하고 정직하고
순수하고 겸손한 행실을 꿈꾼다. 이것이야말로 그리스도께서
우리에게 불가능하다고 경고하신 것이다. 그분이 말씀하셨듯이
엉겅퀴에 무화과가 열릴 수는 없다(마태복음 7:16-옮긴이). 밭에
심긴 것이 풀씨뿐이라면 밀을 거둘 수 없다. 벌초하면 풀이
짧아지기야 하겠지만 그래도 풀만 나지 밀은 나지 않는다.
밀을 거두려면 외면이 아니라 근본이 달라져야 한다. 풀밭을
갈아엎고 밀을 심어야 한다.

《순전한 기독교 Mere Christianity》, 4부 8장

자아라는 금사과가 거짓 신들 사이에 던져지자 불화의 사과가 되었다. 그들이 그것을 얻으려고 서로 다투었기 때문이다. 그들은 거룩한 경기에서 지켜야 할 제1규칙을 몰랐다. 바로 모든 선수가 공을 잡자마자 반드시 패스해야 한다는 규칙이다. 공을 들고 있으면 반칙이고 놓지 않으면 죽는다. 공은 눈으로 따라갈 수 없을 정도로 선수들 사이를 빠르게 오가야 한다. 위대하신 주님께서 친히 이 흥겨운 축제를 주도하신다. 그분은 말씀이 되심으로써 자신을 피조물에게 영원히 내주시고, 말씀으로 희생하심으로써 자신을 돌려받으신다. 그러면 영원한 춤이 정말 "그 조화로 하늘도 즐게 한다"(셰익스피어의 시구-옮긴이). …… 춤 속에 기쁨이 있으나 이 춤은 기쁨을 위해 존재하지 않는다. 선이나 사랑을 위해 존재하지도 않는다. 이 춤은 사랑이자 선이신 그분 자신이며, 그래서 그것은 행복하다. 그것이 우리를 위해 존재하는 게 아니라 우리가 그것을 위해 존재한다.

《고통의 문제 The Problem of Pain》, 10장

"아무리 비열하고 짐승 같은 존재일지라도 무엇이든 죽음을 순순히 받아들이면 다시 살아날 것이네."

《천국과 지옥의 이혼 The Great Divorce》, 11장

용을 지으신 주여, 제게 주의 평화를 주소서.
금을 포기하라거나 달라지라거나 죽으라는 말씀만은
하지 마소서. 그러다 남이 금을 차지하고 맙니다.
주여, 차라리 인간들과 다른 용들을 죽이소서.
그러면 제가 잠도 자고 마음껏 술도 즐기겠나이다.
Poems(시집), "용이 말하다"

어디서든 자신을 희생하면 우리는 모든 창조세계만 아니라
모든 존재의 순리에 가닿는다. 예수님이 자신을 내주신 희생도
갈보리에서만 있었던 일이 아니다. …… 창세전부터 그분은
아들의 신성을 아버지의 신성에 돌려드리며 순종하신다. ……
고하를 막론하고 자아는 물러나기 위해 존재하고, 물러날수록
더 자아다워지며, 그래서 더 물러나게 되고, 그렇게 영원히
계속된다. 이것은 땅을 고집한다고 피할 수 있는 하늘의 법칙도
아니고, 구원받았다고 비껴갈 수 있는 땅의 법칙도 아니다.
무엇이든 자기희생의 순리에서 벗어나면, 그것은 땅이나
자연이나 '평범한 삶'이 아니라 그대로 지옥일 뿐이다. 사실은
지옥이라는 실재도 이 법칙에서 파생되었다. 자신을 희생하는
것은 절대적 실재인데, 자아에 꼼짝없이 갇혀 있는 것은 그
반대다. 본래 실재의 성격이 긍정적이다 보니, 그 실재를 에워싸
경계를 이루는 바깥 어둠은 부정적일 수밖에 없다.
《고통의 문제 The Problem of Pain》, 10장

내가 아는 가장 행복한 사람, 함께 있으면 가장 즐거운 사람 가운데 하나는 지독히 이기적이었다. 반면에 내가 아는 어떤 사람들은 정말 희생할 줄 아는데도, 자신도 불행하게 살고 다른 사람까지도 불행하게 한다. 자아에 함몰되어 생각이 온통 자기연민 일색이기 때문이다. 양쪽 다 결국은 영혼의 파멸을 맞는다. 그러나 그때까지 내가 상대하고 싶은 쪽은, 나를 섬기면서도 자기 얘기밖에 할 줄 모르는 사람보다는 차라리 무엇이든 최고만 챙기더라도(심지어 나를 희생시켜서까지) 다른 것들을 화제로 삼는 사람이다. 전자의 친절은 그 자체가 끊임없는 모욕이며, 계속 동정과 감사와 상찬을 요구한다.
《예기치 못한 기쁨 Surprised by Joy》, 9장

"네 이웃을 네 자신같이 사랑하라" 하셨지요. 우리는 자신을 어떻게 사랑합니까? 제 속을 들여다보니 자신을 사랑한다는 것이 스스로 사랑스럽게 여기거나 애틋한 감정을 품는 것은 아니더군요. 제가 저를 사랑하는 이유는 제가 특별히 선해서가 아니라 인품과는 전혀 별개로 그냥 저 자신이기 때문입니다. …… 자신의 행실이 싫어도 계속 자신을 사랑하는 겁니다. ……
 심지어 자신이 경찰서에 가서 자수하고 사형을 달게 받아야 한다고 생각될 수도 있지요. 사랑은 애틋한 감정이 아니라 힘닿는 한 상대를 가장 잘되게 하려는 일관된 마음입니다.
《피고석의 하나님 God in the Dock》, "기독교에 대한 질문과 답변"

사랑할 때 우리는 자아를 벗어나 타인 안에 들어간다. 도덕 면에서도 정의나 자비를 실천하려면 매번 타인의 입장이 되어 자신의 경쟁 심리를 초월해야 한다. 또 무엇이든 대상을 이해한다는 것은 곧 주관적 사실을 버리고 객관적 사실을 받아들인다는 뜻이다. 인간에게는 누구나 자아를 지키고 더 강화하려는 일차적 충동이 있다. 하지만 한편으로는 자아를 벗어 버리고 그 편협성을 바로잡아 외로움을 치유하려는 이차적 충동도 함께 갖고 있다. 바로 사랑, 덕행, 지식 추구, 예술 감상 등을 통해서 우리는 이 일을 한다. 이 과정은 자아의 확장이나 자아의 일시적 소멸로 표현될 수 있다. 하지만 이는 오래된 역설이다. "자기 목숨을 잃는 자는 얻으리라."

《오독 An Experiment in Criticism》, "맺음말"

3.

교만

이 하나의 악이 없는 사람은 세상에 아무도 없다. 이 악이 남에게 있으면 세상 모든 사람이 싫어하지만, 정작 자신에게도 같은 죄가 있다고 생각하는 사람은 그리스도인을 제외하고는 거의 없다. ……

이 극한의 본질적 악은 바로 교만이다. 이에 비하면 음행과 분노와 탐욕과 술 취함 등은 다 새 발의 피다. 마귀도 교만 때문에 마귀가 되었다. 교만은 다른 모든 악의 근원이며, 완전히 하나님을 대적하는 마음 상태다. ……

내가 교만한 사람이라면, 온 세상에 나보다 강하거나

부유하거나 똑똑한 사람이 단 하나만 있어도 그는 나의 라이벌이고 적이다. ……

교만한 한 당신은 하나님을 알 수 없다. 교만한 사람은 늘 사물과 사람을 내려다보는데, 그렇게 내려다보는 한 당연히 당신보다 위에 있는 것은 보이지 않는다. ……

하나님의 존전에 나아왔음을 보여 주는 진정한 시금석은 자신을 완전히 망각하거나 하찮은 오물로 보는 것이다. 완전히 망각하는 쪽이 낫다.

《순전한 기독교 Mere Christianity》, 3부 8장

덜 악한 다른 악들은 마귀가 우리의 동물적 본능을 통해 조장하지만, 교만은 전혀 우리의 동물적 본능에서 오지 않고 지옥에서 직접 온다. 교만은 지극히 영적이며, 따라서 훨씬 더 교묘하고 치명적이다. 그래서 더 단순한 악을 퇴치할 때 교만이 자주 이용된다. 실제로 교사들은 아이의 교만에 호소하여 단정한 행동을 이끌어 낼 때가 많다. 교만을 자존감이라고 표현할 뿐이다. 자신의 품위가 손상된다는 논리로(즉 교만에 힘입어) 비겁함이나 정욕이나 못된 성질을 극복한 사람도 많다. 마귀가 비웃을 일이다. 마귀는 당신이 용기와 순결함과 자제력을 길러도 전혀 이의가 없다. 항상 당신을 교만에 놀아나게 할 수만 있다면 말이다. 그는 당신의 동상쯤이야 치료되어도 대신 암에 걸리게 할 수만 있다면 대만족이다.

교만은 영적 암이며, 그래서 사랑이나 자족이나 심지어
상식까지도 아예 싹조차 날 수 없게 다 먹어 치운다.
《순전한 기독교 Mere Christianity》, 3부 8장

이제 우리는 자신의 겸손으로 하나님을 감동시키려 한다.
'이거라면 그분도 분명히 좋아하시지 않겠어?' 그조차도
아니라면, 아직 내게 겸손이 부족하다는 우리의 명민하고도
겸손한 깨달음이 남아 있다. 우리 자신이 매력 있는 존재라는
생각은 이렇듯 뿌리 깊고도 교묘하기 짝이 없게 좀처럼 사라질
줄을 모른다. 거울인 우리에게 밝은 구석이 있다면 그 밝음은
오직 우리를 비추는 햇빛에서 온 것이다. 이를 인정하기는
쉽지만 계속 의식하며 살기란 거의 불가능하다. '분명
우리에게도 타고난 밝음이 아무리 조금이라도 조금은 있지
않겠어?'
《네 가지 사랑 The Four Loves》, 6장

하나님의 사랑이 믿어지는 순간 우리 안에는 그분이
사랑이시라서 나를 사랑하시는 게 아니라 내가 본래 사랑받을
만해서 사랑하시는 것이라는 생각이 꿈틀거린다. 이교도들은
천연덕스럽게 그 생각을 추종했다. 착한 사람은 착해서 '신들의

총애'를 받는다는 것이다. 우리는 더 잘 배웠으므로 다른 구실을
찾아낸다. 우리가 훌륭해서 하나님이 우리를 사랑하신다는
생각은 일단 제외다. 하지만 우리는 얼마나 멋지게 회개했던가.
그래서 존 번연도 착각에 불과했던 자신의 첫 회심을
이야기하며 "영국에 나보다 더 하나님을 기쁘시게 한 사람은
없는 줄로 알았다"라고 했다.

《네 가지 사랑 The Four Loves》, 6장

수없이 많은 제 모든 서투른 패배에서
제가 거둔 듯 보이는 모든 승리에서
주님을 위해 발휘한답시고 청중을 웃겼을 뿐
천사들을 눈물짓게 한 내 재주에서
주님의 신성을 증명하는 제 모든 논리에서
저를 구하소서, 표적에 의존하지 않으시는 주님이시여. ……
좁은 문과 바늘귀의 주님이시여,
내 모든 허튼소리를 거두시어 나를 살리소서.

Poems (시집), "변증자의 저녁 기도"

"우리를 시험에 들게 하지 마시옵고"라는 기도에는 다른 뜻도 있지만, 대개는 이런 뜻이다. "그 솔깃한 초대와 아주 흥미로운 접촉을 제게 허락하지 마소서. 우리 시대의 그 멋진 운동에 참여하지 못하게 막아 주소서. 저는 큰 위험을 무릅쓰고라도 그런 것들을 바랄 때가 너무 많습니다."

《시편 사색 Reflections on the Psalms》, 7장

세상의 무엇 하나라도 아무 사심 없이 참으로 즐기는 사람은 그 사실만으로 우리의 가장 교묘한 공격 방식 가운데 일부에 이미 맞설 준비가 된 것이다. 남들이 뭐라고 말하든 조금도 개의치 않고 그 자체를 즐기기 때문이다. 그러니 항상 환자에게 자신이 정말 좋아하는 사람이나 음식이나 책을 버리게끔 해야 한다. 대신 '최고의' 사람, '맞는' 음식, '중요한' 책을 택하게 하거라.

《스크루테이프의 편지 The Screwtape Letters》, 13장

사람이 가장 교만할 때는 겸손한 척할 때다.

《기독교적 숙고 Christian Reflections》, "기독교와 문화"

인종과 인종이 분리되고 "은혜가 분열에 요긴하게 쓰일" 때, 우리의 모든 낙이 임의의 편파적 집단 내부에 있을 때, 그때는 당연히 우리가 멸시하고 비난할 '아웃사이더'가 필요하다. 유태인, 자본주의자, 교황제도 예찬자, 부르주아 계급 등 무엇이든 좋다. 그렇지 않으면 재미가 없다. 정치적 차원의 '원초적 저주'는 그렇게 시작된다.

Arthurian Torso(아서왕의 토르소), 2부 5장

사실 착한 마음은 하나님이 우리에게 주시는 선물이지 우리가 하나님께 드리는 선물이 아니다. ……

    사람들이 착한 데다 그 착함에 만족해서 더 바라는 것 없이 하나님을 등진 세상, 그런 세상도 비참한 세상만큼이나 절실하게 구원이 필요하다. 오히려 구원받기가 더 어려울 수도 있다.

《순전한 기독교 Mere Christianity》, 4부 10장

교만의 쾌감은 가려운 데를 긁는 쾌감과도 같습니다. 가려우면 자연히 긁고 싶어지지만, 가려움도 없고 긁지도 않는 편이 훨씬 낫지 않습니까? 자존심이라는 가려운 데가 있는 한 우리는 자만심이라는 쾌감을 원할 것입니다. 그러나 가장 행복한 때는 우리의 알량한 자아를 잊고, 자존심과 자만심 대신 다른 모든 것(하나님, 동료 인간, 동물, 정원, 하늘)을 얻는 순간이지요.

Letters(서한집), 1954년 2월 18일

6부

그리스도인의 헌신

The Christian Commitment

1.

다른 길들

걸린 돈이 얼마 되지 않는 도박은 그리 심각하지 않다. 신이 있든 없든, 신이 선한 존재든 우주적 사디스트든, 영생이 있든 소멸로 끝나든 관계없다. 판돈이 무서울 정도로 커지지 않는 한 당신은 도박의 심각성을 절대 알 수 없다. 칩이나 푼돈 놀음이 아니라 자신의 전 재산이 걸려 있음을 알지 않는 한 그렇다.

《헤아려 본 슬픔 A Grief Observed》, 3장

결국은 우리의 아버지 아니면 원수, 그 둘 중 하나가 모든
존재하는 것과 특히 각 사람을 '나의 것'이라 선언할 것이다.

《스크루테이프의 편지 The Screwtape Letters》, 21장

모든 세상들 위에 그분의 얼굴이 있어 그저 보기만 해도 영원한
기쁨이듯이, 모든 세상들 밑바닥에서 기다리고 있는 이 얼굴은
보기만 해도 비참해서 아무도 그것을 보고는 헤어날 수 없다.
여태 사람이 세상을 통과할 수 있는 길이 수없이 많아 보였고
실제로 그랬지만, 그 끝에서 조만간 하나님 아니면 마귀를 직접
본다는 것만은 단 하나의 길도 예외 없이 똑같았다.

《페렐란드라 Perelandra》, 9장

그리스도를 솔직하게 거부한다면 그것이 아무리 잘못된
일일지라도 용서와 치유가 가능하다. "누구든지 말로
인자人子를 거역하면 사하심을 받으려니와"(누가복음
12:10-옮긴이). 그러나 인자이신 그분을 아예 피하는 것, 눈길을
돌리는 것, 못 본 척하는 것, 갑자기 길 건너편의 상황에
몰두하는 것, 발신자가 그분일지도 몰라서 전화를 받지 않는 것,
그분에게서 왔을까 봐 낯선 필체의 편지를 뜯지 않는 것, 그것은
다른 문제다. 당신이 그리스도인이 되어야 할지 말아야 할지

아직 확신이 없을 수는 있다. 하지만 모래 속에 고개를 처박는 타조가 아니라 인간이 되어야 한다는 것만은 당신도 분명히 안다.

《피고석의 하나님 God in the Dock》, "인간인가 토끼인가?"

"하나님 한 분 외에는 선한 이가 없네. 다른 것은 다 그분을 바라보면 선해지고 그분을 등지면 악해진다네. 자연계의 질서에서 더 높고 강한 것일수록 일단 반역하면 더 악마 같아지. 악마가 되는 것은 악한 생쥐나 악한 벼룩이 아니라 악한 천사장이야. 정욕이라는 거짓 종교는 모성애나 애국심이나 예술이라는 거짓 종교보다 저질이지만, 그만큼 정욕이 종교로 둔갑할 소지도 더 적지."

《천국과 지옥의 이혼 The Great Divorce》, 11장

우리가 똑똑히 직면해야 할 사실이 있네. 기독교는 인간을 훨씬 선해지게 하거나 아니면 훨씬 악해지게 하거나 둘 중 하나일세. 하나님께로 더 가까이 가는 것은 역설적으로 위험한 일이야.

Letters(서한집), 1961년 12월 20일

하나님의 자녀가 되지 않겠다는 사람은 그분의 소품이 된다.
《실낙원 서문 A Preface to "Paradise Lost"》, 10장

"그러면 우리는 큰길을 벗어난 뒤로 여태 헛걸음을 한 것이군요." 존이 말했다.
《순례자의 귀향 The Pilgrim's Regress》, 6권 5장

덕행은 시도만 해도 주위를 환히 밝히지만 방종은 사방을 흐려 놓는다.
《순전한 기독교 Mere Christianity》, 3부 5장

사람은 더 선해질수록 자기 안에 잔존하는 악을 점점 더 명확히 깨닫지만, 더 악해질수록 자신의 악을 점점 더 인식하지 못한다. 적당히 악한 사람은 자신이 썩 선하지 못함을 알지만, 철저히 악한 사람은 자신이 괜찮은 줄로 생각한다. 사실 이것은 상식이다. 수면에 대한 이해는 잠자는 중이 아니라 깨어 있을 때 생겨난다. 계산상의 착오는 머리가 제대로 돌아갈 때 보이는 법이지 실수하는 중에는 보이지 않는다. 취했을 때 어떤

모습인지는 술에 취해 있을 때가 아니라 맨정신일 때 깨달을 수 있다. 선한 사람은 선도 알고 악도 알지만, 악한 사람은 둘 다 모른다.

《순전한 기독교 Mere Christianity》, 3부 4장

인간 중에서 누가 말했듯이 능동적 습관은 반복을 통해 강해지지만, 수동적 습관은 약해진다. 감정에 행동이 수반되지 않을수록 그만큼 더 행동 능력이 떨어지고 결국 감정의 기능마저 약해지지.

《스크루테이프의 편지 The Screwtape Letters》, 13장

사자의 노래가 더 길어지고 아름다워질수록 앤드루 삼촌은 으르렁거리는 소리밖에 들리지 않는다고 더 애써 믿으려 했다. 사람이 실제보다 더 미련해지려 하면, 문제는 대개 그대로 성공한다는 것이다. 앤드루 삼촌도 성공했다. 그래서 머잖아 그의 귀에는 아슬란의 노래가 으르렁거리는 소리로밖에 들리지 않았다. 설령 다른 소리로 듣고 싶었다 해도 이제 불가능했을 것이다.

《마법사의 조카 The Magician's Nephew》, 10장

기독교가 진리가 아니라면, 그것이 아무리 도움이 된다 해도 정직한 사람치고 누구도 그것을 믿고 싶지 않을 것이다. 그러나 기독교가 진리라면, 설령 그것이 자신에게 아무런 도움이 되지 않는다 해도 정직한 사람이라면 누구나 그것을 믿고 싶을 것이다.
《피고석의 하나님 God in the Dock》, "인간인가 토끼인가?"

"알고 보니 오랜 세월 내 삶은 반으로 쪼개진 채로 양쪽이 서로 만난 적이 없었다."
《우리가 얼굴을 찾을 때까지 Till We Have Faces》, 1부 13장

인간이 하나님께 가장 가까이 다가갈 때는 어떤 의미에서 그가 가장 하나님 같지 않을 때다. 충만과 결핍, 주권과 겸손, 의와 회개, 무한한 능력과 도와 달라는 요청, 이보다 더 서로 같지 않은 것이 무엇이겠는가?
《네 가지 사랑 The Four Loves》, 1장

경외심과 외경은 두려움과는 차원이 다를 수밖에 없다. 전자는 우주에 대한 인간의 해석 내지 인상의 성격을 띤다. 아름다운 물체의 물리적 속성을 아무리 열거해도 거기에 아름다움은 들어 있을 수 없고, 그래서는 미적 경험이 없는 사람에게 아름다움의 의미를 어렴풋이나마 암시할 수도 없다. 마찬가지로 인간의 환경을 사실적으로 묘사해서는 거기에 신비롭고 신령한 세계가 들어 있기는커녕 그것을 암시할 수조차 없다. 사실 외경을 보는 관점은 딱 두 가지인 것 같다. 외경이란 인간의 사고가 왜곡된 것에 불과할 수 있다. 즉 상응하는 객관적 대상도 없고 수행하는 생물학적 기능도 없다. 그런데도 시인이나 철학자나 성인聖人의 고도로 발달된 사고에서 좀처럼 사라질 줄을 모른다. 또는 외경이란 진정한 초자연 세계에 대한 직접적 경험일 수 있다. 이 경우 '계시'라고 부르면 적합할 것이다.

《고통의 문제 The Problem of Pain》, 1장

무대 위에 극작가가 등장하면 그 연극은 끝난 것이다. 하나님이야 어련히 쳐들어오시겠지만 그 순간이 닥쳐서야 당신이 그분 편이라고 말해 봐야 무슨 소용인가? 그날 자연계의 온 우주가 일장춘몽처럼 사라지고 뭔가 다른 것들이 밀려들어 온다. 당신이 한 번도 생각해 보지 못한 그 세계는 어떤 이들에게는 한없이 아름답고 어떤 이들에게는 한없이 무시무시할 텐데, 그 어느 누구에게도 더는 선택의 여지가

없다. 이번에는 하나님이 변장하지 않고 오시기 때문이다. 그 세계는 워낙 압도적이어서 사람에 따라 불가항력의 사랑 아니면 불가항력의 공포를 불러일으킨다. 그제야 어느 편인지를 정하려면 너무 늦다. 일어서기가 불가능해진 상황에서 엎드리겠다는 선택은 무의미하다. 그때는 선택의 시점이 아니라 자신이 알게 모르게 이미 어느 편을 선택했는지를 확인하는 순간이다. 오늘 지금 이 순간이 옳은 편을 선택할 기회다.
《순전한 기독교 Mere Christianity》, 2부 5장

"본능적 감정은 어느 것도 그 자체로 고상하거나 저속하지도 않고 거룩하거나 부정하지도 않아. 하나님의 통제를 받으면 다 거룩해지지만, 스스로 높아져 거짓 신이 되면 다 악해진단다."
《천국과 지옥의 이혼 The Great Divorce》, 11장

그리스도 없이 '착한 삶'에 도달한다는 개념은 두 가지 과오에서 비롯된다. 첫째, 그것은 불가능한 일이다. 둘째, '착한 삶'을 최종 목표로 삼으면 우리가 존재하는 의미 자체를 놓친다. 도덕은 우리의 노력으로 오를 수 없는 산이다. 설령 오를 수 있다 해도 우리는 산정의 빙하와 산소가 없는 공기 속에서 죽을 수밖에 없다. 나머지 여정을 마치는 데 필요한 날개가 없기 때문이다. 진정한 등정은 거기서부터 시작이다. 자일과 손도끼는 '용도가 다했고' 나머지 구간은 날아가야 한다.

《피고석의 하나님 God in the Dock》, "인간인가 토끼인가?"

예수님을 계속 사랑하면 별로 잘못될 일이 없단다. 늘 그분을 사랑하렴.

The Collected Letters of C. S. Lewis, Volume III (C. S. 루이스 서한집 제3권), 1963년 10월 26일

2.
기독교의 본질

인간은 어떻게 살아야 하는가.
불꽃 없는 흰빛이신 하나님을 굴절 없이 통과시키는
거울로 살아야 한다.
Poems(시집), "쓴 쑥"

우리는 시간과 어찌나 서먹서먹한 사이인지 시간에 놀라기까지
하며 이렇게 외친다. "그새 많이 컸구나!" "세월이 쏜살같이
빠르다." 누구나 경험하는 시간이 마치 매번 새롭다는 듯이
말이다. 이는 물고기가 물의 습기에 자꾸 놀라는 것만큼이나
이상한 일이다. 물고기가 그런다면 정말 이상할 것이다. 하지만
물고기가 어느 날 육상 동물이 될 운명이라면 얘기가 달라진다.

《시편 사색 Reflections on the Psalms》, 12장

주님, 주님이 지으신 우리는 물리적 유기체면서 또한 영입니다.
주님은 '영적 동물'이라는 모순 어법을 가능하게 하십니다.
우리는 보잘것없는 영장류, 말초 신경으로 뒤덮인 짐승, 배를
채우고 싶은 생물, 짝짓기를 통해 번식하려는 동물입니다. 그런
우리에게 주님은 "이제 어서 작은 신이 되라"라고 말씀하십니다.

《헤아려 본 슬픔 A Grief Observed》, 4장

하나님은 다른 모든 게으름뱅이 못지않게 지적 게으름뱅이도
달가워하지 않으신다. 당신이 그리스도인이 되려고 생각
중이라면, 경고하건대 그 과정에 뇌까지 포함해서 당신의
전부가 소요된다. 그런데 다행히 역순도 사실이다. 누구든지
그리스도인이 되려고 정직하게 힘쓰면, 머잖아 지성까지

연마된다. 그리스도인이 되는 데 특별한 교육이 필요 없는
이유 중 하나는 기독교 자체가 교육이기 때문이다. 그래서 존
번연처럼 교육받지 못한 신자도 온 세상을 놀라게 하는 책을 쓸
수 있었다.

《순전한 기독교 Mere Christianity》, 3부 2장

누구나 신이 될 수 있는 사회에 산다는 것은 심각한 일이다.
잊지 말아야 한다. 당신이 만난 가장 둔하고 가장 재미없는
사람이 언젠가 강한 숭배 욕구를 불러일으키는 인물로 변할
수도 있고, 반대로 행여 악몽 속에나 나타나는 끔찍한 악한惡漢이
될 수도 있다. …… 당신은 한낱 유한한 인간과 대화한 적이
한 번도 없다. 국가와 문화와 예술과 문명은 다 끝이 있으며,
그것들의 삶은 우리 삶에 비하면 하루살이에 지나지 않는다.
그러나 우리가 함께 농담을 주고받고 일하고 결혼하고 구박하고
착취하는 사람은 불멸의 존재다. 불멸의 악한이거나 영원한
성자다. 그렇다고 늘 엄숙해야 한다는 말은 아니고 놀 줄도
알아야 한다. 다만 우리의 유쾌함은 처음부터 서로를 진지하게
대해 온 사람들 사이에만 가능한 것이라야 한다(실제로 그래야
가장 유쾌하다). 즉 경박하거나 우월감을 품거나 주제넘어서는
안 된다. 우리의 사랑도 죄인을 사랑하되 죄는 심히 미워하는
진정한 희생적 사랑이라야 한다. 유쾌함을 경박함으로 전락시킬
수 없듯이 사랑도 한낱 묵인이나 방임으로 변질시켜서는 안

된다. 복된 성찬 다음으로 이웃이야말로 당신이 오감으로
접하는 가장 거룩한 대상이다. 그 이웃이 그리스도인이라면
거의 성찬만큼이나 거룩하다. 그 사람 안에도 그리스도께서
참으로 숨어 계시기 때문이다. 영광 자체이자 영화로워지신
그분이 참으로 숨어 계시며 우리를 영화롭게 하신다.

《영광의 무게 The Weight of Glory》, "영광의 무게"

그리스도 없이도 점잖게 살 수 있지 않느냐고 자꾸 묻는
사람은 삶이 무엇인지 모른다. 삶이 무엇인지 안다면, '점잖은
삶'이 본래 우리 인간이 지어진 목적에 비하면 기계 수준에
불과하다는 것도 알 것이다. 도덕도 필요하기는 하다. 하지만
하나님의 생명이 우리에게 주시려는 삶은 도덕을 삼켜 버린다.
그 생명은 우리에게 자신을 내주시면서 우리도 작은 신이
되라고 부르신다. 우리는 재창조되어야 한다. 우리 안의 모든
토끼는 사라져야 한다. 비겁하고 방종한 토끼만 아니라 걱정
많고 양심적이고 윤리적인 토끼도 사라져야 한다. 털이 한 줌씩
뜯겨 나갈 때마다 우리는 피를 흘리며 비명을 지를 것이다.
하지만 놀랍게도 그 속에서 우리가 여태 상상조차 못했던 것이
나온다. 바로 진정한 인간, 영원한 작은 신, 하나님의 자녀다.
강하고 눈부시고 지혜롭고 아름답고 기쁨에 흠뻑 젖은 존재다.

《피고석의 하나님 God in the Dock》, "인간인가 토끼인가?"

"날 좀 봐." 유령이 자신의 가슴을 치며 말했다(가슴을 치는데도 소리는 나지 않았다). "난 일평생 똑바로 살았어. 물론 종교적인 사람은 아니었고, 절대로 흠 하나 없다는 말은 아니야. 하지만 평생 최선을 다했어. 누가 봐도 최선을 다했다고! 난 그런 사람이었어. 정당한 내 몫이 아닌 것은 달라고 한 적이 없어. 한잔하고 싶으면 돈을 냈고, 임금을 받은 만큼 일했지. 내가 이런 사람인 걸 아무도 알아주지 않아도 상관없어. …… 하지만 나도 당신과 똑같이 권리를 찾아야 하지 않겠어?"

"아닙니다. 상황이 그렇게까지 나쁘지는 않아요. 나도 내 권리를 찾은 게 아닙니다. 그렇지 않다면 여기 천국에 오지 못했을 거예요. 당신도 당신의 권리를 찾지 못할 겁니다. 대신 그보다 훨씬 좋은 것을 얻을 것이니 두려워할 것 없어요."

"내 말이 그 말이야. 나는 내 권리를 찾지 못했다고. 늘 최선을 다했고 아무런 나쁜 짓도 하지 않은 내가 왜 당신 같은 잔인한 살인자 밑에 있어야 하는지 모르겠군."

"당신이 내 밑에 있게 될지 아닐지 누가 알겠습니까? 그저 행복하게 나와 함께 갑시다."

"왜 자꾸 우기는 거야? 나는 내가 이런 사람이라고 말하는 것뿐이고, 내가 누릴 권리를 원할 뿐이야. 누구에게도 피 같은 자비를 구하는 것이 아니라고!"

"그렇다면 이제라도 구하세요. 피를 흘리시면서까지 베푸신 그분의 자비를 당장 구하세요. 여기서는 무엇이든 달라고만 하면 거저 받지만, 아무것도 값을 치르고 살 수는 없습니다."

《천국과 지옥의 이혼 The Great Divorce》, 4장

당신의 세세한 개성이 그분께는 신비가 아님을 명심하라. 당신에게도 그것이 더는 신비가 아닌 날이 올 것이다. 열쇠를 본 적이 없다면 열쇠를 부어 만드는 주형이 생소할 테고, 자물쇠를 본 적이 없다면 열쇠 자체도 생소할 것이다. 당신의 영혼이 신기하게 생긴 이유는 신성한 실체의 끝없는 윤곽선 가운데 특정한 돌출부에 맞는 홈으로 패였기 때문이다. 또는 집의 많은 방문 가운데 하나를 여는 열쇠로 지어졌기 때문이다. 구원받을 사람은 추상적 인류가 아니라 당신, 곧 존 스텁스나 재닛 스미스라는 이름의 독자 개인이다. 당신의 눈은 복이 있고 운이 좋다. 다른 사람이 보지 못하는 그분을 볼 테니 말이다. …… 천국에 있는 당신의 자리는 당신만을 위해 지어진 것이다. 장갑이 손을 위해 짜였듯이 당신도 한 땀 한 땀 그곳을 위해 짜였다.

《고통의 문제 The Problem of Pain》, 10장

본래 기독교가 우리의 혼란과 공포와 허무감을 불식시키기
위한 것이라고 생각한다면 이는 큰 오산이다. 세상의 현실을
생각하다 보면 누구나 그런 감정들이 들게 마련이며, 기독교는
오히려 이를 더 증대시킨다. 그런 감정들이 없이는 종교도 없다.
명목상의 기독교를 말로만 고백하며 자란 많은 사람은 천문학
서적을 읽다가 대부분의 실재가 인간에게 얼마나 도도하게
무관심한지를 처음 깨닫고, 어쩌면 그 이유로 종교를 버린다.
이런 사람은 그 순간 처음으로 진정한 종교 체험을 하는 것일 수
있다.

《기적 Miracles》, 7장

기독교를 우리가 지어내는 것이라면 당연히 더 쉽게 만들 수
있다. 하지만 기독교는 우리가 지어내는 것이 아니다. 단순성에
관한 한 우리는 각종 종교를 지어내는 이들에게 맞수가 못 된다.
어떻게 그럴 수 있겠는가? 우리는 사실을 상대한다. 사수해야 할
사실이 존재하지 않는다면 누구나 얼마든지 단순해질 수 있다.

《순전한 기독교 Mere Christianity》, 4부 2장

어떤 의미에서 세상의 표준 인간은 회심한 유태인뿐이다. ……
그는 하나님의 호의로만 아니라 유전적 권리로도 아브라함을
조상이라 부른다. 그는 강의 요강에 제시된 내용을 순서대로 다
들었고, 저녁을 풀코스로 먹었다. …… 세례받은 우리 이방인은
결국 접붙임을 받은 돌감람나무로서(로마서 11:17 이하-옮긴이)
"혈통상 우리에게 약속되지 않은 기쁨"을 누리는 것이다.

조이 데이빗먼의 Smoke on the Mountain(산 위의 연기)에 쓴 서문

기독교의 분열에 대해 (제대로) 다 말하고 나도 하나님의 자비로
엄청난 공통분모가 남아 있다.

《기독교적 숙고 Christian Reflections》, "머리말"

하나님이 채워 주시는 대상은 인간이라는 추상적 존재가
아니라, 한 사람 한 사람의 영혼이네.

Letters(서한집), 1940년 4월 16일

기독교의 분열은 부인할 수 없는 현실이다. …… 그러나 '기독교'라는 단어가 너무 다의적이어서 아예 무의미하다는 생각이 들려 한다면(이 시대의 글만 읽는 사람은 그런 유혹이 들 수 있다), 이 시대를 벗어나 보면 의심의 여지없이 알 수 있거니와 그건 그렇지 않다. 유구한 역사에 비추어 보면, '순전한 기독교'는 결코 무색무취한 초교파적 허상이 아니라 내용이 명확하고 자체 모순이 없으며 무궁무진하다. …… 기독교의 분열 때문에 우리 모두가 괴롭고 부끄러운 거야 당연한 일이지만, 늘 기독교의 울타리 안에서 살아온 이들은 이 문제로 인해 너무 쉽게 낙담할 수 있다.

성 아타나시우스의 The Incarnation of the Word of God (하나님 말씀의 성육신)에 쓴 서문

가톨릭이 변질되면 아주 오래된 세계 종교가 되어 모질고 사나운 일을 막을 유물과 성지와 성직만 남는다. 개신교가 변질되면 막연한 윤리적 상투어만 자욱하게 남는다. 가톨릭은 다른 모든 종교와 너무 비슷하다고 비난받고, 개신교는 아예 너무 종교 같지 않다고 비난받는다. 그래서 초월적 형상을 논한 플라톤은 개신교 교회의 박사고, 내재적 형상을 논한 아리스토텔레스는 가톨릭 교회의 박사다.

The Allegory of Love (사랑의 유비), 7장 3단원

219

본래 저는 이 세상 질서가 영속해야 한다고 우기지만, 하나님은 일부러 그런 영속성을 부여하지 않으셨습니다. …… 저는 모든 것이 옛날과 똑같았으면 좋겠습니다. 똑같은 지평선, 똑같은 동산, 똑같은 냄새와 소리가 늘 변함없이 그대로였으면 좋겠어요. 오래된 포도주가 제게는 늘 더 좋거든요. 그러니까 저는 여기에는 "영구한 도성"이 없으며(히브리서 13:14-옮긴이) 있어서도 안 되는 줄을 뻔히 알면서도, 그것을 갈구하는 겁니다. …… 우리는 삶 자체에만 아니라 삶의 모든 면에 '미련을 두지 말아야' 합니다.

Letters(서한집), 1962년 11월 21일

3.

구원

"죽기 전에 죽으라. 죽고 나면 기회가 없다."
《우리가 얼굴을 찾을 때까지 Till We Have Faces》, 2부 2장

현재가 아니라면 언제 영원에 맞닿을 수 있겠는가?
《기독교적 숙고 Christian Reflections》, "역사주의"

한 영혼의 구원이 이 세상의 모든 서사시와 비극을 창작하거나
보전하는 일보다 더 중요하다.

《기독교적 숙고 Christian Reflections》, "기독교와 문학"

하나님의 영광이 우리 삶의 본분이며, 그분을 영화롭게 하는
길은 인간의 영혼을 구원하는 일뿐이다.

《기독교적 숙고 Christian Reflections》, "기독교와 문화"

사실 생물학적 생명과 영적 생명의 차이는 너무도 중요해서
나는 둘을 별개의 단어로 칭한다. 생물학적 생명은 '비오스'다.
자연을 통해 우리에게 주어지는 이 생명은 (나머지 모든 자연처럼)
늘 낡아져 쇠해 가므로, 공기와 물과 음식 등 자연의 지속적인
원조를 통해서만 유지될 수 있다. 영적 생명인 '조에'는 영원부터
하나님 안에 있으면서 자연계인 우주 전체를 창조했다. 물론
비오스도 희미하게나마 또는 상징적으로 조에를 닮은 면이
있다. 하지만 이는 사진과 실물, 동상과 사람이 서로 닮았다고
할 때의 그런 닮음에 불과하다. 사람의 생명이 비오스에서
조에로 바뀌는 것은 돌을 깎아 만든 동상이 실제 인간으로
변하는 것만큼이나 큰 변화다.

바로 그것이 기독교의 관건이다. 이 세상은 조각가의 거대한

작업실이다. 우리는 다 동상인데, 우리 가운데서 일부가 어느 날 정말 살아날 것이라는 소문이 작업실 주위를 떠돌고 있다.
《순전한 기독교 Mere Christianity》, 4부 1장

전체 춤이나 드라마 또는 삼위일체 하나님의 삶의 모형이 우리 각자 안에 재현되어야 한다. (거꾸로 돌려서 말하자면) 우리 각자가 그 모형 속으로 들어가 그분의 자리에서 그 춤을 추어야 한다. 우리는 진정한 행복을 누리도록 지음받았는데 그 행복에 이르는 다른 길은 없다. 알다시피 나쁜 것만 아니라 좋은 것도 일종의 감염처럼 옮는 법이다. 따뜻해지려면 불 옆에 바짝 서야 하고, 물에 젖으려면 물속에 들어가야 한다. 마찬가지로 기쁨과 능력과 평안과 영생을 원하거든, 그것이 있는 데로 가까이 가거나 그 속으로 들어가야 한다. 이것은 하나님이 원하신다 해서 아무에게나 분배하실 수 있는 상賞 같은 것이 아니라, 실재의 한복판에서 에너지와 아름다움을 뿜어내는 거대한 분수다. 당신도 그 옆으로 가면 물보라에 젖겠지만, 멀리 떨어져 있으면 계속 말라 있을 것이다. 사람이 하나님과 연합하면 어찌 영원히 살지 않을 수 있겠는가? 사람이 하나님과 분리되면 시들어 죽을 수밖에 없지 않겠는가?
《순전한 기독교 Mere Christianity》, 4부 4장

죄를 버리고 싶은 마음만으로는 부족합니다. 죄에서 우리를 구원해 주시는 그분을 믿어야 합니다. …… 죄인이라고 무조건 구원받는 것은 아니에요.

《피고석의 하나님 God in the Dock》, "질의응답"

"그런데 똑같은 일이 또 벌어졌지 뭐야. 이런 생각이 들더라고. '도대체 몇 겹이나 허물을 벗어야 하는 거지?' …… 어쨌든 나는 또 몸을 긁어 이전의 두 허물처럼 세 번째 허물도 벗고 거기서 빠져나왔어. 하지만 물속에서 내 모습을 보자마자 다 소용없음을 알게 되었지.

그러자 그 사자가 말했어. '비늘을 벗겨 내는 일을 나한테 맡겨야 한다.' ……

처음에 그가 어찌나 깊숙이 뜯어내던지 내 심장까지 뜯겨 나가는 줄 알았다니까. 그가 서서히 허물을 벗기는데 내 평생 그렇게 아팠던 적은 처음이야. …… 마침내 풀밭에 놓인 내 허물은 이전 것보다 훨씬 두껍고 칙칙했고 더 울퉁불퉁해 보였어. ……

잠시 후 사자가 나를 물속에서 꺼내 옷을 입혀 주었어. …… 새 옷. 바로 지금 입고 있는 이 옷이야."

《새벽 출정호의 항해 The Voyage of the "Dawn Treader"》, 7장

기회가 많다고 해서 될 일 같으면 내 생각에 백만 번의 기회라도 주어질 것이다.

《고통의 문제 The Problem of Pain》, 8장

"잘 모르겠습니다, 선생님. 지상의 어떤 사람들은 한 영혼이 끝내 멸망하면, 구원받은 모든 무리의 기쁨도 있을 수 없다고 말합니다."

"그렇지 않네."

"하지만 왠지 그래야 할 것 같습니다."

"듣기에는 아주 자비롭다만, 그 배후에 무엇이 도사리고 있는지를 보게."

"무엇입니까?"

"사랑 없이 자아에 갇힌 무리의 억지 요구가 도사리고 있어. 자신들이 우주를 협박할 수 있어야 하고, 자신들이 (자기네 기준대로) 행복해질 때까지 아무도 기쁨을 맛보아서는 안 되며, 자신들이 최종 권한을 쥐고 있어야 하고, 지옥이 천국에 거부권을 행사할 수 있어야 한다는 요구 말일세."

《천국과 지옥의 이혼 The Great Divorce》, 13장

청교도가 그렇게 불린 것은 정절 개념의 '순결'을 다른
그리스도인들보다 더 강조해서가 아니라 교회 정치를
정화하려는 순수주의를 표방했기 때문이다. …… 무엇보다
우리가 알고 싶은 것은 초창기에 개신교도가 되는 심정이
어땠을까 하는 것이다. …… 이것은 지각 변동과도 같은 개종의
경험이다. 이 일을 겪은 사람은 악몽에서 깨어나 황홀경에
들어선 듯한 기분이 된다. 연인에게 받아들여진 사람처럼,
자기가 한 일은 아무것도 없으며 어떤 행위로도 그런 놀라운
행복을 누릴 자격이 없다고 느껴진다. 그는 다시는 "불모의
똥밭에서 큰소리칠" 수 없다. 모든 주도권은 하나님 쪽에
있었다. 다 값없고 무한한 은혜였고, 앞으로도 계속 값없고
무한한 은혜일 것이다. 그 자신의 하찮고 알량한 노력은 애초에
기쁨을 얻을 때만큼이나 기쁨을 유지하는 데도 무용지물이다.
다행히 그렇게 무용해질 필요는 없다. 물론 복을 사거나
벌어들일 수는 없고, '행위'에는 아무런 '공로'도 없다. 그러나
믿음은 무의식중에라도 반드시 사랑의 행위로 흘러나오게
마련이다. 그는 사랑의 행위 때문에 구원받은 것은 아니지만,
구원받았기 때문에 사랑을 실천한다. 그를 구원한 것은 오직
믿음이다. 순전히 은혜로 주어진 믿음이다. 본래 개신교의 모든
교리는 이 행복한 겸손에서 싹텄다. 자아와 작별하고, 선한
결심과 불안과 가책과 잡다한 동기를 모두 버린 결과다.

English Literature in the Sixteenth Century (16세기 영문학), "머리말"

그러나 평소에 영혼의 구원을 행여 씨앗이 꽃으로 자라 가는 과정처럼 묘사한다면, 내 생각에 이는 심한 과장이다. 회개와 거듭남과 새사람이라는 단어 각각이 암시하는 의미는 사뭇 다르다.

《영광의 무게 The Weight of Glory》, "멤버십"

매그덜린의 그 방에 밤마다 홀로 있던 내 모습을 상상해 보라. 그즈음 나는 단 1초라도 생각이 일에서 벗어나 있으면, 예외 없이 그분이 막무가내로 접근해 오시는 듯한 기분이었다. 내가 그토록 만나지 않으려 했던 그분이 말이다. 내가 그토록 두려워하던 것이 마침내 나를 덮쳐 왔다. 1929년 여름 학기에 나는 손을 들었다. 하나님이 하나님이심을 인정하고 무릎 꿇어 기도했다. 그날 밤 나는 영국 전체에서 가장 맥 빠지고 마지못한 회심자였을 것이다. 겸손하신 하나님은 그런 회심자까지도 받아주신다는, 지금은 가장 밝고 확실한 그 사실을 그때는 몰랐다. …… 하나님의 엄하심이 사람의 관대함보다 더 자비롭고, 그분의 강권하심 덕분에 우리는 해방된다.

《예기치 못한 기쁨 Surprised by Joy》, 14장

"항복하러 왔습니다." 존이 말했다.

그러자 마더 커크가 말했다. "잘했어요. 멀리도 돌아서 여기까지 왔군요. 나를 따라왔으면 금방 왔을 텐데. 어쨌든 아주 잘 왔습니다."

"어떻게 하면 됩니까?"

그의 물음에 그녀가 답했다. "그 누더기부터 벗어야지요. 당신 친구도 똑같이 했어요. 그다음 이 물속으로 뛰어들면 됩니다."

"어, 저는 다이빙을 배운 적이 없는데요." 그가 말했다.

그러자 그녀가 말했다. "배우고 말 것도 없어요. 다이빙 기술이란 새로 무엇을 하는 게 아니라 하던 일을 그만하는 거니까요. 그냥 몸을 던지기만 하면 됩니다."

《순례자의 귀향 The Pilgrim's Regress》, 9권 4장

인간이 맨 처음 지은 죄의 결과를 하나님이 기적으로 없애 주시려면 얼마든지 그럴 수도 있었다. 하지만 그분이 두 번째와 세 번째에 이어 계속 끝없이 죄의 결과를 없애 주실 것이 아니라면, 그래 봐야 별 소용이 없었을 것이다.

《고통의 문제 The Problem of Pain》, 5장

이렇게 우리가 경험을 통해 배우듯이, 하늘에서 땅의 위로를 찾으려는 것은 부질없는 짓이다. 하늘은 하늘의 위로만 줄 수 있을 뿐 다른 종류는 없다. 반면에 땅은 땅의 위로조차 줄 수 없다. 결국 땅이 주는 위로란 없다.

《네 가지 사랑 The Four Loves》, 6장

4.

삶으로 실천하는 기독교

사안의 진위 여부에 당신의 생사를 걸지 않는 한, 당신이 그것을 정말 얼마나 믿는지 알 수 없다.

《헤아려 본 슬픔 A Grief Observed》, 2장

권위라는 말을 두려워하지 말라. 권위에 입각하여 뭔가를 믿는다는 말은 믿을 만한 사람이 말해 주었기 때문에 믿는다는 의미일 뿐이다. 당신도 믿는 내용의 99퍼센트를 권위에

입각하여 믿는다. 나는 뉴욕이라는 곳이 있다고 믿는다. 직접 보지는 못했고, 그곳이 존재해야만 함을 추상적 논리로 입증할 수도 없다. 내가 그렇게 믿는 이유는 믿을 만한 이들이 말해 주었기 때문이다. 웬만한 사람은 태양계와 원자와 진화와 혈액 순환을 권위에 입각하여 믿는다. 즉 과학이 그렇게 말하기 때문이다. 세상의 모든 역사 진술도 우리는 권위에 입각하여 믿는다. 우리 가운데 노르만 정복이나 영국 해군이 스페인의 대함대 아르마다를 격퇴하는 장면을 본 사람은 없으며, 수학 문제를 풀듯이 순수 논리로 이를 입증할 수도 없다. 그저 목격자들이 남긴 기록을 보고 믿을 뿐이다. 바로 권위에 입각한 믿음이다. 그런데도 어떤 이들은 유독 종교 분야에서만 권위를 배격한다. 다른 모든 분야에서도 똑같이 권위를 배격한다면 그 사람은 평생 아무것도 몰라야 한다.

《순전한 기독교 Mere Christianity》, 2부 5장

자신에게 "나는 믿는가?"라고 묻는 순간 모든 믿음이 사라지는 것 같습니다. 제 생각에 이는 도구로 쓰라고 있는 것을 우리가 쳐다보려고 돌아서기 때문이에요. 눈을 제자리에 두고 눈으로 보는 것이 아니라 눈을 뽑아내려는 것과도 같지요. 믿음뿐 아니라 다른 부분에서도 마찬가집니다. 제 경험상 "나는 이것을 정말 즐기고 있는가?"라는 질문 앞에 살아남을 수 있는 즐거움은 아주 고강도의 즐거움뿐입니다. 주목도 그래요. 제가 (책이나

강의에) 주목하고 있는지를 생각하는 순간 실제로 제 주목은
이미 중단되었지요. 사도 바울은 "사랑으로써 역사하는 믿음"을
말했고(갈라디아서 5:6-옮긴이), "거짓된 것은 마음이라"라는
말씀도 있습니다(예레미야 17:9-옮긴이). 당신이 더 잘 알겠지만
자기 성찰은 정말 믿을 것이 못 되더군요. 당신이 만일 편지에
자신에게 믿음과 소망과 사랑이 흘러넘친다고 주장한다면,
당신의 진척 상황에 대한 제 우려가 훨씬 깊어질 겁니다.
Letters(서한집), 1949년 9월 27일

자기 안에 그리스도의 생명이 있다는 그리스도인의 고백은
그저 정신적 또는 도덕적 의미가 아니다. 내가 '그리스도 안에'
있다거나 그리스도께서 '내 안에' 계시다는 말은, 단지 그분을
생각한다거나 그분을 본받는다는 말이 아니라 그리스도께서
실제로 나를 통해 움직이신다는 뜻이다. 전체 그리스도인의
무리는 물리적 유기체이며, 그리스도는 이 유기체를 통해
활동하신다. 즉 우리는 그분의 손가락이고 근육이고 체세포다.
《순전한 기독교 Mere Christianity》, 2부 5장

거룩함이 지루하다고 생각하는 사람은 얼마나 무지한지요. 사람이 진짜를 만나면 …… 그것을 떨칠 수 없는 법입니다. 세상 인구의 10퍼센트에게만 진짜가 있어도 한 해가 가기 전에 온 세상이 회심하여 행복해지지 않겠습니까?

The Collected Letters of C. S. Lewis, Volume III(C. S. 루이스 서한집 제3권), 1953년 8월 1일

자유로운 선택이 가능하려면, 확실한 증거가 늘 어느 정도 부족해야 할 겁니다. 믿음이 구구단과 같다면 누군들 받아들이지 않고 배길 수 있겠습니까?

쉘던 베너컨의 《잔인한 자비 A Severe Mercy》에 실린 편지

상대가 자신을 믿어 달라고 할 때, 당신은 믿을 수도 있고 그렇지 않을 수도 있다. 확실한 증거가 있으면 믿겠다는 말은 무의미하다. 증거가 있으면 믿고 말 것도 없다.

《세상의 마지막 밤 The World's Last Night》, 2장

가끔이 아니라 한결같이 이성적 존재로 살려면, 선물로 주시는 믿음을 기도로 구해야 한다. 계속 믿되 이성에 맞서서가 아니라 (이성이나 권위나 경험 또는 그 셋 모두가 한때 진리 대신 우리에게 안겨 주었던) 정욕과 두려움과 시기와 권태와 냉담함에 맞서서 믿을 수 있는 힘을 구해야 한다.

《기독교적 숙고 Christian Reflections》, "종교: 실재인가 대체물인가?"

믿음은 1) 확실한 지적 동의를 뜻할 수 있다. 하나님에 대한 이런 의미의 믿음(또는 '신념')은 자연의 일관성에 대한 믿음이나 타인의 의식에 대한 믿음과 거의 다르지 않다. 때로 이를 '관념적' 또는 '지식적' 또는 '세속적' 믿음이라 한다. 한편 믿음은 2) 하나님을 향한 신뢰 내지 확신을 뜻할 수도 있다. 여기에는 그분이 존재하신다는 동의를 넘어 의지의 태도가 수반된다. 친구를 신뢰하는 것에 더 가깝다.

흔히들 인정하듯이 1)의 의미로서의 믿음은 종교적 상태가 아니다. 그런 믿음은 "믿고 떠는" 귀신들에게도 있고(야고보서 2:19-옮긴이), 하나님을 저주하거나 무시하는 사람에게도 있을 수 있다. 하나님의 존재를 입증하려는 철학 논증은 아마도 이런 믿음을 낳기 위한 것이다. 그것이 2)의 의미로서의 믿음의 필수 조건이기 때문이다. 그런 의미에서 이 철학 논증의 궁극적 취지는 종교적이지만, 당면 목표 즉 입증하려는 결론은 그렇지 않다. 그러므로 이 철학 논증이 비종교적 전제에서 종교적 결론을

도출하려 한다는 비난은 내 생각에 공정하지 못하다. 물론 나도
…… 그 일이 불가능하다고 보지만, 종교 철학이 하려는 일이
그것은 아니라고 본다.
《피고석의 하나님 God in the Dock》, "유신론이 중요한가?"

우리는 기독교 신앙의 출처가 철학 논증만도 아니고 신령한
세계의 체험만도 아니고 도덕적 경험만도 아니고 역사만도
아니라, 바로 실제로 있었던 역사적 사건들임을 인정해야 한다.
그 사건들은 도덕적 범주를 충족시킴과 동시에 초월하고,
이교의 가장 신령한 요소들과 상통하는 데가 있으며, (우리가
보기에) 하나님의 존재를 전제 조건으로 요구한다. 이 하나님은
많은 쟁쟁한 철학자가 스스로 입증할 수 있다고 생각하는 신
이상이어야지 그 이하여서는 안 된다.
《피고석의 하나님 God in the Dock》, "유신론이 중요한가?"

기독교 신앙을 잃은 사람 100명을 조사해 본다면, 정당한
논증에 설복되어 믿음을 버린 사람이 과연 몇이나 될지
의아스럽다. 그냥 흘러 떠내려가는 사람들이 대부분 아닐까?
《순전한 기독교 Mere Christianity》, 3부 11장

웜우드여, 속지 말거라. 인간이 마음에 동함이 없는데도 여전히
원수의 뜻을 행하려 하거나, 원수의 흔적조차 우주에서 완전히
사라져 버린 것 같아 왜 자기를 버려두느냐고 따지면서도
여전히 그에게 순종하는 때보다 우리의 목적이 더 위태로워지는
순간도 없다.

《스크루테이프의 편지 The Screwtape Letters》, 8장

세월이 지나서 보면, 당신을 논파했던 사람이 거꾸로 당신의
말에 영향을 입은 경우도 있다.

《시편 사색 Reflections on the Psalms》, 7장

"그런 사람은 이전에도 있었다네. 그들은 하나님의 존재를
입증하는 데 열중한 나머지 그분 자신에 대해서는 전혀
관심이 없었어……. 마치 선하신 주님께서 하실 일이라고는
그저 존재하시는 것밖에 없다는 듯이 말일세! 또 어떤 이들은
기독교를 전파하는 데 몰두한 나머지 정작 그리스도에 대해서는
생각조차 한 적이 없었네."

《천국과 지옥의 이혼 The Great Divorce》, 9장

심중에 품고 있는 '천국'의 개념으로 말하자면, 천국이 정말 상공에 있다고 믿는 사람이 오히려 몇 번의 펜 놀림으로 그 오류를 드러낼 수 있는 현대의 많은 논리학자보다 훨씬 더 옳고 영적일 수 있다.

《기적 Miracles》, 16장

믿음과 이성으로 버텨 낼 수 없을 것만 같은 순간이 그리스도인에게도 있다. 눈에 보이고 귀에 들리는 세상의 아우성은 너무도 집요한데, 영적 세계의 속삭임은 마냥 희미할 때가 그렇다. 마찬가지로 내 기억에 선하거니와, 무신론자에게도 옛 이야기들이 결국 다 맞을지도 모른다는 아찔한 의혹의 순간이 찾아온다. 무언가 또는 누군가가 자신의 말끔하고 설명 가능한 기계적 우주에 언제라도 침입할 수 있다는 거의 불가항력의 의혹이다. 하나님을 믿는 사람도 물질세계만이 분명히 실재인 듯 보이는 시간에 부딪쳐야 하고, 하나님을 믿지 않는 사람도 도저히 물질세계가 전부는 아닌 듯한 시간에 부딪쳐야 한다. 신앙 여부를 떠나 확신 자체만으로는 이 같은 영혼의 반란자를 단번에 잠재울 수 없다. 믿음의 실천을 통해 믿음이 습관으로 굳어져야만 서서히 그것이 가능해진다.

《기독교적 숙고 Christian Reflections》, "종교: 실재인가 대체물인가?"

"왜 아슬란의 식탁이라고 부르나요?" 루시가 얼른 물었다.

"그분이 명령하시면 여기에 차려지거든요." ……

"하지만 음식은 어떻게 보존되나요?" 늘 현실적인 유스터스가 물었다.

그러자 그 숙녀는 "날마다 먹는 대로 다시 새로워진답니다"라고 말했다.

《새벽 출정호의 항해 The Voyage of the "Dawn Treader"》, 13장

"우리에게 (평생의 연금이 아니라) 일용할 양식을 주시옵고"라는 기도는 영적 공급에도 똑같이 적용됩니다. 그분은 매일의 시련을 감당하도록 매일 조금씩 지원해 주십니다. 삶이란 날마다 시시각각 맞이해야 하는 것이에요.

Letters (서한집), 1953년 7월 17일

날마다 난생처음인 양 하나님을 다시 의지해야 합니다.

Letters (서한집), 1949년 9월경

감사하게도 하나님은 내 믿음이 현재의 두려운 일에 큰 유혹을 받지 않게 하셨어. 그분이 허락하시는 모든 고통은 우리가 일부러 반항하여 악으로 돌리지만 않는다면, 의심의 여지없이 결국 우리에게 선을 이룬다네. 그래도 나는 겟세마네보다 더 멀리 나가지는 않아. 우리 주님의 생애에서 특히 그 장면이 기록으로 남아 있음에 날마다 감사드린다네. …… 삶의 과정은 오래되고도 단순한 진리들을 깨닫는 데 있는 것 같아. 그런 진리를 말로 표현하면 시시하고 진부하게 들리지.

Letters(서한집), 1939년 5월 8일

왜 하나님께 순종해야 하느냐고 묻는다면 최종 답은 그분의 이름이 "스스로 있는 자"이기 때문이다. 하나님을 안다는 것은 곧 우리가 마땅히 그분께 순종해야 함을 안다는 뜻이다.

《예기치 못한 기쁨 Surprised by Joy》, 15장

자유에 이르는 길은 순종이고, 즐거움에 이르는 길은 겸손이며, 개성에 이르는 길은 연합이다.

《영광의 무게 The Weight of Glory》, "멤버십"

계율의 신빙성이 확인될 때까지 순종을 미루어서는 안 된다.
도道를 실천하는 사람만이 도를 깨달을 수 있다. 잘 양육받아서
마음이 순한 사람만이 이성理性이 깨어날 때 이를 알아볼 수
있다. 율법이 어디서 어떻게 부족한지를 깨달은 사람은 바로
"율법의 의로는 흠이 없던" 바리새인 바울이다.
《인간 폐지 The Abolition of Man》, 2장

"그분의 명령이라는 이유만으로 순종해야 하는 그런 명령이
없다면 어디서 순종의 기쁨을 맛볼 수 있겠습니까?"
《페렐란드라 Perelandra》, 9장

"그분의 모든 명령은 기쁨이에요."
《페렐란드라 Perelandra》, 6장

순결(또는 용기나 진실이나 기타 덕목)이 아무리 중요하다 해도
〔실패 후에 다시 시도하는〕 이 과정은 우리에게 그보다 더 중요한
영혼의 습관을 길러 준다. 자아에 대한 망상을 버리고 하나님을
의지하도록 가르친다. 한편으로 우리는 자신의 최고의

순간에도 자신을 의지할 수 없음을 배우고, 또 한편으로는
실패가 용서되었기에 자신의 최악의 순간에도 절망할 필요가
없음을 배운다. 유일하게 치명적인 것은 온전하지 못한 수준에
만족하며 주저앉는 것이다.
《순전한 기독교 Mere Christianity》, 3부 5장

순종은 모든 문을 여는 열쇠입니다. 감정은 그분이 원하시면
있다가도 없어지지요(아예 없을 수도 있습니다).
Letters(서한집), 1950년 12월 7일

우리 생각에는 하나님이 우리에게 그저 일련의 규율에
순종하기를 원하실 것 같지만, 사실 그분이 참으로 원하시는
것은 특정한 성품을 지닌 사람들이다.
《순전한 기독교 Mere Christianity》, 3부 2장

규율을 잘 지킬 때보다 더 양심이 거짓되이 떳떳해질 때도
없습니다. 진정한 사랑과 믿음이야 전혀 없더라도 상관없지요.
The Collected Letters of C. S. Lewis, Volume III (C. S. 루이스 서한집 제3권),
1955년 2월 20일

이 세상보다 더 사랑하는 것이 있기에 우리는 이 세상까지도
다른 세상을 모르는 이들보다 더 잘 사랑한다.
《피고석의 하나님 God in the Dock》, "몇 가지 생각"

우리 가운데 많은 이들에게 어쩌면 모든 경험은, 하나님을
사랑해야 하는데 사랑하지 못하는 그 괴리를 드러낼 줄 뿐이다.
그래서 경험만으로는 부족하다. 경험은 어느 쪽으로도 쓰일 수
있다. 우리가 경험을 통해 '하나님의 임재를 연습하지' 못하면
오히려 하나님의 부재가 연습된다. 점점 더 잘 모르겠다는
생각이 든다. 그러다 결국 우리는 자신이 큰 폭포 앞에서도
소리를 듣지 못하는 사람, 거울에 비추어도 얼굴이 보이지 않는
동화 속 인물, 유형의 물체에 손을 대도 감촉이 없는 꿈속의
사람처럼 느껴진다. 자신이 꿈꾸는 중임을 알려면 완전히
잠들어 있어서는 안 된다.
《네 가지 사랑 The Four Loves》, 6장

그리스도인이라면 누구나 동의하겠지만, 인간의 영적 건강은
하나님을 얼마나 사랑하느냐에 정비례한다.
《네 가지 사랑 The Four Loves》, 1장

막달라 마리아의 위대한 행위에 담긴 비유적 의미가 어느 날 문득 깨달아졌습니다. 주님의 발 위에 깨뜨려야 하는 값진 옥합은 곧 우리의 마음입니다. 말처럼 쉬운 일은 아니지요. 또 내용물은 옥합이 깨져야만 향유가 됩니다. 안전하게 안에 들어 있을 때는 하수의 오물에 더 가깝습니다.

The Collected Letters of C. S. Lewis, Volume III (C. S. 루이스 서한집 제3권), 1954년 11월 1일

기독교 사회는 우리 대다수가 진정으로 원하지 않는 한 도래하지 않을 것이고, 그리스도인다운 그리스도인이 되지 않는 한 우리는 그것을 원하지 않을 것이다. "남에게 대접을 받고자 하는 대로 너희도 남을 대접하라"라는 말씀을 얼굴에 핏기가 가시도록 되뇌도, 실제로 이웃을 나 자신같이 사랑하지 않는 한 실천은 요원하다. 먼저 하나님을 사랑할 줄 모르고는 이웃을 나 자신같이 사랑할 수 없고, 하나님을 사랑하려면 그분께 순종하는 법부터 배워야 한다. 이렇듯 …… 우리는 더 내면의 문제로 떠밀린다. 어느새 사회적 문제에서 종교적 문제로 넘어와 있다.

《순전한 기독교 Mere Christianity》, 3부 3장

내게 가장 소중한 사람보다 하나님을 더 사랑하면 그 사람을
지금보다 더 사랑하게 됩니다. 그러나 하나님을 제쳐두고 그분
대신 그 사람을 사랑하면, 결국 그 사람을 전혀 사랑하지 못하게
되지요. 중요한 것을 첫자리에 두면 그다음 것들은 억눌리는
것이 아니라 더 커집니다.

Letters(서한집), 1952년 11월 8일

제 경우 '나는 특별하다'라는 감정을 퇴치할 때, '나라고
남보다 더 특별하지 않다'라는 생각보다는 '누구나 다 나만큼
특별하다'라는 감정으로 맞서고 싶습니다. 물론 양쪽 다
특수성을 없앤다는 점에서는 차이가 없지만, 그래도 다른
점이 있어요. 전자는 '너나 나나 다 군중 가운데 하나에
불과하다'라는 생각으로 이어질 수 있습니다. 그러나 후자는
군중이란 없다는 진리로 이어지지요. 남과 같은 사람은 없으며,
모두가 그리스도의 몸의 '지체'(기관)입니다. 모두가 다르며
모두가 전체와 서로에게 필요합니다. 마치 존재하는 단 하나의
피조물인 양 각자가 개별적으로 하나님께 사랑받는 것입니다.
그렇지 않다면 우리는 하나님도 정부처럼 사람을 집단으로밖에
대할 수 없다는 생각에 빠질 수 있어요.

Letters(서한집), 1952년 6월 20일

온전한 사람은 결코 의무감으로 행동하지 않으며, 잘못된
길보다 옳은 길을 늘 더 원합니다. 목발이 다리의 대용품이듯
의무도 (하나님과 타인을 향한) 사랑의 대용품일 뿐이지요. 우리
대부분에게 목발이 필요할 때도 있으나, 멀쩡히 다리(자신의
사랑과 애호와 습관 등)로 걸을 수 있는데도 목발을 짚는다면 당연히
바보짓입니다.

Letters(서한집), 1957년 7월 18일

자신이 이웃을 '사랑하는지' 안 하는지 신경 쓰느라 시간을
허비할 것이 아니라 이미 사랑하듯 행동하라. 그러면 즉시
우리는 큰 비밀 하나를 터득하게 된다. 마치 사랑하듯 행동하면
정말 금세 사랑하게 된다. 싫어하는 대상에게 상처를 입히면
그 사람이 더 싫어지지만, 친절하게 대하면 어느새 그가 덜
싫어진다.

《순전한 기독교 Mere Christianity》, 3부 9장

기적이 아무리 드물다 해도, 어쩌면 우리는 기적을 기독교의
참규범으로 보고 우리 자신을 영적 절름발이로 여겨야 할지도
모른다.

《기독교적 숙고 Christian Reflections》, "청원 기도"

"네 이웃을 네 자신같이 사랑하라" 하신 말씀이 정확히 무슨 뜻인지 묘연할 수 있다. 상대를 나 자신같이 사랑해야 한다는데, 나는 정확히 어떻게 자신을 사랑하는가?

생각해 보면 딱히 나 자신에게 호감이나 정감이 가는 것도 아니고, 혼자 지내는 시간이 늘 즐겁지만도 않다. 그러니 이웃을 사랑하라는 말씀이 상대에게 호감을 품거나 매력을 느낀다는 뜻은 아닐 것이다. 내 경험으로 보더라도, 사람에 대한 호감이란 품으려 한다고 해서 생겨나는 것이 결코 아니다. 나는 자신을 좋게 생각할까? 좋은 사람이라고 생각할까? 부끄럽게도 그럴 때가 있지만(물론 내 최악의 순간이다), 그것이 내가 자신을 사랑하는 이유는 아니다. 사실은 거꾸로다. 나 자신을 좋게 생각해서 사랑하는 것이 아니라 나 자신을 사랑하니까 좋게 생각된다. 그렇다면 원수를 사랑하는 것도 상대를 좋게 생각한다는 뜻은 아닐 것이다.

《순전한 기독교 Mere Christianity》, 3부 7장

하나님이 우리에게 그분과 이웃을 사랑하라고 명하신 이 사랑은 (감정도 수반된다면 훨씬 좋겠지만) 감정 상태가 아니라 의지의 상태입니다.

Letters(서한집), 1956년 3월경

몇 달 전에 세상을 떠난 피짓 여사가 생각난다. 그 뒤로 그 집안의 분위기가 얼마나 밝아졌는지 정말 놀랄 정도다. 남편의 얼굴에서 굳은 표정이 사라지고 웃음이 살아났다. 늘 신경질적이고 까다로워 보이던 작은아들도 알고 보니 인정이 많고, 잠잘 때 외에는 밖으로만 나돌던 큰아들이 이제 집에 붙어 있다시피 하며 정원을 새로 꾸미고 있다. 늘 '허약하다'던 딸(정확히 무슨 병이었는지는 나도 모른다)은 이전에 불가능했던 승마 강습도 받고, 밤새 춤도 추고, 테니스도 마음껏 친다. 목줄 없이는 바깥에 나갈 수 없던 개마저도 지금은 전봇대 주변에서 동네 개들과 어울려 논다.

생전에 피짓 여사는 걸핏하면 자신이 가족들을 위해 산다고 말했다. 물론 틀린 말은 아니었다. 동네 사람도 다 알았다. ……

교구 목사는 피짓 여사가 이제야 안식을 얻었다고 말한다. 부디 그랬으면 좋겠다.

《네 가지 사랑 The Four Loves》, 3장

우리는 다른 이유로 화난 척하지 않았는가? 사실은 자신이 훨씬 유치한 이유로 화난 것을 뻔히 알았거나 알 수 있었으면서도 말이다. 민감하고 여린 감정에 '상처'를 입은 척하지 않았는가? …… 사실은 시기심, 채우지 못한 허영심, 꺾인 아집 등이 진짜 문제였는데도 말이다. 이런 작전은 대개 통한다. 그래서 상대가 항복한다. 그들이 항복하는 이유는 우리의 진짜 문제를

몰라서가 아니라 오히려 아주 오래전부터 너무나 잘 알고 있기
때문이다. …… 수술이 필요한데 우리가 수술을 거부하리라는
것도 그들은 안다. 이렇게 우리는 속임수를 써서 이긴다. 하지만
상대도 부당함을 절절히 느낀다. 사실 소위 '예민함'은 가정
안에서 부리는 횡포의 가장 막강한 원동력이며, 이런 횡포가
평생 갈 때도 있다.

《시편 사색 Reflections on the Psalms》, 2장

그러면 나는 그를 미워했을까? 사실 그랬다고 본다. 그런 사랑은
10분의 9가 미움으로 변해도 여전히 사랑이라고 자처하는 법이다.

《우리가 얼굴을 찾을 때까지 Till We Have Faces》, 2부 1장

타락한 인간은 단지 개선이 필요한 불완전한 피조물이 아니라
무기를 내려놓아야 하는 반역자다. …… 전속력 후진에
해당하는 이 항복의 과정이 바로 기독교에서 말하는 회개다.
회개란 결코 재미있는 일이 아니다. 그냥 용서를 구하는 것보다
훨씬 어렵다. 회개란 오랜 세월 몸에 배어든 모든 자만과
아집을 버린다는 뜻이다. 자신의 일부를 죽여 일종의 죽음을
통과한다는 뜻이다. 사실 선한 사람이라야 회개가 가능하다.
그래서 문제다. 회개는 악한 사람에게만 필요한데 선한

사람만이 제대로 회개할 수 있다. 악한 사람일수록 회개가 더
필요한데도 회개를 더 못한다. 온전히 회개할 수 있는 사람은
온전한 사람뿐인데, 그에게는 회개가 필요 없다.
《순전한 기독교 Mere Christianity》, 2부 4장

우리는 형제를 일흔 번에 일곱 번까지라도 용서하되, 490번의
잘못에만 아니라 딱 한 번의 잘못에도 그리해야 한다.
《시편 사색 Reflections on the Psalms》, 3장

골방에 들어가 문을 닫으라 하신 예수 그리스도의 말씀은 늘
글자 그대로의 의미일 수 있습니다.
《피고석의 하나님 God in the Dock》, "질의응답"

기도란 순전히 망상이거나, 아니면 '미숙하고 부족한
인격체'(우리)와 '엄연히 실존하시는 또 다른 인격체' 사이의
인격적 소통이거나, 둘 중 하나다. 무언가를 구하는 청원 기도는
작은 일부에 불과하다. 죄의 자백과 회개는 기도의 문지방이고,
경배는 기도의 성소이며, 하나님의 임재 안에서 그분을 보고

즐거워하는 것은 곧 기도의 빵과 포도주다. 기도를 통해
하나님은 우리에게 하나님이 어떤 분이신지 보여 주신다.
《세상의 마지막 밤 The World's Last Night》, 1장

불편한 진실은 우리가 기도라는 의무에 인색하고 박하다는
것만이 아니네. 진짜 불편한 진실은 기도가 의무여야 한다는
그 자체일세. 우리는 인간이 "하나님을 영화롭게 하고 영원히
그분을 즐거워하기 위해" 창조되었다고 믿지(웨스트민스터
소교리문답 제1문의 답-옮긴이). 그런데 그분과 대화하는 지극히
짧은 시간마저 우리에게 기쁨이 아니라 짐이라면 어떻게
되겠는가? 내가 칼뱅주의자라면 이 증세 때문에 절망에 빠질
것이네. 장미꽃을 피우기 싫다는 장미 나무를 어찌할 수 있을까?
어찌해야 할까? 화초라면 마땅히 꽃이 피기를 원해야 하지
않는가? ……

 우리가 온전해진 상태라면 기도는 의무가 아니라 기쁨일
걸세. 부디 하나님께서 언젠가는 그렇게 되게 해 주시기를 비네.
지금 의무로 보이는 다른 많은 행동도 마찬가지야. 이웃을
나 자신같이 사랑한다면, 지금 내가 도덕적 의무로 수행하는
일의 대부분은 종달새가 노래하고 꽃이 향기를 뿜어내듯
내게서 자연스럽게 흘러나올 거야. 그런데 왜 아직 그렇지
못할까? …… 우리가 지음받은 목적이 있는데, 이 땅에 사는
동안에는 자신이나 타인의 악이 여러모로 그것을 방해한다네.

그 목적을 실천하지 않으면 인간이기를 포기하는 것인데,
그렇다고 자발적으로 즐겁게 실천하자니 불가능해. 상황이
이렇다 보니 의무라는 범주가 생겨나며, 특히 도덕 영역은 온통
그렇기 마련이지. …… 오늘도 나는 경건한 기분이 들든 그렇지
않든 기도해야 하네. 시를 읽으려면 문법을 배워야 하는 것과
마찬가지야.

《개인 기도 Letters to Malcolm》, 21장

예배에 쓸 기도문이 정해져 있으면 내용을 미리 알 수 있다는
이점이 있습니다. 즉석에서 드리는 공동 기도는 그 내용을 듣기
전에는 우리가 마음으로 거기에 동의할 수 있을지를 모른다는
난점이 있습니다. 내용이 가식이거나 이단일 수도 있으니
말이지요. 비판과 예배는 양립하기 힘든 활동인데, 우리에게
이 둘이 동시에 요구되는 셈입니다. 기도문이 정해져 있으면
미리 혼자서 그대로 기도하는 '시늉이라도 하게' 마련이지요.
엄격한 형식 덕분에 오히려 예배가 자유로워지는 것입니다. 제
경우는 형식이 엄격할수록 잡념을 몰아내기도 더 쉽습니다.
아울러 전쟁이나 선거 등 당면 관심사에 너무 함몰되지 않을
수 있습니다. 기독교의 영구적 속성이 부각되기 때문이지요.
즉석 방식으로는 아무래도 기도가 편협해질 수밖에 없고, 제
생각에는 하나님보다 목사에게로 주목을 끄는 성향도 강해요.

Letters(서한집), 1952년 4월 1일

기도의 효력은 …… 인간의 모든 행위의 효력만큼이나
문젯거리가 아니야. 형이 만일 "무엇이 최선인지 하나님이 섭리
가운데 미리 아시고 반드시 그렇게 행하실 테니 기도해 봐야
부질없어"라고 한다면, 형이 다른 모든 방식으로 사건의 흐름을
바꾸려 하는 것은 왜 (같은 이유로) 똑같이 부질없지 않지?

Letters(서한집), 1932년 2월 21일

기도의 개념 자체에 인간의 기도라는 자유로운 행동을 통해
사건의 흐름이 조정된다는 것이 전제되어 있네. 그리고 이
조정은 태초의 위대하고도 단일한 창조 행위 속에 내재되어
있어. 하나님은 우리의 기도를 들으시되 우리가 기도하기
전에만 아니라 우리가 창조되기도 전부터 들으신다네.
'들으셨다'라고 말하지 말게. 그러면 하나님을 시간 속에 가두는
것이니.

《개인 기도 Letters to Malcolm》, 9장

자명해 보이는 사실이 있다. 우리는 무지해서 마냥 순진하게
아무거나 구할 수 있으므로, 때로 하나님이 지혜로 이를
거부하셔야만 한다.

《기독교적 숙고 Christian Reflections》, "청원 기도"

…… 그분은 인간이 기도할 때까지
자신의 행동을 늦추시며, 정말 그 약한 기도가
자신의 지체된 손가락을 근육처럼 움직이게 두신다.
미천한 우리를 존귀히 여기시는 인내와 사랑으로
한동안 자신의 능력을 제한하신다.

Poems(시집), "소네트"

모임과 전단지와 정책과 운동과 대의와 집회가 그에게 기도와 성례와 사랑보다 더 중요한 한, 그는 우리의 밥이다. (그런 의미에서) 더 '종교적'일수록 더 확실히 우리의 밥이다. 여기 지옥에 그런 사람이 수두룩하다.

《스크루테이프의 편지 The Screwtape Letters》, 7장

교구 목사가 내게 단언하더군. 여태까지 자신이 본 바에 따르면, 교인의 절대다수에게 '기도'란 어렸을 때 어머니에게 배운 몇 안 되는 기도문을 왼다는 뜻이라고 말이야. 어떻게 그럴 수 있을까? 그들이 생전 회개하거나 감사하지 않는 것은 아니네. 그 가운데 다수는 훌륭한 사람이야. 그들에게 필요한 것이 없어서도 아니네. 혹시 '종교'와 '현실 생활' 사이에 물 샐 틈 없는 차단벽이라도 있는 것일까? 그렇다면 그들의 삶에서 자칭

'종교적인' 부분이 사실은 비종교적인 부분인 걸세.
《개인 기도 Letters to Malcolm》, 12장

한 번 회개하여 용서받은 죄는 그 힘을 잃고 사라집니다. 하나님의 사랑에 불살라져 눈처럼 희어집니다. 죄를 계속 '슬퍼하는' 거야 자신이 그런 존재인 것이 슬퍼서 내보이는 표현이므로 나쁠 게 없어요. 다만 용서는 이미 구했으니 또 구할 필요가 없습니다.
Letters(서한집), 1952년 1월 8일

우리는 과거를 조심해야 하지 않겠습니까? 이전의 악에 마음을 두는 것은 분명히 무익하며 대개 자신에게 해롭다는 뜻입니다. 자신의 죄를 회개하거나 남의 죄를 용서하느라 꼭 필요한 경우가 아니라면 말이지요.
The Collected Letters of C. S. Lewis, Volume III(C. S. 루이스 서한집 제3권), 1961년 6월 5일

하나님이 우리를 용서하신다면 우리도 자신을 용서해야 합니다.
그렇지 않으면 우리가 그분보다 높은 재판관으로 행세하는
것이나 마찬가집니다.

Letters(서한집), 1951년 4월 19일

죄를 자백하면 자신을 더 잘 알게 됩니다. 우리 대부분은 자신의
실상을 분명하고 솔직하게 소리 내어 말하기 전까지는 정말 그
실상을 직시한 적이 없습니다.

Letters(서한집), 1953년 4월 6-7일

정작 마음속에는 온통 B에 대한 갈망뿐이면서 하나님께 억지로
A를 열심히 구한다면 그야말로 부질없는 짓 아닌가. 그분 앞에
내놓아야 할 것은 '우리 안에 마땅히 있어야 할 모습'이 아니라
'우리 속마음 그대로'이니 말일세.

《개인 기도 Letters to Malcolm》, 4장

"지상에서의 일이 기억나지 않나요? 어떤 것은 너무 뜨거워 손으로 만질 수 없는데도 그것을 마시는 것은 괜찮았지요. 수치심도 그와 같아요. 수치심을 받아들이면(다 마셔서 잔을 비우면) 소중한 양분이 된답니다. 그러나 수치심을 다른 식으로 처리하려 하면 거기에 화상을 입어요."

《천국과 지옥의 이혼 The Great Divorce》, 8장

우리의 [욱하는] 기질을 다른 육욕의 짐과 함께 교회 문간에 내려놓을 수 없다면, 분명히 가지고 들어가 그것을 낮추기라도 해야 합니다. 필요하다면 거기에 빠져 살 것이 아니라 고쳐야 합니다.

The Collected Letters of C. S. Lewis, Volume III (C. S. 루이스 서한집 제3권), 1951년 8월 10일

내가 고독과 자백을 통해 깨달은 (유감스러운) 사실이 있네. 내 죄에 대해 내가 실제로 수치심과 혐오감을 느끼는 정도는 내 이성이 말하는 그 죄의 상대적 비중에 전혀 상응하지 않는다네. 일상생활 속에서 내가 두려움을 느끼는 정도가 위험에 대한 내 이성적 판단과 거의 무관한 것과도 같아. …… 나는 사랑하지 못하는 중죄보다, 입에 담지 못할 작은 죄나 그리스도인답지

못한 무례한 죄를 자백하기가 더 힘들다네. 그러니 자신의 행동에 대한 자신의 정서적 반응에 너무 큰 윤리적 의미를 부여해서는 안 되네.

《개인 기도 Letters to Malcolm》, 18장

또 내게는 (그 사람의 잔인한 행위를) 용서하는 일과 (나의 적의를) 용서받는 일이 하나로 보였네. "용서하라. 그러면 너도 용서받을 것이니라"라는 말씀은 마치 거래처럼 들리지. 하지만 어쩌면 훨씬 그 이상이며, 하늘의 기준(순수한 지성)으로 보면 동어 반복일 걸세. 용서하는 행위와 용서받는 행위는 표현만 달랐지 똑같은 것이네. 중요한 것은 불화가 해결되었다는 것이며, 물론 이를 행하신 분은 위대한 해결사이신 그분이네.

《개인 기도 Letters to Malcolm》, 20장

기도의 효력을 통계 수치로 입증할 수는 없어요. ……
관건은 신앙이고 또 하나님의 인격적 반응입니다. 기도는
비인격적이거나 기계적일 때만 입증의 문제로 변합니다.
'인격적'이라는 말은 개인적이라는 뜻이 아닙니다. 우리의 모든
기도는 그리스도의 끊임없는 기도와 연합되어 있으며 전체
교회가 드리는 기도의 일부입니다.

Letters(서한집), 1951년 1월 5일

히틀러와 스탈린을 위해 기도할 때 실제로 어떻게 하면 진정성
있는 기도가 될까? 두 가지가 내게 도움이 되었네. 첫째,
그리스도의 끊임없는 중보 기도에 내 작고 미약한 목소리를
보탤 뿐이라는 개념을 계속 붙드는 거야. 그분은 바로 그들을
위해 죽으셨네. 둘째, 내 모든 잔인한 성향을 최대한 똑똑히
떠올린다네. 상황이 달랐다면 나 역시 끔찍한 지경으로
치달았을 수 있지. 자네와 나도 근본은 이 가공할 인물들과 별반
다르지 않으니.

Letters(서한집), 1940년 4월 16일

모든 기도에 앞서 우리는 "'진짜 나'로서 '진짜 당신'께 말하게
하소서"라고 기도해야 하네. 기도의 수준은 천차만별이네.

격렬한 감정 자체는 영적 깊이의 증거가 아닐세. 겁에 질려 기도한다면 기도야 간절해지겠지만, 이는 공포가 치열한 감정이라는 증거일 뿐이지. 오직 하나님만이 우리 마음속 깊은 곳에까지 두레박을 내리실 수 있네. 동시에 그분이 계속 우상을 부수어 주셔야 해. 우리가 지어내는 그분에 관한 관념을 그분이 자비로 모조리 깨뜨려 주셔야 한다네. 기도의 가장 복된 결과는 기도를 마치고 일어날 때 이런 생각이 드는 것이네. '여태 미처 몰랐구나. 꿈에도 몰랐구나……' 내 생각에 토마스 아퀴나스가 자신의 모든 신학은 한낱 "지푸라기를 연상시킨다"라고 말한 순간도 아마 이런 순간이었을 것이네.

《개인 기도 Letters to Malcolm》, 15장

모든 아이처럼 나도 어렸을 때 이런 말을 들었다. 기도할 때는 말만 할 게 아니라 생각도 실어야 한다고 말이다. 나는 신앙에 진지한 태도를 가지게 되면서 그 가르침대로 한번 실천해 보았다. 처음에는 순조로워 보였으나 금방 거짓 양심이 발동했다. "아멘"으로 기도를 마치기가 무섭게 그 음성이 이렇게 속삭였다. "좋아, 하지만 정말 생각하며 기도했다고 자신할 수 있어?" ……

나는 스스로 기준을 정했다. 단 한마디의 기도도 '실감'realisation이 뒤따르지 않으면 기준 미달이었다. 여기서 실감이란 어느 정도의 생생한 상상과 감정을 뜻했다. ……

하나님이 주시지 않는 것을 강탈의 기도로 '정복하려' 해서는
안 된다던 월터 힐튼의 옛 경고를 누가 내게 가르쳐 주었더라면
얼마나 좋았겠는가! 하지만 그런 사람은 없었다. 그래서 밤마다
나는 '실감'을 쥐어짜려 했다. 잠이 쏟아져 머리가 어질어질했고
종종 절망감마저 들었다. …… 그 길로 내처 쭉 갔더라면 아마
미쳐 버렸을 것이다.

《예기치 못한 기쁨 Surprised by Joy》, 4장

물론 언뜻 보기에 우리가 기도한 대로 반드시 승낙하시겠다고
약속하는 듯한 본문이 신약에 여럿 나온다. 하지만 그것이 그
본문이 품고 있는 참뜻일 수는 없다. 전체 이야기의 한복판에
뻔히 반대되는 사례가 나오기 때문이다. 모든 사람 가운데 가장
거룩하신 분이 겟세마네 동산에서 자기 앞에 놓인 잔을 면하게
해 달라고 세 번이나 간구하셨다. 그러나 받아들여지지 않았다.
우리에게 명하신 기도가 마치 절대 보장된 어떤 수법과도
같다는 개념은 더 이상 설 자리가 없다. ……

무조건 '성공하는' 기도로는 전혀 기독교 교리를 검증할 수
없다. 그때 입증되는 것이라고는 오히려 마법에 훨씬 가까울
것이다. 특정인이 자연의 이치를 통제하거나 강제하는 능력을
가졌다는 식으로 말이다.

《세상의 마지막 밤 The World's Last Night》, 1장

그 어떤 걱정이나 욕구보다도, 잠시 후에 해야 할 일에 대한 사소한 염려와 결정이 모기떼처럼 달려들어 내 기도를 방해한 적이 더 많다.

《네 가지 사랑 The Four Loves》, 5장

하나님이 정말 인간의 제안에 응하여 그분의 행동을 조정하신다고 믿어도 될까? 무한한 지혜는 누가 말해 주지 않아도 무엇이 최선인지 알며, 무한한 선은 누가 시키지 않아도 선을 행한다. 하나님도 생물과 무생물을 통틀어 유한한 존재에게서 어떤 도움도 받으실 필요가 없다. 원하신다면 그분은 음식 없이도 기적으로 우리 몸을 회복시키실 수 있고, 농부와 빵집과 푸줏간의 도움 없이도 우리에게 양식을 주실 수 있고, 학자의 도움 없이도 지식을 주실 수 있으며, 선교사 없이도 믿지 않는 이들을 돌아오게 하실 수 있다. 그런데도 그분은 인간의 근력과 생각과 의지는 물론이고 토양과 날씨와 가축까지도 협력하여 그분의 뜻을 수행하게 하신다. 블레즈 파스칼은 "하나님이 기도를 만드신 목적은 피조물에게 '어떤 일을 유발하는 존재'로서의 특권을 부여하시기 위해서다"라고 말했다. ……

그분은 피조물에게 위임하실 만한 일이라면 그 무엇도 직접 하시지 않는 것 같다.

《세상의 마지막 밤 The World's Last Night》, 1장

잊지 말고, "동전을 던져서 앞면이 나오면 내가 이기고, 뒷면이
나오면 네가 진다"는 논법을 쓰거라. 네 환자가 기도한 대로
이루어지지 않는다면, 이는 청원 기도가 아무 소용이 없다는 또
하나의 증거가 된다. 또 기도한 대로 이루어진다면, 물론 그렇게
되기까지의 물리적 원인을 보여 주면 되지. "그러므로 어차피
이렇게 될 일이었다" 하고 말이다. 그러면 받아들여진 기도도
받아들여지지 않은 기도와 똑같이 기도 자체는 아무런 소용이
없다는 확실한 증거로 변한다.

《스크루테이프의 편지 The Screwtape Letters》, 27장

어떤 사건의 발생이 자신의 기도 덕임을 경험적으로 아는
사람이 있다면, 스스로 마법사처럼 느껴질 것이다. 그러다 보면
머리가 점점 어수선해지고 마음이 부패한다. 그리스도인은
이런저런 사건이 자신이 그렇게 기도했기에 일어났는지
여부를 물어서는 안 된다. 오히려 모든 사건이 예외 없이 기도
응답임을 믿어야 한다. 기도한 대로 받든 그렇지 않든 관계없이,
관련자 전원의 기도와 필요가 모두 참작되었다는 의미에서
말이다. 하나님은 모든 기도를 들으시되 무조건 다 구하는 대로
주시지는 않는다. 우리의 운명을 대부분은 저절로 돌아가다가
가끔씩 우리의 기도를 덤으로 끼워 넣을 수 있는 영화 필름
같은 것이라 착각해서는 안 된다. 오히려 필름이 돌아가면서
전개되는 내용에는 우리의 기도와 모든 행동의 결과가 이미

포함되어 있다.

《기적 Miracles》, "부록 B"

기도를 못하는 사람일수록 기도가 길어진다네. ……
    우리가 보기에 최악인 것 같은 기도가 하나님이 보시기에는 오히려 최선의 기도일 수도 있어. 경건한 감정이 좀처럼 떠받쳐 주지 않고, 영 내키지 않는 마음과 싸워야 하는 그런 기도 말이네. 이런 기도는 거의 전적으로 의지의 산물인 만큼, 감정보다 깊은 차원에서 비롯한다네. 감정에는 정작 내 것이 아닌 부분이 참 많지. 날씨, 건강 상태, 마지막으로 읽은 책 등의 영향을 많이 받기 때문이네. 한 가지만은 분명해 보이네. 절호의 순간을 노리는 것은 부질없는 짓일세. 때로 하나님은 불시에 우리에게 가장 친밀하게 말씀하시는 듯해. 그분을 받아들이려는 우리의 준비가 오히려 역효과를 낳을 때도 있다네. 그래서 찰스 윌리엄스는 이렇게 말하지 않았던가? "대개 어느 한곳에 제단을 쌓아야 다른 곳에 하늘의 불이 내려올 수 있다."

《개인 기도 Letters to Malcolm》, 21장

작은 시련 속에서 하나님을 찾지 않으면 큰 시련이 닥쳐올 때도
쓸 만한 습관이나 방책이 없어. 마찬가지로 하나님께 유치한
것을 구할 줄 모르면 아마 큰 것도 쉽게 구하지 못할 걸세. 너무
고상해서는 안 되네. 때로 우리가 작은 일로 기도하지 않는
이유는 하나님의 위엄보다는 우리의 체면 때문이지.

《개인 기도 Letters to Malcolm》, 4장

한 저명한 신학자에게 'N이라는 사람'이 저를 공격한 일을
언급했더니, 그가 "그 사람 참 딱하기도 하지! 그래 이번 주에는
무엇을 믿는답니까?"라고 되묻더군요. N의 견해가 수시로
바뀌는 모양이에요. 그러다 언젠가는 기독교를 시험 삼아 믿어
볼지도 모르겠습니다. 그를 위해 기도하기 시작했습니다.

The Collected Letters of C. S. Lewis, Volume III (C. S. 루이스 서한집 제3권),
1959년 1월 26일

하나님을 믿는 신앙에 처음 가까워질 무렵, 하나님을 '찬양해야' 한다는 모든 신앙인의 요란한 주장이 내게 걸림돌이 되었다. 내게 신앙이 주어진 후로도 얼마 동안은 마찬가지였고, 하나님 자신마저 그것을 요구하시는 것 같아 더욱더 그랬다. …… 어떤 그림이 '훌륭하다'는 말은 무슨 뜻일까? …… 감탄할 '만하거나' 감탄할 '수밖에 없는' 그림이란 이런 뜻이다. 즉 그 그림에 대한 올바르거나 알맞거나 적절한 반응은 감탄이고, 그래서 우리가 감탄하면 그 감탄이 '헛되지' 않지만, 감탄하지 않으면 우리는 어리석고 둔감하여 큰 손해를 보고 뭔가를 놓친다. …… 그분이 그런 대상이다. 그분께 감탄하면(또는 그분의 진가를 인정하면) 우리는 온전히 깨어나 실재의 세계 속으로 들어가지만, 그분의 진가를 모르면 가장 위대한 경험, 나아가서 결국은 모든 것을 잃는다. ……

나는 바로 하나님이 예배를 받으시는 중에 인간에게 자신의 임재를 보여 주신다는 것을 몰랐다.

《시편 사색 Reflections on the Psalms》, 9장

내가 미처 몰랐지만 모든 즐거움은 자연스럽게 찬양으로 넘쳐흐른다. 부끄러워서 또는 남들이 지루해할까 봐 두려워서 일부러 억제하지 않는 한에는 그렇다(어떤 때는 그렇게 억제해도 터져 나온다). …… 역시 미처 몰랐지만 아무리 보잘것없더라도 가장 마음씨가 넓고 안정된 사람은 찬양이 넘쳐 나는 반면,

괴팍하고 삐딱하고 불만이 많은 사람은 찬양에 인색하다. 훌륭한 비평가는 많은 불완전한 작품에서도 칭찬할 점을 찾아내지만, 형편없는 비평가는 읽을 만한 도서 목록을 계속 줄인다. 건강하고 소탈한 사람은 설령 각종 산해진미를 맛보며 유복하게 자랐다 해도 아주 소박한 식사를 칭찬할 줄 알지만, 성질이 못된 속물은 음식마다 꼬투리를 잡는다. 견딜 수 없는 역경이 가로막지 않는 한, 찬양은 소리로 들리는 내적 건강과도 같다. …… 역시 내가 미처 몰랐지만 사람들은 무엇이든 자신이 귀히 여기는 것을 자연스럽게 찬양하며, 우리에게도 그 찬양에 동참할 것을 자연스럽게 권한다. "그녀는 아름답지 않은가? 이것은 영광스럽지 않은가? 너에게도 저것이 훌륭해 보이지 않는가?" 시편 기자들은 모든 사람에게 하나님을 찬양하라고 말했거니와, 인간은 누구나 자신이 중시하는 것에 관해 똑같이 그렇게 말한다.

《시편 사색 Reflections on the Psalms》, 9장

우리는 자신에게 즐거움을 주는 것이 있으면 그것을 칭찬하기를 좋아한다. 내 생각에 칭찬은 단지 즐거움의 표현이 아니라 즐거움의 완성이기 때문이다. 칭찬은 본래 즐거움의 극치다. 연인이 계속 서로에게 아름답다고 말해 주는 것은 그저 의례적인 말이 아니다. 즐거움은 겉으로 표현될 때 비로소 완성된다. …… 창조된 영혼이 세상에서 가장 가치 있는 대상의

진가를 충분히(유한한 존재로서 가능한 최대치까지) '인정함'(사랑하고 즐거워함)과 동시에 매 순간 그 즐거움을 온전히 표현할 수 있다면, 그 영혼은 최고의 복을 누리는 것이다. 이런 맥락에서 나는 '천국'이란 현재의 천사와 장래의 인간이 영원히 하나님을 찬양하는 일에 종사하는 상태라는 기독교 교리가 아주 쉽게 이해된다. …… 이 교리의 참뜻을 알려면 우리 자신이 하나님과 온전히 사랑에 빠져 있다고 가정해야 한다. 즉 우리는 즐거움에 취하고 흠뻑 젖고 녹아들어 있다. 이 즐거움은 우리 안에 소통 불가의 복으로 답답하게 억눌려 있기는커녕, 끊임없이 우리에게서 흘러나와 힘들이지 않고도 온전히 표출된다. 우리의 기쁨은 찬양과 구별되지 않고, 찬양을 통해 풀려나 소리로 발음된다. 거울이 수용하는 빛과 거울에서 반사되는 빛이 서로 구별되지 않는 것과 마찬가지다.

《시편 사색 Reflections on the Psalms》, 9장

감사는 아주 제대로 이렇게 외치네. "내게 이것을 주시는 하나님은 얼마나 선하신가!" 또 경배는 이렇게 말하네. "멀리서 온 한순간의 광휘가 이 정도라면 그분의 속성은 도대체 어떠할 것인가!" 우리의 마음은 빛줄기를 거슬러 올라가 태양에 다다른다네.

《개인 기도 Letters to Malcolm》, 17장

어떤 일은 그 자체로는 하나님을 영화롭게 하는 행위가 아니지만 그분께 드림으로써 그런 행위가 된다. 대다수 사람은 바로 그런 일을 하나님의 영광을 위해 함으로써 그분을 영화롭게 해야 한다. …… 파출부의 일과 시인의 일은 둘 다 똑같은 조건에서 똑같은 방식으로만 영적이다.

《기독교적 숙고 Christian Reflections》, "기독교와 문화"

찬양은 사랑의 한 방식이며, 그 안에는 늘 기쁨을 머금고 있다.

《헤아려 본 슬픔 A Grief Observed》, 4장

의식에 온전히 참여하면 우리는 더는 의식을 생각하지 않고 그 의식을 수행하는 취지에 몰두한다. 그런데 나중에 알고 보면 그 의식은 이런 집중이 이루어질 수 있는 유일한 방법이었다.

《실낙원 서문 A Preface to "Paradise Lost"》, 8장

신경 써서 스텝을 세어야 하는 한 자네는 아직 춤추는 것이 아니라 춤을 배우고 있을 뿐이야. 좋은 신발은 신고 있어도 느껴지지 않는 신발이네. 마찬가지로 좋은 독서는 시력이나 조명이나 인쇄 상태나 맞춤법 따위를 의식적으로 생각할 필요가 없을 때 가능해지지. 교회 예배가 온전하면 우리에게 거의 의식되지 않는다네. 온통 하나님께 집중하기 때문이지.

《개인 기도 Letters to Malcolm》, 1장

그리스도인이 세례를 통해 부름받아 속하는 모임은 집단이 아니라 '몸'이다. 사실 가정은 그 몸에 대한 자연적 차원의 은유일 뿐이다. 이 몸에 나아올 때 교회 지체를 격이 낮은 현대적 의미의 멤버십으로(사람을 동전이나 게임용 칩처럼 무더기로 모아 놓은 상태로) 오해하는 사람이 있다면, 그의 생각을 바로잡아 줄 사실이 있다. 이 몸의 머리이신 분은 하위 지체들과는 워낙 달라서 은유가 아니고는 어떤 서술어도 양쪽에 함께 쓸 수 없다. 처음부터 우리에게 명해진 연합은 피조물과 창조주, 필멸과 불멸, 구원받은 죄인과 죄 없는 구원자의 연합이다. 이 몸 안에 살아갈 때는 그분의 임재 즉 그분과의 교류가 늘 압도적 지배 요소가 되어야 한다. 그리스도인의 교제라는 개념이 일차적으로 그분과의 교제를 뜻하지 않는다면 일고의 가치도 없다.

《영광의 무게 The Weight of Glory》, "멤버십"

제복 차림으로 대열을 이루어 똑같이 훈련받는 군인이나 선거구에 유권자로 등록된 다수의 시민은 바울이 말한 의미로는 그 무엇의 지체도 아니다. 애석하게도 우리가 사람을 '교회의 지체'라 칭할 때도 대개는 바울이 말한 의미가 아니라 구성단위에 불과하다. 즉 X와 Y와 Z처럼 모종의 집단에 속한 많은 표본 가운데 하나다. 몸의 진짜 지체와 집단의 개체가 어떻게 다른지는 가정의 구조에서 볼 수 있다. 할아버지와 부모와 장성한 아들과 아이와 개와 고양이는 (유기체의 의미에서) 진짜 지체이며, 그 이유는 바로 그들이 동질 집합의 원소 내지 구성요소가 아니기 때문이다. 모두가 대체 불가한 존재이며 사람마다 별도의 종에 가깝다. 어머니는 딸과 다른 정도가 아니라 아예 종류가 다르다. 장성한 형은 단지 자녀라는 집합의 한 구성요소가 아니라 별개의 범주다. 아버지와 할아버지는 거의 고양이와 개만큼이나 다르다. 여기서 한 지체라도 빠지면 단지 식구 수가 줄어드는 것이 아니라 가정의 구조가 깨진다. 가정의 연합이란 거의 공약수가 없다시피 한 다양성의 연합이다.

《영광의 무게 The Weight of Glory》, "멤버십"

아주 독실한 어떤 꼬마는 부활절 아침에 "초콜릿 달걀과 예수님의 부활"로 시작되는 자작시를 중얼거렸다고 한다. 내가 보기에 그 나이로서는 훌륭한 시이자 훌륭한 신앙이다. 그러나 물론 아이가 더는 그 단일한 시각을 저절로 자연스럽게 누릴 수 없는 때가 곧 온다. 부활절의 영적 의미가 절기의 의식 자체와 구별되기 때문이다. 이제 부활절 달걀은 더는 성찬이 아니다. 일단 구별되면 둘 중 하나에 더 비중을 둘 수밖에 없다. 영적 의미를 앞세우면 달걀에서 여전히 부활절을 꽤 맛볼 수 있지만, 달걀을 앞세우면 금세 다른 사탕과 별반 다를 게 없어진다. 달걀만 떨어져 나왔으니 곧 생명을 잃는다.

《시편 사색 Reflections on the Psalms》, 5장

이 세상은 적에게 점령된 영토다. 기독교는 어떻게 적통 왕이 이미 오셨는가에 대한 이야기다. 변장하고 오셨다고 말할 수 있으리라. 지금 그분은 위대한 침투 작전에 동참하라고 우리 모두를 부르고 계신다. 교회에 갈 때마다 사실 당신은 아군의 비밀 무전을 듣는 것이다. 그래서 원수는 교회에 가지 못하게 우리를 막으려고 그토록 안달이다. 우리의 자만심과 게으름과 지적 속물근성을 이용해서 말이다.

《순전한 기독교 Mere Christianity》, 2부 2장

자신이 질색하는 것들을 언급할 때 말끝마다 "주의 말씀이니라"라는 암시를 풍기고 싶다면, 이는 '아주 다디단 독약'이다.

《기독교적 숙고 Christian Reflections》, "기독교와 문화"

의식을 갖추어야 할 일을 건성으로 처리하는 현대인의 습관은 겸손의 증거가 아니다. 오히려 그 장본인이 의식을 통해 자신을 망각할 줄 모르며, 의식의 고유한 즐거움을 모든 사람에게 언제라도 망쳐 놓을 수 있다는 증거다.

《실낙원 서문 A Preface to "Paradise Lost"》, 3장

온전한 겸손에는 굳이 겸양이 필요 없다.

《영광의 무게 The Weight of Glory》, "영광의 무게"

그러므로 환자에게 겸손의 참목적을 숨겨야 한다. 겸손이란, 자아를 망각하는 것이 아니라 자신의 재능과 성격을 깎아내리는 것이라고 생각하게 만들어야 해. 분명히 그에게도 재능이 있기는 하지. 그의 머릿속에 이런 관념을 주입하거라. 자신의 재능이 생각보다 시시하다고 애써 믿는 것이 곧 겸손이라고 말이다.

《스크루테이프의 편지 The Screwtape Letters》, 14장

우리가 위대한 신학자가 아닌 것이 때로는(자주는 아니다) 다행이다. 그랬다가는 자신이 훌륭한 그리스도인이라고 착각하기 십상일 테니 말이다.

《시편 사색 Reflections on the Psalms》, 6장

피조물의 본분은 창조주께 순복하는 것이다. 피조물이라는 이유만으로 부여된 그분과의 관계에 지적, 의지적, 정서적으로 충실해야 한다. …… 이 순복을 어떻게 되찾을 것이냐가 이 세상의 숙제다. 우리는 단지 개선이 필요한 불완전한 피조물이 아니라 존 헨리 뉴먼의 말처럼 무기를 내려놓아야 하는 반역자다. …… 오랜 세월의 월권을 통해 부풀 대로 부풀어 오른 아집을 꺾는다는 것은 죽음과도 같다. …… 그래서 우리는 매일

죽어야 한다. 반역하는 자아를 아무리 꺾고 또 꺾어도 그 자아는 멀쩡히 살아 있다.

《고통의 문제 The Problem of Pain》, 6장

물론 나는 모든 종교적 두려움이 미개하고 저열하므로 영적 삶에서 추방되어야 한다는 주장에는 결코 동의하지 않는다. 알다시피 온전한 사랑은 두려움을 내쫓는다(요한일서 4:18-옮긴이). 하지만 무지와 술과 격정과 만용과 미련함도 두려움을 내쫓기는 마찬가지다. 우리 모두가 온전한 사랑의 경지에 이르러 두려움을 모르게 되는 거야 매우 바람직한 일이지만, 그 단계에 이르기 전에 다른 열등한 요인 때문에 두려움을 잃는 것은 전혀 바람직하지 못하다.

《세상의 마지막 밤 The World's Last Night》, 7장

우리는 어떤 대상이 두려워서 거기에 맞서 싸우지만, 종종 그 반대입니다. 우리가 맞서 싸우기 때문에 두려워지는 겁니다.

The Collected Letters of C. S. Lewis, Volume III (C. S. 루이스 서한집 제3권), 1963년 6월 17일

아무래도 내 생각에 그리스도인은 남을 괴롭히는 사람, 음탕하고 잔인하고 부정직하고 악의적인 사람 등과는 일절 어울리지 않는 것이 현명하다. 무리 없이 그것이 가능한 경우라면 말이다.

 그들과 어울리기에는 우리가 '너무 훌륭해서'가 아니다. 오히려 어떤 의미에서 우리가 부족하기 때문이다. 그런 사람들과 하룻저녁만 함께 지내도 각종 유혹과 문제에 부딪칠 텐데, 우리는 그 모든 유혹과 문제에 대처하기에 역부족이며 그만큼 영리하지도 못하다. 못 본 척하며 묵인하고 싶은 유혹, 말과 표정과 웃음으로 '동조하고' 싶은 유혹이 닥쳐올 것이다.

《시편 사색 Reflections on the Psalms》, 7장

저를 위해 기도해 주시기 바랍니다. 지금 저는 끊임없이 유혹해 오는 비정한 생각들로 괴롭습니다. 거의 모든 친구가 이기적이거나 심지어 거짓되어 보일 만큼 암담한 심정이에요. 게다가 이런 악한 생각에 묘한 쾌감마저 드니 얼마나 비참한지요!

Letters(서한집), 1950년 1월 12일

진짜 어려운 점은 …… 환난에 대한 우리의 확고한 믿음을 이 특정한 환난에 대입하는 일이야. 막상 환난이 찾아오면 매번 이것만은 유독 감당할 수 없다고 느껴지거든.

Letters(서한집), 1940년 6월 2일

바리새인을 대할 때도 우리는 바리새인처럼 되어서는 안 된다.

《시편 사색 Reflections on the Psalms》, 7장

그리스도는 사회나 국가를 위해서가 아니라 인간을 위해 죽으셨다. 그런 의미에서 세속 집단주의자에게는 기독교가 거의 광적으로 개성을 주장하는 것처럼 보일 수밖에 없다. 그러나 우리는 죽음을 이기신 그리스도의 승리에 개인 자격으로 참여하는 것이 아니라 승리자이신 그분 안에 있음으로써 참여한다. 영생에 이르려면 옛 자아를 부인해야 한다. 성경의 극단적 표현대로 옛 자아를 십자가에 못 박아야 한다. 무엇이든 죽지 않고는 부활할 수도 없다. 이렇게 기독교는 개인주의와 집단주의의 이분법을 초월한다. 이런 면에서 우리 신앙이 기독교 신앙 바깥에 있는 사람들에게는 짜증스러울 만큼 애매해 보일 수밖에 없다. 기독교는 본능적 개인주의를 철저히 배격하지만, 반면 개인주의를 버리는 이들에게는 육신까지

포함해서 자신의 개성에 대한 영원한 소유권을 돌려준다.
우리 각자를 생존과 팽창의 의지를 지닌 독립적인 생물체로만
본다면, 우리는 십자가에 달려 마땅한 쓸모없는 존재다. 그러나
그리스도의 몸의 지체이자 성전의 돌과 기둥이 되면, 저마다의
정체성을 영원히 보장받는다. 그렇게 길이 살면서 우리는
은하계를 옛이야기로 추억할 것이다.

《영광의 무게 The Weight of Glory》, "멤버십"

특정 부류의 악한 사람의 한 가지 특징은, 자신이 무엇 하나라도
포기하려면 반드시 남들도 다 그것을 포기해야 한다고
생각한다는 것이다. 이는 그리스도인다운 모습이 아니다. 어느
한 그리스도인이 특별한 이유로 결혼, 육류, 맥주, 영화 등
무엇이든 멀리하기로 결심할 수 있다. 하지만 그런 것 자체가
나쁘다고 말하는 순간 또는 그것을 즐기는 사람을 경멸하는
순간, 그는 곁길로 빗나간 것이다.

《순전한 기독교 Mere Christianity》, 3부 2장

고질적인 유혹을 이겨 내지 못할 때의 절망이라면 나도 알 만큼
압니다. 그러나 제풀에 지치는 안달, 상황 악화에 대한 짜증,
조급증 등에 굴하지만 않는다면 문제가 그렇게까지 심각하지는

않아요. 아무리 많이 넘어져도 매번 다시 일어난다면 우리는 결코 무너지지 않습니다. 물론 집에 도착할 때는 흙투성이 지저분한 아이가 되어 있을 겁니다. 하지만 준비된 욕실에 수건이 걸려 있고 선반에 깨끗한 옷도 놓여 있어요. 유일하게 치명적인 것은 홧김에 포기하는 겁니다. 우리가 흙먼지를 인식할 때 하나님이 우리 안에 가장 현존하십니다. 그 자체가 그분이 임재하신다는 징후이지요.

Letters(서한집), 1942년 1월 20일

제 생각에 육체의 가시에 대처하는 길은 (가시를 뽑아낼 수 없는 한) 가시가 박힌 부위를 누르지 않는 것뿐입니다.

The Collected Letters of C. S. Lewis, Volume III(C. S. 루이스 서한집 제3권), 1955년 6월 21일

평시에든 전쟁시에든 당신의 덕행이나 행복을 결코 앞날로 미루지 말라. 가장 행복하게 일하는 사람은 장기적 계획을 어느 정도 가볍게 여기면서 매 순간 "주께 하듯" 일하는 사람이다. 주님은 우리에게 일용할 양식만을 구하라 하셨다. 의무를 다하거나 은혜를 받을 수 있는 때는 현재뿐이다.

《영광의 무게 The Weight of Glory》, "전시(戰時)의 학문"

내가 보기에 우리는 마침 다른 좋은 것을 고대하느라 하나님이
주시는 좋은 것을 거의 심통 사납게 거부할 때가 많네. ……
종교와 요리와 성(性)과 미학과 사회 경험 등 삶의 모든 영역에서
우리는 늘 이전에 완전해 보였던 경우를 떠올리며 그것을
기준으로 삼지. 그러면서 다른 모든 경우는 상대적으로
평가절하한다네. 하지만 이제 나는 그 다른 경우들이 온통
새로운 복일 때가 많다는 생각이 드네. 우리가 거기에 마음을
열기만 한다면 말일세. 하나님은 우리에게 영광의 새로운
일면을 보여 주시건만, 우리는 여전히 옛것을 찾느라 새것에는
눈길을 주지 않는다네. 물론 옛것은 다시 오지 않아. 존 밀턴의
《리시다스》를 처음 읽던 때의 경험을 스무 번째 읽으면서
재현할 수는 없네. 하지만 다시 읽을 때 얻는 것은 또 그것대로
처음 못지않게 좋을 수 있지.

《개인 기도 Letters to Malcolm》, 5장

운명의 장난 내지 비극은 이거야. 과거의 전성기를 곱씹으며
계속해서 그것을 기준으로 삼으면 쓰라린 고통을 안겨 주지만,
추억으로만 받아들이면 고스란히 양분이 되어 건강에 좋고
마음을 즐겁게 한다네. 비참하게 그것을 다시 소환하려 하지
않고 과거 속에 잘 심어 두면, 신기하게도 거기서 새싹이
올라오네. 식물의 구근은 그냥 두면 새로운 꽃을 피우지. 그러나
작년의 꽃을 얻어 보려고 구근을 파내서 쓰다듬고 냄새를

맡으면 말짱 도루묵이야. "한 알의 밀이 땅에 떨어져 죽지 아니하면……"(요한복음 12:24-옮긴이).

《개인 기도 Letters to Malcolm》, 5장

당신의 감정에 크게 신경 쓰지 마십시오. 겸손과 사랑과 용기가 느껴지거든 감사드리고, 자만심과 이기심과 비겁함이 느껴지거든 감정이 바뀌게 해 달라고 기도하세요. 어느 경우든 감정은 당신이 아니라 당신에게 벌어지는 일일 뿐입니다. 중요한 것은 당신의 의지와 행동입니다.

Letters(서한집), 1951년 6월 13일

"모두 알다시피 안전은 인간의 가장 큰 적입니다."

《순례자의 귀향 The Pilgrim's Regress》, 10권 1장

하나님은 일어날지도 모르는 오만 가지 다른 일이 아니라, 실제로 일어나는 일을 감당할 힘을 우리에게 주십니다.

The Collected Letters of C. S. Lewis, Volume III (C. S. 루이스 서한집 제3권), 1956년 8월 3일

기독교 정치의 현실적 문제는 기독교 사회의 청사진을 설계하는 일이 아니라 믿지 않는 통치자 밑에서 믿지 않는 동료 신민들과 함께 우리가 최대한 순결하게 살아가는 것이다. 그 통치자들은 결코 완전히 지혜롭고 선하지 않을 것이고, 때로 아주 미련하고 악할 것이다.
《피고석의 하나님 God in the Dock》, "인본주의 형벌론"

까탈스러운 노처녀와 인기 좋은 호감형 남자가 있다고 합시다. 전자는 그리스도인인데 성미가 고약한 반면 후자는 교회에 가 본 적도 없지만 매우 친절합니다. 이 여성이 그리스도인이 아니라면 얼마나 더 성미가 고약했을지 누가 알겠으며, 이 친절한 남성이 그리스도인이라면 얼마나 더 호감을 주었을지 누가 알겠습니까? 즉 두 사람의 결과물만 단순하게 비교해서 기독교를 판단할 수는 없습니다. 그리스도께서 변화시키시는 중인 두 사람의 원재료가 어떠한지도 알아야 합니다.
《피고석의 하나님 God in the Dock》, "기독교에 대한 질문과 답변"

시련 앞에 신앙이 무너지는 사람도 있고, 시련이 닥쳐야 비로소 힘이 솟는 듯한 사람도 있다.

English Literature in the Sixteenth Century(16세기 영문학), 2권 1단원

덕을 행하는 것이 갈수록 더 즐겁다면 그만큼 자신의 덕이 자랐다는 증거다.

Studies in Medieval and Renaissance Literature(중세와 르네상스 문학 연구), 4장

"여기 산에서는 내가 너에게 명확하게 말했다만, 나니아에서는 이럴 때가 많지 않을 것이다. 여기 산에서는 공기도 맑고 네 생각도 맑지만, 나니아로 내려가면 공기가 흐려질 것이다. 그러니 네 생각마저 흐려지지 않도록 각별히 주의해라. 또 네가 여기서 배운 여러 표시도 거기서는 네 예상과는 전혀 달라 보일 것이다. 그래서 표시를 외우는 것과 겉모습에 주목하지 않는 것이 아주 중요하다. 표시를 기억하고 그대로 믿으라. 그 밖에는 아무것도 중요하지 않다. 하와의 딸이여, 그럼 잘 가거라."

《은 의자 The Silver Chair》, 2장

그분은 우리에게 "받아서 먹으라"라고 명하셨지 "받아서
이해하라"라고 하신 것이 아니네. 특히 나는 이 빵과 포도주에
대해 "이것이 무엇이지?"라는 의문으로 고민하고 싶지 않네.
그런 고민은 내게 나쁜 영향을 주어, '이것'을 거룩한 문맥에서
떼어 내 그냥 평범한 물체이자 자연의 일부로 여기게 할 테니
말이야. 이는 벌겋게 달아오른 석탄을 불속에서 끄집어내
분석하는 것과도 같은데, 그러면 석탄의 불이 꺼져 버린다네.

《개인 기도 Letters to Malcolm》, 19장

모든 덕은 습관이다. 즉 건강한 반사 반응이다.

《기독교적 숙고 Christian Reflections》, "기독교와 문화"

"삶의 문은 대개 우리 뒤편에서 열리며 …… 보이지 않는 장미꽃
향기에 홀린 사람에게 필요한 지혜는 하던 일에 열중하는
것뿐이다"(조지 맥도널드의 소설에서 인용한 말-옮긴이). 풀무를 돌리면
이 보이지 않는 불씨가 꺼져 버린다. 그러나 땔감 같지도 않아
보이는 교리와 윤리 속에 불씨를 묻어 두고 돌아서서 일상에
충실하면, 불이 활활 타오른다.

《고통의 문제 The Problem of Pain》, 10장

배고픈 사람에게 먹을 것을 주라고 가르치는 기독교가 요리 강습을 해 주지는 않고, 성경을 읽으라고 말하는 기독교가 히브리어와 헬라어는 고사하고 영문법도 지도해 주지 않는다. 본래 기독교는 인간의 일반 예술과 과학을 대체 내지는 대신하기 위한 것이 아니다. 그보다 기독교는 다른 모든 분야에 새 생명을 부여하는 힘의 근원이고, 분야마다 제구실을 다하게 하는 감독자다. 다른 분야가 기독교 원리에 잠자코 따르기만 한다면 말이다. ……

　기독교 원리를 이를테면 노동조합이나 교육에 적용하는 일은 그리스도인 노동조합원이나 그리스도인 교사가 맡아야 한다. 기독교 문학을 그리스도인 소설가와 극작가가 맡아야 하듯이 말이다. 주교단이 모여서 여가 시간에 희곡과 소설을 써야 하는 것이 아니다.

《순전한 기독교 Mere Christianity》, 3부 3장

하나님의 관심은 소위 그리스도인 작가에 국한되지 않고 모든 종류의 글쓰기에 두루 미칩니다. 마찬가지로 거룩한 소명도 소위 성직에 국한되지 않지요. 무밭에서 김을 매는 사람도 하나님을 섬기는 것입니다.

《피고석의 하나님 God in the Dock》, "질의응답"

때로 나는 나 자신을 두루 다 알게 해 달라고 기도하지 않고, 그 순간 내가 감당하고 활용할 수 있을 만큼만 알게 해 달라고 기도한다네. 조금씩 일용할 분량이면 되네.

《개인 기도 Letters to Malcolm》, 6장

하나님은 내 믿음이나 사랑의 질을 알아내려고 굳이 시험하신 적이 없다. 그분은 이미 아셨다. 내가 몰랐을 뿐이다. 이 재판에서 그분은 피고석, 증인석, 판사석을 모두 우리에게 내주신다. 나의 신전이 사상누각임을 그분은 늘 아셨다. 이 사실을 그분이 내게 깨우쳐 주시는 길은 그 사상누각을 무너뜨리시는 것뿐이었다.

《헤아려 본 슬픔 A Grief Observed》, 3장

"너희도 온전하라"(마태복음 5:48-옮긴이) 하신 그분의 말씀은 글자 그대로의 의미다. 철두철미한 변화를 추구해야 한다는 뜻이다. 물론 어려운 일이지만, 우리 모두가 바라 마지않는 모종의 타협은 더 어렵다 못해 아예 불가능하다. 알이 새가 되는 것도 쉽지는 않지만, 아직 알이면서 하늘을 나는 것은 죽었다 깨도 안 될 일이다. 지금은 우리도 알과 같다. 하지만 언제까지나 보통의 무난한 알로 남아 있을 수는 없다. 우리는 알 껍질을 깨고

나와야 하며, 그렇지 않으면 썩는다. ……

　우리가 그분께 허락해 드리면(그분을 막기로 선택할 수도 있다) 장차 그분은 우리 가운데 가장 연약하고 부정한 이들까지도 작은 신과 여신으로, 찬란하게 빛나는 불멸의 존재로 변화시키신다. 그때 우리는 지금으로서는 상상할 수도 없는 활력과 기쁨과 지혜와 사랑으로 끝없이 박동할 것이며, 반들반들 흠이 없는 거울처럼 하나님의 무한한 능력과 기쁨과 선하심을 그분께로 온전히(물론 작게나마) 도로 반사할 것이다. 이 과정은 오래 걸리며 때로 큰 고통도 따른다. 하지만 우리에게 예비된 미래가 자그마치 그 정도다.

《순전한 기독교 Mere Christianity》, 4부 8-9장

대다수 현대인의 머릿속에 자신의 유익을 갈망하고 간절히 누리기를 바라는 일은 잘못이라는 개념이 도사리고 있다면, 내 생각에 이는 임마누엘 칸트와 스토아 철학에서 온 개념이지 기독교 신앙이 아니다. 사실 복음서에서 약속한 보상이 얼마나 노골적이고 어마어마한지를 생각하면, 우리의 갈망이 주님께 너무 강하기는커녕 오히려 너무 약해 보일 것이다. 우리는 건성건성 살아가는 존재인지라 그분이 무한한 기쁨을 베푸시는데도 기껏 술과 섹스와 야망 따위나 만지작거린다. 바닷가로 휴가를 가자는데도 그게 뭔지 몰라 판자촌에서 흙장난이나 하려는 아이와도 같다. 우리는 아무것에나 너무

쉽게 감동한다.

　이런 보상의 약속을 이유로 대며 그리스도인의 삶이 타산적이라고 비난하는 비신자의 말은 그리 신경 쓰지 않아도 된다. 보상에도 여러 종류가 있다. 우선 어떤 보상은 그 보상을 가져다줄 행위와의 사이에 당연한 연관성이 없으며, 그런 행위에 마땅히 수반되어야 할 갈망과도 전혀 무관하다. 예를 들어 돈은 사랑의 당연한 보상이 아니다. 그래서 여자의 돈을 보고 결혼하는 남자는 타산적이다. 반면에 진정한 연인에게 결혼은 정당한 보상이며, 결혼을 갈망하는 것이 타산적이지도 않다. 작위를 얻으려고 잘 싸우는 장군은 타산적이지만 승리하려고 싸우는 장군은 그렇지 않다. 결혼이 사랑의 정당한 보상이듯 승리는 전투의 정당한 보상이다. 정당한 보상이란 활동의 대가로 주어지는 부산물이 아니라 활동 자체의 완성이다.

《영광의 무게 The Weight of Glory》, "영광의 무게"

7부

지옥과 천국

Hell and Heaven

1.

지옥

우주에 중립 지대란 없다. 한 치의 공간, 단 1초의 시간까지도 하나님이 권리를 주장하시고 사탄은 그 주장에 맞선다.
《기독교적 숙고 Christian Reflections》, "기독교와 문화"

하나님이 자비로
지옥의 고통을 정하셨으니.
Poems (시집), "하나님의 정의"

그러나 그리스도인에게 네로 황제의 진짜 비극은 그가
불타는 로마를 보며 바이올린을 켰다는 것이 아니라, 지옥의
문턱에서 바이올린을 켰다는 점이다. 지옥이라는 거친 단어를
쓰는 것을 양해하기 바란다. 요즘은 나보다 지혜롭고 훌륭한
그리스도인들이 설교 강단에서조차 천국과 지옥을 언급하기를
꺼린다는 것을 나도 안다. 신약 성경에서 언급하는 이 주제가
거의 모두 단 하나의 출처에서 왔다는 것도 안다. 그리고 그
출처는 바로 우리 주님이시다. 사도 바울이라고 말할 사람들이
있겠지만 틀린 말이다. 천국과 지옥의 교리는 예수께서 직접
말씀하신 불가항력의 교리인 만큼, 그분의 가르침이나 그분의
교회의 가르침에서 절대로 삭제할 수 없다. 이 교리를 믿지
않는다면, 우리가 그분의 교회 안에 있다는 사실 자체가 지독한
모순이다. 이 교리를 믿는다면, 우리는 때로 영적으로 고상한
척하지 말고 이를 언급해야 한다.

《영광의 무게 The Weight of Glory》, "전시(戰時)의 학문"

개개의 모든 인간이 영원히 산다는 기독교의 주장은 참이거나
거짓이거나 둘 중 하나일 수밖에 없다. 70년만 살고 말 거라면
신경 쓸 가치가 없겠지만 영원히 산다면 마음을 다 쏟아부어야
할, 그런 문제가 아주 많이 있다. 내 못된 성질이나 질투심은
아마 서서히 더 악화되겠지만, 워낙 증가세가 둔해서 70년간
증가해도 크게 눈에 띄지 않을 것이다. 하지만 백만 년 후에는

완전히 지옥일 수 있다. 기독교가 진리라면 '지옥'이야말로 그 상태를 기술하는 가장 정확한 용어다.

《순전한 기독교 Mere Christianity》, 3부 1장

"결국 인간은 두 종류뿐이네. 하나는 하나님께 '주의 뜻이 이루어지이다'라고 고백하는 사람이고, 또 하나는 하나님 쪽에서 결국 '너의 뜻대로 되리라'라고 선고하실 사람일세. 지옥에 있는 사람은 하나같이 지옥을 자원한 거야. 스스로 선택하지 않고는 지옥이란 있을 수 없네. 반면에 진지하고 일관되게 기쁨을 갈망하는 영혼은 누구라도 결코 그 기쁨을 놓치지 않는다네."

《천국과 지옥의 이혼 The Great Divorce》, 9장

"그들은 불행해지는 한이 있더라도 늘 뭔가에 집착한다네. 늘 기쁨보다(즉 실재보다) 그것을 더 좋아하지."

《천국과 지옥의 이혼 The Great Divorce》, 9장

배신과 잔인한 짓을 시종 일삼아 부나 권력을 거머쥔 사람이 있다고 하자. 그는 많은 피해자의 선량한 행동을 순전히 이기적인 목적으로 악용했고, 그러는 내내 상대를 순진하다고 비웃었다. 그렇게 쟁취한 성공을 이용해 정욕과 증오심을 충족시켰다. 그러다 결국 암흑가의 마지막 한 조각 의리마저 버리고 공범들을 배신했고, 당혹감과 환멸에 빠진 그들의 최후를 조소했다. 그나마 (예상과는 달리) 가책이나 불안감에 괴로워서 그런 것도 아니고, 오히려 아이처럼 잘 먹고 건강한 아기처럼 잘 자면서 그랬다. 늘 유쾌하고 혈색도 좋고 천하태평인 그가 끝까지 품고 있는 흔들리지 않는 확신이 있다. 자기만이 삶의 수수께끼를 풀었고, 하나님과 인간은 자기보다 못한 바보이며, 자기가 살아온 길이 완전한 성공과 만족과 난공불락의 길이라는 것이다. …… 그가 끝내 회개하지 않는다고 가정하자. 당신이 보기에 영원한 세계에서 그에게 적합한 운명은 무엇이겠는가? …… 아무리 자비로운 존재도 이런 사람에게는 차마 그런 지독한 망상 속에서 영원히 만족스럽게 지내기를 빌어 줄 수 없다.

《고통의 문제 The Problem of Pain》, 8장

당신 안에도 그런 부분이 있음을 명심하라. 이를 고치지 않는 한 하나님의 능력이 막혀서 당신은 영원히 비참해질 수밖에 없다. 그 문제가 남아 있는 동안에는 당신에게 천국이 있을 수 없다. 코감기에 걸린 사람이 향기를 맡을 수 없고, 청각을 잃은 사람이 음악을 들을 수 없음과 마찬가지다. 이는 하나님이 우리를 지옥에 '보내시는' 문제가 아니다. 우리 각자 안에 뭔가 자라고 있어서 미리 싹을 잘라 내지 않으면 그 자체가 지옥이 된다. 그만큼 심각한 문제다. 그러니 당장 그분의 손길에 우리를 맡겨 드리자. 오늘 이 시간에 말이다.

《피고석의 하나님 God in the Dock》, "'그 사람'의 문제"

본의 아니게 〔학교 사감은〕 무의식중에 조금씩 내 믿음의 전체 얼개를 헐거워지게 하고 모든 날카로운 모서리를 무디어지게 했다. 이 모든 오컬티즘occultism의 모호하고도 순전히 사변적인 성격이 사도신경의 엄격한 진리 속으로 점차 스며 들었는데, 그것이 아주 기분 좋게 느껴졌다. 온통 사변의 세계였다. 어느새 나는 (유명한 말마따나) "'내가 믿사오며'에서 '내게 느껴지는 대로'로 바뀌고" 있었다(로널드 녹스의 시구-옮긴이). 얼마나 후련했는지 모른다! …… 이제 나는 한낮의 땡볕처럼 무도한 '신의 계시'에서 해 질 녘의 서늘한 '고등 지성'으로 넘어와 있었다. 거기서는 무엇에도 순종할 필요가 없었고, 위로가 되거나 재미있는 것 말고는 믿을 필요도 없었다. C 사감 때문에 그렇게 되었다는 말은 아니다. 원수 마귀가 그녀의 악의 없는 말을 이용해 내 안에 그렇게 역사했다는 말이 더 정확하다.

《예기치 못한 기쁨 Surprised by Joy》, 4장

독일인은 아마 처음에는 유태인이 미워서 학대했겠지만 나중에는 학대했기 때문에 훨씬 더 미워했다. 잔인한 사람일수록 미움도 커지고, 또 남을 미워할수록 더 잔인해진다. 그렇게 끝없이 악순환으로 치닫는다.

선과 악은 둘 다 복리로 불어난다. 그래서 당신과 내가 날마다 내리는 작은 결정이 한없이 중요하다. 오늘의 소소한 선행으로 적의 전략적 거점을 점령해, 거기서 당신은 몇 달 후면 여태 꿈꾸지 못했던 승리를 향해 진격할 수 있다. 반면에 오늘 사소해 보이는 정욕이나 분노에 빠지면 능선이나 철도나 교두보를 잃어, 거기서 적이 다른 수로는 불가능했을 공격을 개시할 수 있다.

《순전한 기독교 Mere Christianity》, 3부 9장

"지옥을 이해하기가 심히 어려운 것은 이해해야 할 그것(지옥)이 거의 무無에 가깝기 때문이야. …… 그것은 불평에 찬 기분으로 시작된다네. 아직 자네 자신은 그 기분과 별개이며, 어쩌면 그것을 비판하기도 할 테지. 힘들 때면 일부러 그 기분을 즐길 수도 있으나, 그러다 회개하고 거기서 벗어날 수 있네. 그러나 더는 그럴 수 없는 날이 올지도 모른다네. 그때는 그 기분을 비판하거나 하다못해 즐길 자네가 남아 있지 않을 걸세. 불평 자체만 남아 기계처럼 영원히 돌아가는 것이지."

《천국과 지옥의 이혼 The Great Divorce》, 9장

"저주받은 영혼은 무無의 상태에 가깝다네. 오그라들어 자기 안에 갇혀 있지. 듣지 못하는 귀에도 음파가 전달되듯이 저주받은 영혼에게도 선이 끊임없이 부딪쳐 오지만, 그는 선을 받아들일 수 없다네. 주먹을 움켜쥐고 이를 악물고 눈을 질끈 감았기 때문이야. 그래서 손을 펴서 선물을 받지 못하고, 입을 벌려 음식을 먹지 못하고, 눈을 떠서 보지 못한다네. 처음에는 일부러 안 하지만 결국은 불가능해지지."

《천국과 지옥의 이혼 The Great Divorce》, 13장

더 간단히 말해서 사람이 악해지려면 우선 존재해야 하고 지성과 의지도 있어야 한다. 그런데 존재와 지성과 의지 자체는 선한 것이며, 따라서 선하신 신에게서 받았을 수밖에 없다. 하다못해 악해지는 데도 자기가 대적하는 선을 빌리거나 훔쳐야만 하는 것이다. 기독교에서 왜 늘 마귀를 타락한 천사라고 말하는지 이제 알겠는가? 이는 그저 아이들을 위한 이야기가 아니라, 악은 기생충일 뿐 원품이 아니라는 사실을 제대로 천명한 것이다. 악을 저지를 수 있는 능력은 본래 선에서 왔다. 악인이 제대로 악해지는 데 소요되는 결단력, 영리함, 잘생긴 외모, 존재 자체 등은 다 그 자체로 선하다. 그래서 엄격한 의미의 이원론은 통하지 않는다.

《순전한 기독교 Mere Christianity》, 2부 2장

그의 인간성을 아마도 오래전부터 갉아먹기 시작한 세력이
드디어 일을 완수했다. 혼미한 의지가 그동안 지성과 감정에
서서히 독을 타다가 결국 자기마저 독배를 마셨다. 그래서
정신의 유기체는 온통 와해되고 유령만 남았다. 영원한 불안,
붕괴와 폐허, 썩는 냄새만 남았다. 랜섬은 '나도 결국 이렇게 될
수 있겠구나' 하는 생각이 들었다.

《페렐란드라 Perelandra》, 10장

여태 그는 실재와 진리가 존재하지 않기를 전심으로 바랐고,
이제 자신의 파멸이 임박했는데도 그 상태에서 깨어나지
못했다. …… 막 시작되려는 끝없는 공포를 빤히 눈 뜨고
보면서도 그는 (당장은) 아직 공포를 느끼지 못한다. 그래서
멀뚱멀뚱 바라볼 뿐 거기서 헤어나려고 손가락 하나 까딱하지
않는다. 기쁨과 이성에 연결된 마지막 줄마저 끊어지는 동안,
자기 영혼을 덮쳐 오는 덫을 맥없이 보고만 있다.

《그 가공할 힘 That Hideous Strength》, 16장

유혹하는 자는 늘 우리의 가치관 중에서 진짜 약점을 이용한다.
즉 우리가 굶겨 온 어떤 욕구 앞에 먹을 것을 내놓는다.

《현안 Present Concerns》, "평등"

하지만 우리는 인간이 미래 때문에 괴로워하며, 천국이나 지옥이 이 땅에 임박했다는 환상에 시달리기를 바란다. ……
우리가 바라는 온 인류는 늘 이상향만 추구할 뿐, 절대로 지금은 정직하거나 친절하거나 행복해서는 안 돼. 현재 자신에게 주어진 모든 진짜 선물을 늘 미래의 제단에 쌓을 땔감으로만 쓰게 하거라.
《스크루테이프의 편지 The Screwtape Letters》, 15장

모든 건강한 사고 활동을 우리 뜻대로 막고는 그에게 그것을 대신할 그 무엇도 보상하지 말거라. 그러면 내 환자 하나가 여기 지옥에 와서 말한 것처럼 그의 입에서도 결국 이런 말이 나올 거다. "이제 보니 나는 꼭 할 필요도 없고 내가 좋아하지도 않는 일에 평생을 날렸구나."
《스크루테이프의 편지 The Screwtape Letters》, 12장

2.

고통과 쾌락

"하나님이 선하시다면 피조물을 완전히 행복하게 해 주시고 싶을 것이고, 하나님이 전능하시다면 그렇게 해 주실 능력이 있을 것이다. 그런데 피조물은 행복하지 못하다. 따라서 하나님은 선하지 않거나 능력이 없거나 둘 다일 수밖에 없다." 고통의 문제는 이렇게 축약된다. 이 문제에 답할 수 있으려면 '선하다'와 '전능하다'라는 단어는 물론이고, 어쩌면 '행복하다'라는 단어까지도 의미가 모호하다는 것을 밝혀야 한다. 처음부터 인정해야 하거니와 만일 이 세 단어의 일반적 의미가 가장 정확하거나 유일하게 가능한 의미라면, 위의 논리를 반박할 수 없다.

《고통의 문제 The Problem of Pain》, 2장

우주는 지혜롭고 선하신 창조주의 작품에 더 가까워 보이는가, 아니면 우연이나 무관심이나 악의의 산물에 더 가까워 보이는가? 이 질문에는 이 종교적 문제의 모든 관련 요인이 처음부터 배제되어 있다. 기독교는 우주의 기원에 관한 철학 논쟁의 결론이 아니라, 오랜 세월 하나님이 인류를 영적으로 준비시키신 뒤에 벌어진 참혹한 역사적 사건이다. ……
기독교라는 체계에 고통이라는 어색한 사실을 끼워 맞추어야 하는 것이 아니다. 기독교 자체가 어색한 사실이며, 바로 그것을 우리가 만들어 내는 모든 체계에 접합시켜야 한다.

《고통의 문제 The Problem of Pain》, 1장

하나님은 우리가 기쁠 때는 속삭이시고 우리의 양심에 조용히 말씀하시지만, 우리가 고통 가운데 있을 때는 고함을 치신다. 고통은 귀먹은 세상을 깨우기 위한 하나님의 메가폰이다. 악한 사람은 아무리 행복할지라도, 자신의 행위가 아무짝에도 쓸모없고 우주의 법칙에 어긋난다는 것을 털끝만큼도 모른다. ……

　　악한 사람이 고통을 통해 자신의 존재 안에 엄연히 악이 실존함을 깨닫지 않는 한, 그는 망상 속에 갇혀 있다. …… 물론 고통이 하나님의 메가폰으로 쓰이면 무서운 도구다. 끝까지 회개하지 않는 반항을 낳을 수도 있다. 그러나 고통은 악한 사람이 마음을 고쳐먹을 수 있는 유일한 기회이기도 하다.

고통은 베일을 벗기고, 반항하는 영혼의 성城에 진리의 깃발을 꽂는다.

《고통의 문제 The Problem of Pain》, 6장

제가 믿기로 모든 고통은 하나님의 절대적 뜻에는 어긋나지만 상대적으로는 그렇지 않습니다. 제 손가락이나 아이의 손가락에서 가시를 뽑을 때 저는 아프게 할 뜻이 '전혀' 없습니다. 고통 없이도 그 일이 가능하다면 그쪽을 택할 겁니다. 하지만 상황이 상황인지라 조금은 고통을 유발하는 것이 제 의도이지요. 이왕에 박힌 가시라면 그대로 두기보다는 아프더라도 뽑는 편이 낫습니다. 자녀에게 회초리를 드는 엄마도 똑같은 경우예요. 계속 못된 짓을 하게 두느니 차라리 자녀에게 고통을 가하는 것이지요. 하지만 엄마는 회초리를 들 일이 아예 생기지 않는 것을 더 좋아할 겁니다.

Letters(서한집), 1952년 1월 31일

전에는 나도 고생과 슬픔이 '벌'이라는 말을 '잔인한' 교리라 생각했습니다. 그런데 실제로 알고 보니 '벌'로 여기는 순간부터 오히려 고생을 감당하기가 더 쉬워집니다. 이 세상을 우리의 행복을 위해 존재하는 곳으로만 생각하면 무척 견디기

힘들겠지만, 훈련과 교정의 장으로 생각하면 별로 열악하지
않습니다.
《피고석의 하나님 God in the Dock》, "기독교에 대한 질문과 답변"

진짜 문제는 왜 겸손하고 경건한 일부 신자가 고난을
당하느냐가 아니라 왜 어떤 사람은 고난을 당하지 않느냐는
것이다. 이 세상에서 잘나가는 사람들의 구원에 관해 우리
주님께서 친히 하신 말씀을 잊어서는 안 된다. 그분은 사람의
생각으로는 미루어 헤아릴 수 없는 하나님의 전능하심에만
희망을 두셨다.
《고통의 문제 The Problem of Pain》, 6장

나는 평소의 타락하고 불경건한 내 상태에 만족하며 인생길을
잘 가고 있다. 내일 있을 친구들과의 즐거운 만남, 오늘 내
허영심을 채워 주는 시시한 일, 휴가, 신간 서적 등에 취해 있다.
그때 갑자기 중병일지도 모르는 찌릿한 복통이나 우리 모두를
파멸시킬 듯한 신문 머리기사 앞에서 삶이 와르르 무너져
내린다. 처음에는 눈앞이 캄캄해지면서 내 모든 소소한 행복이
부서진 장난감처럼 보인다. …… 그러다 하나님의 은혜로 행여
잘되면, 나도 하루이틀은 의식적으로 하나님을 의지하며 올바른

출처에서 힘을 얻는 피조물이 된다. 하지만 문제가 걷히는 순간 내 모든 본성은 득달같이 장난감 옆으로 돌아간다. …… 이렇듯 환난의 절대적 필요성은 너무도 확연하다. 내가 하나님께 드려진 기간은 48시간에 불과했고, 그나마 그분이 다른 것을 다 내게서 거두어 가심으로써만 가능했다. 그분이 잠시라도 칼집에 칼을 꽂으시면, 나는 질색하는 목욕을 마친 강아지마냥 행동한다. 몸을 흔들어 최대한 물기를 털어낸 다음, 잽싸게 달아나 도로 기분 좋게 몸을 더럽힌다. 근처 화단이나 심지어 거름 더미에서 뒹군다. 그래서 하나님이 보시기에 우리가 다 고쳐졌든지 아니면 더는 고쳐질 가망이 없을 때까지는, 환난이 그쳐서는 안 된다.

《고통의 문제 The Problem of Pain》, 6장

그분은 우리 가운데 극소수에게만 감히 행복을 보내십니다. 무엇이든 당장 좋은 것을 우리에게 주시면, 우리가 그분을 잊어버릴 것을 아시기 때문이지요.

Letters(서한집), 1951년 3월 5일

내게 추호의 의심도 없거니와 쾌락 자체는 선하고 고통 자체는 악하다. 그렇지 않다면 천국과 지옥에 대한 기독교 전통 전체는 물론이고 우리 주님이 당하신 수난마저도 무의미해 보인다. 요컨대 쾌락은 선하며, '악한' 쾌락은 주어진 선을 받되 도덕법에 어긋나게 받는다는 뜻이다.

《기독교적 숙고 Christian Reflections》, "기독교와 문화"

우리 모두는 안정된 행복과 안전을 갈망하지만, 하나님은 세상의 이치상 그것을 우리에게서 거두어 가신다. 반면에 기쁨과 쾌락과 즐거움은 그분이 널리 흩뿌려 놓으셨다. 우리는 결코 안전하지 못하지만, 풍성한 재미와 적잖은 황홀경이 우리에게 주어져 있다. 그 이유를 어렵지 않게 알 수 있다. 우리가 탐하는 안전은 우리 마음을 이 세상에 두도록 가르쳐 하나님께로 돌아갈 길을 막는다. 그러나 잠깐의 행복한 사랑, 아름다운 경치, 교향곡, 친구들과의 즐거운 만남, 수영, 축구 시합 등에는 그런 성향이 없다. 우리 아버지는 우리의 여독을 풀어 주시려고 이따금씩 쾌적한 여관에 들게 하시지만, 그곳을 집으로 착각하게 두지는 않으신다.

《고통의 문제 The Problem of Pain》, 7장

쾌락도 극으로 치달으면 고통처럼 우리를 망쳐 놓는다. ······
당연한 일이 한없이 신성해 보이면 머잖아 악마로 변한다.

《네 가지 사랑 The Four Loves》, 5장

쾌락을 자신의 신경계에서 벌어지는 사건으로 주관화하면, 거기에 몰두하느라 자칫 그 쾌락에 감도는 하나님 냄새를 놓칠 수 있네.

《개인 기도 Letters to Malcolm》, 17장

쾌락은 원수가 만든 것이다. 우리는 그간의 모든 연구에도 불구하고 쾌락을 하나도 만들어 내지 못했지. 우리가 할 수 있는 일이라고는 인간을 부추겨 원수가 만든 쾌락을 누리되 원수가 정해 준 때와 방식과 정도를 벗어나게 하는 것뿐이야. 그래서 우리는 늘 모든 쾌락을 자연스러운 상태에서 가장 덜 자연스럽고, 그것을 만든 원수를 가장 덜 연상시키며, 즐거움도 가장 덜한 상태로 변질시키려는 것이다. 쾌락은 점점 줄이면서 욕망은 점점 달구는 것, 그것이 우리의 공식이다.

《스크루테이프의 편지 The Screwtape Letters》, 9장

하지만 악하고 불법적인 쾌락도 있지 않느냐고? 당연히 있네. 그러나 '악한 쾌락'이라는 말은 '불법 행위에 탈취당한 쾌락'의 줄임말로 보아야 하네. 악한 것은 사과를 훔친 행위지 단맛 자체가 아니야. 단맛은 여전히 영광의 광채라네. 그렇다고 훔치는 행위가 조금이라도 정당화되기는커녕 오히려 더 악해진다네. 절도죄는 신성 모독일세. 우리는 성물을 함부로 취급해 왔네.

《개인 기도 Letters to Malcolm》, 17장

3.

천국

비굴한 두려움을 일으키는 것은 당연히 가장 낮은 수준의 종교라네. 하지만 비굴한 두려움조차도 자아낼 수 없는 신은 무난하게 길들여진 신이며, 생각이 바른 사람이라면 누구나 그것이 망상임을 금세 알아차릴 걸세. 여태 나는 지옥을 전혀 믿지 않으면서 천국을 전심으로 굳게 믿는 사람을 본 적이 없다네.

《개인 기도 Letters to Malcolm》, 14장

역사를 읽어 보면 현세를 위해 가장 많이 일한
그리스도인일수록 내세를 가장 많이 생각했다. 로마 제국을
개종시키는 일에 불씨를 당긴 사도들, 중세를 건설한 위인들,
노예 매매를 폐지한 영국 복음주의자들이 모두 이 땅에 큰
족적을 남긴 것은 바로 생각을 하늘에 두었기 때문이다. 이즈음
그리스도인이 현세에 이토록 무력해진 이유도 다분히 내세를
더는 생각하지 않기 때문이다. 천국에 뜻을 두면 이 땅은
'덤으로' 딸려 오지만, 이 땅에 뜻을 두면 양쪽 다 잃는다.
《순전한 기독교 Mere Christianity》, 3부 10장

지옥(또는 심지어 이 땅)을 기어이 붙들고 있으면 천국이
보이지 않지만, 천국을 받아들이면 지옥의 가장 작고 소중한
기념품조차도 간직할 수 없다. 확신하는데, 나중에 천국에
가 보면 우리가 버린 것(오른 눈을 빼어 버렸다 해도)은 그야말로
아무것도 아니지만, 아무리 불순한 소원으로라도 우리가 정말
구하던 알곡은 그곳의 '고지'에서 뜻밖에도 우리를 기다리고
있을 것이다. ……

천국 대신 이 땅을 택하면 결국 이 땅은 언제나 지옥의 한
구역에 불과했다. 그러나 천국을 이 땅보다 앞세우면 결국 이
땅은 처음부터 천국의 일부였다.
《천국과 지옥의 이혼 The Great Divorce》, "머리말"

최근에 나는 끝없이 지껄여 대는 늙고 비열하고 비참한 아일랜드인 목사를 알게 되었는데, 그는 신앙을 잃은 지 오래였으나 생계는 유지하고 있었다. 내가 만났을 당시 그의 유일한 관심사는 '인류가 생존할' 증거를 찾는 것이었다. 끊임없이 그 주제로 읽고 말했으며, 사고가 고도로 비판적이다 보니 도무지 만족할 줄 몰랐다. 특히 충격적이었던 것은 그에게 자신도 불멸하고 싶은 지독한 욕망이 공존했다는 것이다. 불멸이 왜 좋은지에 대한 건전한 시각에는 (겉보기에) 전혀 무관심하면서 말이다. 그는 장차 하나님을 직접 뵈올 복을 사모하기는커녕 그분을 믿지도 않았. …… 그가 바라는 것은 어떤 식으로든 '자신'이라는 존재가 육신의 생명보다 오래 지속될 것이라는 확신뿐이었다. …… 그렇게 한심해 보이는 정신 상태는 나로서도 처음이었다.

《예기치 못한 기쁨 Surprised by Joy》, 13장

"거문고나 뜯으며 영원을 보내고" 싶지 않다며 '천국'에 대한 그리스도인의 희망을 조롱하는 경박한 무리가 있는데, 거기에 전혀 신경 쓸 필요가 없다. 이런 사람에게는 성인용 책을 독해하지 못하겠거든 입에 올리지도 말라고 답해 주면 된다. 당연히 거문고와 면류관과 금 같은 성경의 모든 은유는 형언할 수 없는 것을 표현하려는 상징적 시도일 뿐이다. 악기를 언급한 것은 많은 사람에게(모두는 아니지만) 황홀경과 무한성을 가장

강하게 암시하는 것이 현세에는 음악이기 때문이다. 면류관을 언급한 것은 하나님과 영원히 연합하는 이들이 그분의 영광과 능력과 기쁨에 동참한다는 사실을 암시하기 위해서다. 금을 언급한 것은 천국이 그만큼 영원하고(금은 녹슬지 않는다) 값지다는 의미다. 이런 상징을 문자적으로 취하는 사람은 우리에게 비둘기와 같아지라 하신 그리스도의 말씀도 우리가 알을 낳아야 한다는 뜻으로 해석해야 할 것이다.

《순전한 기독교 Mere Christianity》, 3부 10장

우리는 천국이 뇌물이며 천국을 목표로 삼는 것은 사심이라고 우려한다. 그렇지 않다. 천국에는 타산적인 영혼이 바랄 만한 것은 아무것도 없다. 마음이 청결한 자에게 그가 하나님을 볼 거라고 말해 주어도 무방한 것은, 마음이 청결한 자만이 그것을 원하기 때문이다. 동기를 더럽히지 않는 보상도 있다. 결혼을 원한다 해서 여자를 향한 남자의 사랑이 타산적인 것은 아니다. 시를 읽기 원한다 해서 시를 사랑하는 마음이 타산적인 것도 아니며, 달리고 뛰고 걷기 원한다 해서 운동을 사랑하는 마음이 불순해지는 것도 아니다. 사랑이란 본질상 그 대상을 즐기려 한다.

《고통의 문제 The Problem of Pain》, 10장

나의 할아버지는 "천국에 가면 사도 바울과 자못 흥미로운
대화를 나눌 것이 기대된다"고 말씀하곤 하셨다네. 편안하게
마주앉아 이야기를 주고받는 두 성직자의 모습이라니!
할아버지에게는 그런 생각이 들지 않았던 모양이지만, 사도
바울과의 만남은 좋은 집안에서 자란 복음주의 목사였던
할아버지에게도 아주 벅찬 경험일 게 분명해. 단테의 작품을
보면 그가 천국에서 본 위대한 사도들은 그에게 태산 같은
영향을 미쳤네. 성인 숭배에 대해서는 반론을 펼 것이 많지만,
적어도 그들이 우리에게 늘 일깨워 주는 사실이 있다네. 그들에
비하면 우리는 아주 작은 사람이라는 걸세. 그러니 주님
앞에서는 얼마나 더 작겠는가?

《개인 기도 Letters to Malcolm》, 2장

개성은 영원하고 감히 침범할 수 없는데 안타깝게도 우리가
시작하는 기준점은 개성이 아니다. 우리 모두의 출발점은
개성의 유사품이거나 혹은 그림자에 불과한 개인주의다. 참된
개성은 앞날의 일이며, 우리 대부분에게 얼마나 먼 앞날일지는
내가 감히 왈가왈부할 수 없다. 개성을 찾는 열쇠는 우리에게
있지 않다. 그 열쇠는 안에서 밖으로 개발해서는 얻을 수 없다.
　　장차 우리가 영원한 우주의 짜임 안에서 제자리를 차지하면
그때 개성도 회복된다. 우리는 그 자리에 있도록 창조되고
설계되었다. 하나의 색은 탁월한 화가가 미리 위치를 정해

다른 특정한 색깔 사이에 배치할 때 비로소 그 본색의 가치를
발하고, 양념은 다른 재료 속에 섞이되 그 시점과 부위가 훌륭한
요리사의 뜻에 딱 맞아야 참맛을 내며, 개는 사람 사는 집에서
한식구가 될 때에만 정말 개다워진다. 마찬가지로 우리도
고난을 이기고 제자리에 꼭 맞아들 때 비로소 진정한 인간이
된다. 우리는 조탁되기를 기다리는 대리석이요, 거푸집 속에
부어지려고 대기 중인 금속이다. ……

천국에서만 우리는 참되고 영원하고 정말 신성한 인간이
된다. 지금도 빛을 받아야만 몸의 색조가 드러나는 것과
마찬가지다.

《영광의 무게 The Weight of Glory》, "멤버십"

인간의 심리적 기질은 아마도 다분히 몸에서 기인한다. 몸이
죽으면 그것도 다 떨어져 나가고 핵심인 진짜 '나'만 적나라하게
남는다. 바로 그 '나'가 평생 이런저런 선택을 내리면서
기질이라는 이 재료를 최대한 선용하기도 하고 악용하기도 한다.
우리 가운데 어떤 사람에게서는 내 것인 줄 알았는데 사실은
소화 기능이 좋아서였을 뿐인 온갖 좋은 것이 떨어져 나가고,
어떤 사람에게서는 콤플렉스나 나쁜 건강 탓이었던 온갖 고약한
것이 떨어져 나갈 것이다. 그때 우리는 난생처음 모든 사람을
실체 그대로로 볼 것이다. 깜짝 놀랄 일이 많을 것이다.

《순전한 기독교 Mere Christianity》, 3부 4장

천국이 하나님께 칭찬받는 곳이라는 개념이 싫은 사람도
있겠지만, 그 반감은 교만한 오해에서 비롯한다. 결국 하나님의
얼굴은 우주의 궁극적 기쁨 아니면 공포의 대상이 되어 둘 중
하나의 표정으로 우리 각자를 향하실 수밖에 없다. 즉 형언할
수 없는 영광을 주시든지 아니면 결코 치유받거나 숨길 수
없는 수치를 당하게 하신다. …… 성경에 나와 있듯이 우리는
장차 그분 "앞에 선다." 법정에 출두해 조사를 받는다. 약속된
영광이란 곧 우리 가운데 정말 원하는 사람은 누구나 실제로 그
검사를 통과하고 인정받아 하나님을 기쁘시게 한다는 뜻이다.
믿어지지 않는 이 일은 그리스도의 사역을 통해서만 가능하다.
우리가 하나님을 기쁘시게 하고 그분의 행복에 실제로
기여하다니, 이런 일은 도저히 불가능해 보인다. 하나님이
우리를 그저 동정하시는 것이 아니라 사랑하셔서 예술가가 자기
작품을, 아버지가 자기 아들을 즐거워하듯 즐거워하시다니, 이
영광의 무게 내지 하중은 우리 머리로는 감당할 수 없을 정도다.
그런데 이 모두가 사실이다.

《영광의 무게 The Weight of Glory》, "영광의 무게"

천국은 본질상 우리의 경험을 벗어나 있지만, 우리에게
이해되려면 경험 가능한 은유로 기술될 수밖에 없다. 그래서
성경에 그려진 천국은 외부의 도움 없이 우리의 갈망만으로
상상해 보는 천국만큼이나 상징적이다. 다시 말하면, 천국은

아름다운 자연이나 빼어난 악곡이 아니듯이 보석으로 가득 찬 곳도 아니다. 차이가 있다면 성경의 은유에는 권위가 있다는 점이다. 성경 저자들은 우리보다 더 하나님과 가까운 사이였고, 성경은 또 오랜 세월 그리스도인의 체험을 통해 검증되었다.

《영광의 무게 The Weight of Glory》, "영광의 무게"

아름다움을 보는 것만도 분명히 큰 복이지만, 우리는 거기에 만족하지 않고 말로 표현하기 힘든 다른 무엇을 원한다. 아름다움과 연합해 그 속에 들어가고 아름다움을 내 속에 받아들여 거기에 잠김으로써 자신도 아름다워지기를 원한다. 그래서 자고로 인간은 하늘과 땅과 바다에 온갖 신과 여신과 정령과 요정을 살게 했다. 자연으로 표상되는 아름다움과 은혜와 힘을 우리는 누릴 수 없으니 그들이라도 대신 누리도록 투사하는 것이다. 시인들이 우리에게 그토록 감미로운 거짓을 속삭이는 이유도 그래서다. 그들은 하늬바람이 정말 인간의 영혼 속에까지 불어올 듯이 말하지만 그럴 수는 없고, "졸졸거리는 소리에서 태동한 아름다움"(윌리엄 워즈워스의 시구-옮긴이)이 인간의 얼굴에 스며들 듯이 말하지만 그럴 일도 없다. 아직은 아니다. 하지만 성경의 은유를 진지하게 받아들일진대, 고대 신화와 현대 시가 역사로서는 말짱 틀렸어도 예언으로서는 진리에 무척 가깝다고 볼 수 있다. 장차 하나님이 우리에게 새벽별을 주시고 태양의 광채를 입히실 것을 믿는다면 말이다. 다만 지금은 우리가 그 세계의 바깥에 있고 문의 이편에 있다. 싱그럽고 깨끗한 아침을 느끼면서도 우리까지 싱그럽고 깨끗해지지는 않고, 광채를 보면서도 거기에 섞여 들 수는 없다. 그러나 영영 그렇지는 않으리라는 소문이 신약의 모든 책장마다 수런거린다. 하나님이 허락하시면 장차 우리도 그 안에 들어간다.

《영광의 무게 The Weight of Glory》, "영광의 무게"

"더 위로, 더 안으로 갈수록 모든 것이 더 커지지요. 안이 바깥보다 더 넓답니다."

《마지막 전투 The Last Battle》, 16장

우리는 영혼이 몸 '안에' 있다고 생각하는 경향이 있네. 하지만 내 생각에 부활하여 영화로워진 몸(죽었다 다시 살아난 감각 생명체)은 영혼 안에 있을 것 같네. 하나님이 우주 안에 계시지 않고 우주가 하나님 안에 있는 것처럼 말이지.

《개인 기도 Letters to Malcolm》, 20장

이 땅에서 웬만큼 인간다워진 사람도 천국에 들어가면 그보다 더 인간다워진다. 반면에 지옥에 들어가면 인류로부터 추방된다. 지옥에 던져지는(또는 제 발로 들어가는) 것은 인간이 아니라 '잔여물'이다. 온전한 인간이라면 감정이 의지에 복종하고 의지는 하나님께 드려져 있다. ……

우리는 지옥보다 천국에 대해 아는 것이 훨씬 많다. 천국이 인류의 고향이며, 따라서 영화로워진 인간의 삶에 내포된 모든 요소가 천국에 있기 때문이다. 그러나 지옥은 인간을 위해 지어지지 않았다. 지옥은 결코 천국에 상응하는 반대 개념이 아니라 "바깥 어두운 데"다(마태복음 25:30-옮긴이). 또한 존재가 흐릿해져 실재가 지워지는 외계다. ……

내가 선뜻 믿거니와 저주받은 영혼은 어떤 의미에서 끝까지 반역에 성공했다. 지옥의 문은 안에서 잠겨 있다. ……

지옥의 교리를 배격하는 모든 사람에게 답해 줄 말은 결국 이런 반문이다. "그러면 하나님이 어떻게 해 주셨으면 좋겠는가?" 자신의 지난 죄를 없애 주시고, 어떤 희생을 치르셔서라도 새 출발을 허락하시고, 모든 걸림돌을 치워 주시고, 온갖 기적으로 도움을 베푸셨으면 좋겠는가? 그거라면 그분이 갈보리 십자가에서 이미 해 주셨다. 그분의 용서를 바라는가? 용서받기를 거부할 쪽은 자신이다. 그렇다면 자신을 그분이 그냥 내버려 두셨으면 좋겠는가? 안타깝게도 그분이 하시는 일이 바로 그것이다.

《고통의 문제 The Problem of Pain》, 8장

은혜가 본성을 완성시킬진대, 우리 모두의 본성은 은혜로
말미암아 한껏 풍성한 다양성을 발산해야 하네. 하나님은
처음부터 우리의 본성을 다양하게 지으셨고, 천국은
지옥보다 훨씬 다채로운 곳이라네. "한 무리의 양"(요한복음
10:16-옮긴이)이라 해서 모두 천편일률적이라는 뜻이 아니야.
화원에서 재배한 장미와 수선화도 야생 장미와 수선화만큼이나
서로 다르지 않은가.
《개인 기도 Letters to Malcolm》, 2장

물질이 우리의 경험 속으로 들어오려면 감각(우리가 물질을 지각할
때)이나 개념(우리가 물질을 이해할 때)으로 변해야만 하네. 즉
영혼으로 변해야 한다네. 나는 영혼 가운데 물질이 변해서 된
그 요소도 훗날 부활하여 영화롭게 된다고 믿는다네. 천국의
언덕과 골짜기 그리고 자네가 지금 경험하는 언덕과 골짜기의
관계는 원본과 사본, 진품과 대용품의 관계가 아니라 꽃과
뿌리, 다이아몬드와 석탄의 관계일세. 언덕과 골짜기가 본래
물질이었다는 사실은 영원히 변하지 않네. 그러니 물질을
축복하세. 하지만 유일한 방법인 지각과 이해를 통해 우리
영혼에 들어온 물질은 이미 영혼으로 변했다네(물의 요정인
운디네가 인간과 결혼함으로써 영혼을 얻은 것과 마찬가지로).
《개인 기도 Letters to Malcolm》, 22장

예수님은 "이기는 그에게는 내가 …… 흰 돌을 줄 터인데 그 돌 위에 새 이름을 기록한 것이 있나니 받는 자밖에는 그 이름을 알 사람이 없느니라"(요한계시록 2:17 - 옮긴이)라고 말씀하셨다. 무엇이 이 새 이름보다 더 '나만의 것'일 수 있겠는가? 그 이름은 영원 속에서조차 하나님과 각 사람만의 비밀이니 말이다. 그렇다면 이 비밀성은 무슨 의미일까? 구원받은 각 사람은 분명히 하나님의 아름다움 가운데 어느 한 면을 다른 모든 피조물보다 영원히 더 잘 알고 찬양할 것이다. 하나님이 모든 사람을 한없이 사랑하시되 각각 다르게 사랑하시지 않고서야 왜 굳이 개개인을 지으셨겠는가? 이 차이는 모든 복된 피조물의 서로를 향한 사랑을 해치기는커녕 성도의 교제에 풍성한 의미를 부여한다. 모든 사람이 하나님을 경험하는 방식도 똑같고 그분께 돌려 드리는 예배도 똑같다면, 승리한 교회의 노래는 교향곡이 아니라 모든 악기로 똑같은 음정을 연주하는 관현악단처럼 될 것이다. …… 영혼마다 자기만이 본 것을 다른 모두에게 소통하려는 시도는 결코 온전하지는 않아도 늘 소기의 목적을 달성한다(그 소통의 수단으로써 이 땅의 예술과 철학은 서투른 모방에 불과하다). 이 또한 의심의 여지없이 개개인이 창조된 목적 가운데 하나다.

《고통의 문제 The Problem of Pain》, 10장

훗날 하나님의 얼굴을 보면 우리가 늘 알던 얼굴일 것이다. 이 땅에서 우리가 경험한 모든 순수한 사랑 속에 그분이 계셨다. 그 사랑을 그분이 주시고 지속시키시며 매 순간 그 속에서 역사하셨다. 모든 참사랑은 이 땅에서조차 우리 것이기보다는 훨씬 더 그분의 것이었고, 그분의 것이기에 우리 것이기도 했다. 천국에는 우리가 이 땅에서 사랑하던 이들에게 적당히 거리를 두어야 하는 괴로움도 없고, 그래야 할 의무도 없다. 첫째로, 이미 우리가 형상에서 원형이신 그분께로, 실개천에서 수원水源이신 그분께로, 사랑스럽게 지어진 피조물에서 사랑 자체이신 그분께로 돌아왔기 때문이다. 둘째로, 그분 안에서 우리가 그들 모두를 얻기 때문이다. 그들보다 그분을 더 사랑함으로써 우리는 그들까지도 지금보다 더 사랑하게 된다.

《네 가지 사랑 The Four Loves》, 6장

"지옥이 마음 상태라는 말은 지극히 옳다네. 마음 상태를 저 혼자 두면 결국 다 지옥이 되고, 피조물이 자기 생각의 감옥에 갇혀 있어도 결과는 마찬가지야. 그러나 천국은 마음 상태가 아니라 실재 자체일세. 온전히 실재하는 것은 다 천국과 통한다네."

《천국과 지옥의 이혼 The Great Divorce》, 9장

자연은 없어지지만 우리는 길이 산다. 모든 항성과 성운이 사라진 후에도 우리의 삶은 지속된다. 자연은 표상이요 상징일 뿐이로되 성경은 우리에게 이 상징을 활용하라고 권한다. 자연을 지나고 넘어서, 자연에 희미하게 반사된 그 광채 속으로 들어오라고 우리를 부른다.

    자연 너머 바로 거기서 장차 우리는 생명나무 열매를 먹는다. 그리스도 안에서 거듭난 경우, 현재는 영혼이야 직접 하나님을 의지하여 살아가지만, 정신과 특히 육신이 그분께 받는 생명은 조상과 음식과 순리 등 수많은 단계를 거쳐서 온다. 세상을 창조하실 때 하나님은 물질 속에 즐거이 각종 에너지를 넣어 두셨는데, 그런 동력원의 멀고 희미한 산물이 흔히들 말하는 물리적 즐거움이다. 그렇게 걸러져서 오는데도 현세에 다 감당하기에 너무 벅차다. 이처럼 하류에서도 우리를 도취시키는 영광의 강물을 수원지에서 마시면 얼마나 더하겠는가? 바로 그것이 우리의 미래다. 그 날에는 전인全人이 기쁨의 샘에서 기쁨을 마신다. 성 아우구스티누스의 말마따나 구원받은 영혼의 희열은 영화로워진 몸속으로까지 "흘러넘친다." 현재 우리의 타락한 이분법적 성향으로는 이런 물밀 듯한 즐거움을 상상할 수 없으며, 모두에게 아주 엄중히 경고하건대 상상하려 해서도 안 된다. 단, 언급은 필요하다. 그래야 그나마 더 잘못된 생각(영혼만 구원받는다거나 부활한 몸이 멍한 무감각 상태로 살아간다는 생각)을 몰아낼 수 있다.

《영광의 무게 The Weight of Glory》, "영광의 무게"

그 영혼은 그들을 보았을 뿐 아니라 그(하나님)도 보았다. 교접을 통해 태어난 이 동물이 감히 그를 바라본 것이다. 너를 눈멀고 숨 막히게 하는 불이 이제 그에게는 서늘한 빛이고, 명쾌한 깨달음이며, 사람의 모습마저 입고 있다.

《스크루테이프의 편지 The Screwtape Letters》, 31장

우리가 그리스도 안에서 다시 살아났듯이, 그 날이 오면 우리 안에 지금의 하늘과 땅과 같으면서도 다른 새 하늘과 새 땅이 출현할 걸세. 역시 영겁의 침묵과 어둠이 흐른 뒤에 새들이 노래하고 물이 흐르며, 언덕 위에 빛과 그림자가 노닐 것이네. 친구들은 우리를 알아보고 놀라며 웃겠지.

 물론 추측은 추측일 뿐일세. 이것이 사실이 아니라면 그보다 더 좋은 날이 우리를 기다리고 있을 것이네. "우리가 그(하나님)와 같을 줄을 아는 것은 그의 참모습 그대로 볼 것이기 때문이니"(요한일서 3:2-옮긴이).

《개인 기도 Letters to Malcolm》, 22장

비유컨대 당신은 땅속에서 묵묵히 겨울을 나는 씨앗입니다. 정원사이신 그분의 때에 꽃을 피우려고 기다리고 있지요. 그때 당신은 완전히 깨어나 진짜 세상으로 나올 것입니다. 현재의 우리 삶 전체를 훗날 거기서 되돌아보면, 아직 잠이 덜 깨서 몽롱했던 상태로밖에 보이지 않을 겁니다. 지금은 우리가 꿈나라에 있으나 곧 새벽이 와요. 제가 이 편지를 시작할 때보다 지금, 그 새벽에 더 가까워졌습니다.

The Collected Letters of C. S. Lewis, Volume III (C. S. 루이스 서한집 제3권), 1963년 6월 28일

아울러 나는 그녀(루이스의 사별한 아내)에 관해 그리고 내가 찬양하는 모든 피조물에 관해 이렇게 말해야 한다. "어떤 면에서 각자 독특한 방식으로 자신의 창조주를 닮았다."

그래서 정원 같고 검 같은 그녀는 정원사이자 대장장이이신 그분께로 올라갔다. 생명을 주시는 생명이요, 아름답게 하시는 아름다움이신 그분께로 갔다.

"그녀는 하나님의 손안에 있습니다." 아내를 검으로 생각하면 이 말이 새로운 생기를 띤다. 지상에서 나와 함께했던 삶은 어쩌면 검을 벼리는 과정에 불과했다. 아마 지금은 그분이 칼자루를 쥐고 저울질하시며 이 신무기로 공중에 벼락을 내리치실 것이다. '예루살렘의 정품 칼날'이다.

《헤아려 본 슬픔 A Grief Observed》, 4장

오, 지칠 줄 모르시는 주님,
주무시지도 않으시고 졸지도 않으시며
태평한 무덤 속의 나사로를 온전히 돌보신 주님,
제가 깰 때까지 저를 지켜 주소서.

Poems (시집), "껍질을 벗은 씨앗"

"정말 철도 사고가 있었지." 아슬란이 나직이 말했다. "너희 부모님과 너희 모두는 그림자 나라에서 하는 말로 표현하자면 죽은 거란다. 기한이 다한 거지. 축제가 시작된 거야. 꿈은 끝나고 이제 아침이 된 거다."

　아슬란은 더는 사자처럼 보이지 않았다. 그 이후로 일어난 모든 일은 너무도 위대하고 아름다워 나로서는 글로 표현할 수 없다. 우리에게는 이것이 모든 이야기의 끝이며, 우리가 진심으로 할 수 있는 말이라고는 그들 모두가 영원히 행복하게 살았다는 것뿐이다. 그러나 그들에게는 이것이 진짜 이야기의 시작일 뿐이다. 우리 세상에서 보냈던 그들의 삶과 나니아에서의 모든 모험은 책 겉장에 적혀 있는 제목에 지나지 않는다. 이제 그들은 드디어 지구상의 어느 누구도 읽지 못한 위대한 이야기의 첫 장을 펼치는 중이다. 그 이야기는 영원히 계속될 것이며, 새로운 장이 열릴 때마다 이전 장보다 훨씬 더 좋아질 것이다.

《마지막 전투 The Last Battle》, 16장

8부

Love and Sex

사랑과 성性

> # 1.
>
> ## 애정과 우정

우리의 자연적 삶에 존재하는 모든 견고하고 지속적인 행복의 9할은 애정 덕분이다. 나는 이 점에 아무런 의문이 없다.

《네 가지 사랑 The Four Loves》, 3장

애정은 가장 겸손한 사랑이다. 애정은 떠벌리지 않는다. '사랑에 빠진' 상태나 우정은 누구나 자랑할 수 있지만, 애정은 수수하다 못해 낯을 가리며 수줍어한다. 언젠가 내가 고양이와 개 사이에서 애정을 심심찮게 볼 수 있다고 말했더니 내 친구가 이렇게 대답했다. "맞아. 하지만 다른 개들에게 애정을 고백하는 개는 없을 거야." 인간의 애정도 대부분 그렇다고 보면 얼추 맞는다. …… 애정은 우리 삶에 거의 몰래 다가오거나 시나브로 스며든다. 애정은 남에게 내보일 것도 없는 투박하고 털털한 것들과 더불어 산다. 푹신한 실내화, 낡아진 옷, 오래된 농담, 부엌 바닥을 탁 치는 졸린 개의 꼬리, 재봉틀 소리, 잔디밭에 떨어진 헝겊 인형 따위다.

《네 가지 사랑 The Four Loves》, 3장

"그 사람은 내 스타일은 아니지만 그 나름대로 아주 좋은 사람이다." 진심으로 이렇게 말할 수 있다면, 그 첫 순간은 우리에게 해방의 순간이다. 물론 해방처럼 느껴지지 않고 그냥 너그러운 관용처럼 느껴질 수 있다. 하지만 정말 우리는 한계를 뛰어넘은 것이다. '그 나름대로'라는 말은 우리 자신의 특이한 성향을 넘어선다는 뜻이다. 선이나 지성을 그냥 내 입맛에 맞추는 것이 아니라 선이나 지성 자체의 진가를 볼 줄 안다는 뜻이다.

"개와 고양이는 늘 함께 키워야 그들의 생각의 폭이

넓어진다"라는 말이 있다. 애정은 우리 생각의 폭을 넓혀 준다.
《네 가지 사랑 The Four Loves》, 3장

연인 하면 서로 마주보는 사이가 떠오르지만, 친구는 나란히 앞을 바라보는 사이다.

'친구를 원할' 뿐이라는 한심한 부류는 그래서 결코 친구를 사귈 수 없다. 친구를 사귀려면 원하는 것이 친구만 아니라 반드시 더 있어야 한다. "나와 똑같은 진리를 보고 있나?"라는 물음에 대한 솔직한 답이 "나는 아무것도 보지 않으며, 진리에 관심 없다. 그저 네가 내 친구가 되었으면 한다"라면, 거기서는 우정이 싹틀 수 없다.

《네 가지 사랑 The Four Loves》, 4장

첫 번째는 당신의 분신 같은 친구다. (실패를 무릅쓰고) 마음을 열어 자신의 가장 은밀한 즐거움을 모두 나누려는 사람은 세상에 당신뿐이 아니며, 이 사실을 당신은 그를 통해 처음 알게 된다. 이런 사람과 친구가 되는 데는 아무런 걸림돌도 없다. 그와 당신은 창문에 떨어지는 빗방울처럼 잘 섞인다. 반면에 두 번째 친구는 매사에 당신과 뜻이 맞지 않는 사람이다. 분신은커녕 자아의 적이다. 물론 그에게도 당신과의 공통 관심사가 있기는 하다. 그렇지 않고는 아예 친구가 되지도 않을 테니 말이다. 하지만 그는 그 모두에 접근하는 각도가 다르다. 좋은 책을 읽고도 매번 엉뚱한 것만 건져 낸다. 마치 같은 언어를 쓰는데 발음이 다른 것과도 같다. 어떻게 거의 옳을 듯하면서 항상 어긋날 수 있을까? 그는 여자만큼이나 매혹적이면서 사람을 격앙시킨다.

《예기치 못한 기쁨 Surprised by Joy》, 13장

어느 누구의 삶에도 자신과 판박이로 비슷한 사람들이 존재함을 발견할 때보다 더 신기한 일은 없다.

《예기치 못한 기쁨 Surprised by Joy》, 8장

2.

사랑

확신컨대 그분의 가르침은 안전한 투자와 최소한의 책임만을
원하는 내 타고난 성향을 결코 옳다 하지 않는다. ……
    무엇이든 사랑해 보라. 틀림없이 마음이 쥐어 짜이듯 아프고
어쩌면 찢어질 수도 있다. 마음을 조금도 다치지 않으려면
아무에게도 심지어 동물에게도 마음을 주어서는 안 된다.
마음을 취미와 소소한 안락에 잘 싸매 두고 누구와도 일절
부대끼지 말라. 당신의 이기심이라는 관 속에 안전히 모셔 두라.
그러나 안전하고 캄캄하고 움직임도 없고 바람도 통하지 않는
그 관 속에서 마음은 변질될 것이다. 찢어지거나 상처받을 일도

없겠지만 또한 뚫고 들어가거나 구원받을 수도 없는 상태가 될 것이다. 비극의 가망성마저 미리 다 차단하면 그 결과는 저주다. 천국을 제외하고 사랑의 모든 위험과 혼란에서 완벽하게 안전할 수 있는 곳은 지옥뿐이다.

아무리 도에 지나친 무법의 사랑도 자신을 보호하려고 아예 사랑하지 않기로 작정하는 것보다는 하나님의 뜻에 덜 어긋난다.

《네 가지 사랑 The Four Loves》, 6장

모든 본능적 애정은 영적 사랑의 경쟁 상대가 될 수 있지만, 또한 모조품으로써 영적 사랑을 준비시킬 수도 있다. 이렇게 단련되는 영적 근육은 은혜로 나중에 더 고결한 목적을 위해 쓰일 수 있다. 어렸을 때 인형에게 젖을 먹이던 여자가 훗날 자녀에게 젖을 먹이는 것과도 같다. 물론 오른 눈을 빼어 내라 하신 말씀처럼 본능적 애정을 버려야 할 때도 있다. 하지만 그것도 먼저 눈이 있어야 가능하다. 눈이 없고 '감광' 기능만 있는 사람은 이 엄중한 본문을 묵상하는 데만도 어려움을 겪을 것이다.

《네 가지 사랑 The Four Loves》, 2장

"하나님을 사랑하지 않고는 동료 인간을 온전히 사랑할 수 없다."

《천국과 지옥의 이혼 The Great Divorce》, 11장

어떤 인간을 '너무 많이' 사랑하는 건 거의 불가능한 일이다. 하나님을 향한 사랑에 비해 인간을 너무 많이 사랑할 수는 있다. 그러나 궤도를 벗어난 쪽은 하나님을 향한 너무 작은 사랑이지 사람을 향한 후한 사랑이 아니다.

《네 가지 사랑 The Four Loves》, 6장

근래에 〔윌리엄 메이크피스 새커리의 소설-옮긴이〕 *The History of Henry Esmond*(헨리 에스먼드 이야기)를 읽어 보았는가? 캐슬우드 여사는 얼마나 가증스러운 여자인가. 그런데도 작가는 그녀의 모든 행동이 '사랑'에서 비롯되었다는 이유로 독자가 그녀를 좋아하기를 바랄 거야. 그는 이 사랑을 '순수한' 사랑이라 표현했어. 문란하거나 관능적이지 않다는 뜻이지. 하지만 사실 그것은 절제를 찾아볼 수 없는 본능적 격정이며, 만족을 모르는 우상 숭배이네. '순수하거나 고결한' 격정은 십자가에 못 박혔다 다시 살아날 필요가 없고 그 자체로 행복을 낳을 수 있다는 사상, 이거야말로 19세기의 엄청난 이단이 아니던가?

그런데 보다시피 그것 때문에 캐슬우드 여사는 비참한 아내이자 어머니가 되어 자신과 주변 모든 사람을 불행에 빠뜨린다네.

Letters(서한집), 1942년 1월경

욕구를 채우려는 사랑은 우리의 궁핍한 상태에서 하나님께 부르짖지만, 베푸는 사랑은 그분을 섬기려 하고 그분을 위해 고난까지 감수한다. 나아가서, 감사하는 사랑은 "주님의 크신 영광을 인해 주님께 감사드립니다"라고 고백한다. 상대가 여자일 경우 욕구를 채우려는 사랑은 "나는 그녀 없이는 살 수 없다"라고 말하지만, 베푸는 사랑은 그녀에게 행복과 위로와 보호와 가능하다면 재물도 주려 한다. 나아가서, 감사하는 사랑은 숨을 죽이고 말없이 그녀를 응시한다. 설령 헤어져야 할지라도 이런 경이가 존재한다는 사실을 기뻐한다. 그녀를 잃더라도 완전히 낙담하지는 않으며, 차라리 잃을지언정 아예 그녀를 몰랐을 경우보다 이를 더 낫게 여긴다.

《네 가지 사랑 The Four Loves》, 2장

3.

성性

정욕을 채우려고 거리를 배회하는 남자에 대해 말할 때, 우리는 "여자를 원한다"라는 매우 부당한 관용구를 쓴다. 엄격히 말해서 그가 원하는 것은 여자가 아니라 여자를 필수 도구로 한 쾌락이다. …… 그런데 에로스 사랑에 빠진 남자는 아무 여자가 아니라 특정한 한 여자를 원한다. 신비롭지만 논란의 여지없이, 연인이 갈망하는 것은 상대가 줄 수 있는 쾌락이 아니라 그 사람 자체다.

《네 가지 사랑 The Four Loves》, 5장

혼외 성관계가 괴기한 까닭은 그것을 탐닉하는 이들이 한 부분의 연합(성적 연합)을 나머지 모든 연합과 분리시키기 때문이다. 그 모두가 공존해야 전인적 연합이 이루어지는데 말이다. 기독교는 먹는 쾌락만큼이나 성적 쾌락도 전혀 잘못으로 보지 않는다. 다만 성적 쾌락을 분리시켜 그것만 얻으려 해서는 안 된다. 먹는 쾌락을 얻으려면 음식을 삼켜 소화시켜야지 씹다가 도로 뱉어서는 안 되는 것과 마찬가지다.
《순전한 기독교 Mere Christianity》, 3부 6장

성욕도 인간의 모든 본능적 욕망과 똑같다는 말을 우리는 귀가 따갑게 들었다. 즉 성욕을 억제해야 한다는 구시대의 터무니없는 사고방식만 버리면, 다 잘되게 되어 있다는 것이다. 하지만 그렇지 않다. 그런 선전에서 눈을 돌려 사실을 보는 순간, 그렇지 않음이 분명해진다.
《순전한 기독교 Mere Christianity》, 3부 5장

내가 어렸을 때 모든 진보적인 사람은 "왜 이렇게들 고상한 척하는가? 섹스도 인간의 다른 모든 충동과 똑같이 대하자"라고 말했다. 그때 나는 순진해서 그 말이 진심인 줄 알았는데, 나중에 알고 보니 정반대 의미였다. 즉 섹스를 대하는 방식만은

여태 문명인이 인간의 어떤 본능적 충동을 대하던 것과도
달라야 한다는 뜻이었다. 다른 모든 충동을 억제해야 한다는
데는 아무도 이의가 없다. …… 그런데 '침대 속에 얽힌 네 개의
다리'에 관한 한, 아무리 비열하게 신의를 저버려도 묵인해 주는
것 같다.

    이는 마치 과일을 훔치는 것은 잘못이지만 복숭아만은
훔쳐도 된다는 이상한 도덕과도 같다. ……

    내 복숭아를 훔치는 아이에게 그것이 잘못이라고 말한다면,
이로써 모든 복숭아나 심지어 모든 아이 자체가 잘못되었다는
뜻인가? 알다시피 나는 훔치는 행위를 잘못이라 지적했을
뿐이다.

《피고석의 하나님 God in the Dock》, "우리는 '행복할 권리'가 없다"

인간이 에로틱한 경험을 동산과 꽃에 비유하는 데는 은밀함
외에도 분명히 다른 동기가 더 있다. 그렇게 비유하면 에로틱한
경험이 더 흥미로워지고, 꽃을 통해 미화된다. 거꾸로 꽃이
그것을 통해 미화되는 것이 아니다. 게다가 이는 아주 흔한
일이다. 존 던은 가장 집요하고 사나운 욕망인 성욕을 여러
엘레지에 아주 솔직하게 표현했는데, 정부情婦를 대지나 풍경에
비유하면 자신의 시가 더 나아진다는 것을 알았다. 로버트
번즈도 사랑이 새빨간 장미와 같다고 표현했다. 언뜻 잘못 보면
이런 현상이 프로이트의 관점을 지지하는 것 같지만, 사실은

오히려 그것을 논박한다.
Selected Literary Essays(문학 평론선), "정신분석과 문학 비평"

기독교의 덕목 가운데 가장 인기 없는 것이 순결이지만, 순결을 비켜 갈 수는 없다. 예부터 기독교의 계율은 "결혼하여 배우자에게 철저히 정절을 지키든지, 아니면 완전히 금욕한다"는 것이었다. 그런데 이것은 워낙 어렵고 우리의 본능에 반하므로, 기독교가 잘못된 것이 아니라면 우리의 성적 본능이 지금의 상태로 변질된 것이 분명하다. 둘 중 하나일 수밖에 없다. ……

    스트립쇼가 있는 곳에는 많은 청중이 모인다. 무대 위에서 옷을 벗는 여자를 보려고 말이다. 당신이 어느 나라에 갔는데 거기서는 접시의 음식에 뚜껑을 덮어 무대에 올리기만 해도 극장이 꽉 찬다고 생각해 보라. 천천히 뚜껑을 열어 불이 꺼지기 직전에 만인에게 공개하는데, 접시에는 고작 양고기 토막이나 소량의 베이컨이 놓여 있다. 그 나라 사람들의 식욕이 뭔가 잘못되었다는 생각이 당연히 들지 않겠는가? 마찬가지로 다른 세상에서 자라난 사람이 있다면, 그에게 우리 인간의 성적 본능도 똑같이 이상한 상태로 보이지 않겠는가?
《순전한 기독교 Mere Christianity》, 3부 5장

자고로 벌거벗은 인체를 그리는 일을 수치스럽게 여긴 ……
사회는 거의 없었다. 눈에 보이는 대로 아무것도 생략하지
않는 상세한 무삭제판도 괜찮았다. 그런데 동일한 대상을 글로
똑같이 상세히 묘사하도록 허용했을 법한 사회는 거의 없었다.
대중없어 보이는 이런 차별의 원인은 무엇인가? ……

  자리에 앉아 당신의 누드화를 그려 보라. 다 그렸거든
이번에는 펜을 들어 글로 묘사해 보라. 중간에 문제에 봉착할
것이다. 그림을 그릴 때는 없었던 문제다. 평소에 잘 입에
오르지 않는 신체 부위에 이르면 당신은 어휘를 선택해야만
한다. 그런데 알고 보면 대안은 네 가지뿐이다. 아이들 말, 고어,
비속어, 과학 용어다. '손'이나 '코'에 견줄 만한 평범한 중립적
표현은 없다. …… 말에는 이야기를 하는 사람의 주관이 들어갈
수밖에 없다. …… 물론 가장 단순한 수준의 묘사만도 이렇다.

《현안 Present Concerns》, "점잔 빼기와 문헌학"

세상의 모든 언어와 문학에 성^性과 관련된 농담이 넘쳐 나는
데는 그만한 이유가 있다. 그 가운데 다수는 재미없거나
역겹고 거의 모두가 오래되었다. 그러나 단언컨대 무조건
경건만 내세우기보다는 차라리 그런 농담에 배어든 비너스(미의
여신)에 대한 태도가 장기적으로 그리스도인의 삶에 훨씬 덜
위험하다. 육신에서 뭔가 절대적인 것을 찾으려 해서는 안
된다. 사랑을 속삭이는 침상에서 유희와 웃음을 몰아내 보라.

자칫 거짓된 여신을 들여놓을 수 있다. …… 우리의 모든 사랑의 이중창을 트리스탄과 이졸데(바그너의 오페라 제목이자 사랑의 두 주인공-옮긴이)처럼 영원히 고동치듯 심금을 울리게 불러야 할 의무는 전혀 없다. 그보다 우리는 자주 파파게노와 파파게나(모차르트의 오페라 '마술 피리'에 등장하는 부부-옮긴이)처럼 노래하자.

《네 가지 사랑 The Four Loves》, 5장

[찰스] 윌리엄스가 "미적이지 못한unaesthetic 여성성"이라는 표현을 쓴 것은 여성의 진정한 심리적 특성 하나를 지적하기 위해서였을 것이다. 즉 여자는 좋은 것이든 나쁜 것이든 어떤 지배적 개념에 배타적으로 집중한다는 것이다. 여자의 좋은 마음 상태는 공상과 추측과 잡념 때문에 약해지거나 사라지지 않으며, 반대로 나쁜 마음 상태가 그런 것들 때문에 덜해질 일도 없다. 그래서 여성은 선과 악 둘 다에 집요하며, 헌신에도 이기심에도 이물질이 섞여 있지 않다. 남성에게서는 보기 힘든 요소다. T. S. 엘리엇의 시에서 "당신은 틀렸어요"라고 말한 부인은 모든 남자에게 모든 여자를 대변한 것이다.

Arthurian Torso (아서 왕의 토르소), 2부 5장

[《실낙원》에서] 타락이 아담에게 미친 영향은 여자에게 미친 영향과는 사뭇 다르다. 여자는 즉시 잘못된 정서에 빠져들었고, 그 정서대로라면 살인 행위마저도 인간의 감성이 멀쩡하다는 증거로 보였다. 반면 아담은 열매를 먹고 나서 반대 방향으로 갔다. 세상 물정에 밝은 사람, 말장난의 달인, 늘 멋진 농담을 날리려는 인물이 된 것이다. 그는 하와를 그녀의 입맛대로 칭찬해 주면서, 금단의 나무가 너무 적었던 것이 낙원의 진짜 결점이라고 말해 준다. 이렇게 아담은 기발한 경구를 남발하는 뭇 남자의 아버지가 되었고, 하와는 독자를 타락시키는 모든 여성 소설가의 어머니가 되었다. 비평가들이 지적해 왔듯이 아담과 하와는 이때 "인간적으로 되었다."

《실낙원 서문 A Preface to "Paradise Lost"》, 18장

부부간의 배신행위를 용인하는 사회는 대개 결국 여성에게 불리한 사회다. 여성은 …… 일부일처의 본능이 남성보다 강하다. 생물학적으로 그럴 수밖에 없다. 그래서 문란한 성생활이 만연한 사회에서 늘 여성은 가해자이기보다 피해자일 때가 더 많다. 아울러 가정의 행복도 남자보다 여자에게 더 요긴하다. …… 그래서 문란한 성생활의 냉혹한 싸움에서 여성은 이중으로 불리하다. 내기에서 잃을 것이 더 많은 데다 질 확률도 더 높다.

《피고석의 하나님 God in the Dock》, "우리는 '행복할 권리'가 없다"

〔봉건 사회에서〕 결혼은 사랑과 무관했고, 결혼에 대한 '허튼소리'는 일절 허용되지 않았다. 모든 혼사는 이해관계에 기초했을 뿐 아니라 그 이해관계마저 속속 변했다. 인척의 용도가 다하면 남편은 최대한 신속히 아내를 제거하려 했다. …… 가신들에게 '지엄한' 귀부인도 남편에게는 대개 재산에 불과했다. …… 순전히 실익을 따져 결혼하던 사회에서 성적 사랑을 미화하려면 간음부터 미화해야 했다.

The Allegory of Love (사랑의 유비), 1장 1단원

남녀 양성은 은근히 또는 대놓고 기 싸움을 벌이지만, 온전한 결혼을 통해 둘 사이에 조화가 이루어진다. 화통하고 대범하고 용맹스러운 여자를 '남성적'이라 칭하는 것은 남자 쪽의 교만이고, 예민하고 섬세하고 다정다감한 남자를 '여성적'이라 규정하는 것은 여자 쪽의 교만이다. 이런 교만의 배후 정서를 정당화하면, 대다수 평범한 남녀는 초라하게 뒤틀린 단편적 인간이 되고 만다. 이것을 치유해 주는 것이 바로 결혼이다. 두 남녀가 연합하면 온전한 인간이 된다. "하나님이 자기 형상 곧 하나님의 형상대로 사람을 창조하시되 남자와 여자를 창조하시고"(창세기 1:27-옮긴이). 이렇듯 우리는 난장판이 되어 버린 성의식 덕분에 역설적으로 각자의 성별을 초월할 수 있다.

《헤아려 본 슬픔 A Grief Observed》, 3장

섹스는 하나님의 감추어진 일을 우리에게 상징해 줄 목적으로도 창조되었고, 인간의 결혼은 그리스도와 교회의 연합의 본질을 예시해 주는 역할도 한다.
《피고석의 하나님 God in the Dock》, "교회의 여사제?"

'사랑에 빠지는' 것은 좋은 일이지만 최고는 아니다. 그보다 못한 일도 많고 그보다 나은 일도 있다. 그러므로 삶 전체의 기초를 거기에 두어서는 안 된다. 그것은 고귀한 감정이지만 그래 봐야 감정이다. …… 그렇게 달뜬 상태로 누가 단 5년이라도 살아 낼 수 있겠는가? …… 하지만 사랑에 빠진 상태가 끝난다 해서 더는 사랑할 수 없다는 뜻은 물론 아니다. 사랑에 빠지는 것과는 구별되는 두 번째 의미의 사랑은 단지 감정이 아니라 깊은 연합이다. 이 사랑은 의지에 힘입어 유지되고, 의식적 습관을 통해 돈독해지며, (그리스도인 부부의 경우) 은혜로 말미암아 강화된다. 그들은 둘 다 하나님께 은혜를 구하고 받는다. 서로 좋은 감정이 없을 때도 이 사랑으로 사랑할 수 있다. 자신이 싫어질 때도 자신을 사랑하듯이 말이다. 마음만 먹으면 다른 누구와 사랑에 빠지기 쉬울 때에도, 그들은 이 사랑을 지속할 수 있다. 처음에 사랑에 빠져 정절을 서약한 그들이 이제 더 잔잔한 사랑으로 서약을 지킬 수 있다. 결혼이라는 엔진에 시동을 건 것은 사랑에 빠진 감정이었지만, 엔진을 계속 돌아가게 하는 것은 바로 이 사랑이다.

《순전한 기독교 Mere Christianity》, 3부 6장

사람들이 책에서 얻는 생각은 배우자만 잘 만나면 '사랑에 빠진' 상태가 영원히 계속되리라는 것이다. 그러다 보니 나중에 천생연분이 아니다 싶으면 그들은 자신이 실수했으니 상대를 갈아 치울 권한이 있다고 생각한다. 하지만 새로 사랑해서 다른 사람과 결혼해도 황홀한 단꿈은 이전처럼 금방 사라진다는 것을 그들은 모른다. 삶의 모든 부분이 그렇듯이 이 부분에서도 짜릿함은 처음에만 잠깐일 뿐 오래가지 않는다. ……

　짜릿함이 식어서 점점 사라져도 괜찮다. 그 죽음의 시기를 통과해 이후의 더 잔잔한 흥취와 행복 속으로 들어가라. 그러면 어느새 당신은 늘 새로운 전율의 세계 속에 살게 된다. 하지만 항상 짜릿해야 한다고 정해 놓고 그 상태를 인위적으로 연장하려 하면, 그만큼 그것은 점점 더 약해지고 뜸해진다. 결국 당신은 남은 평생 권태와 환멸에 빠진 노인이 되고 만다. 이것을 깨닫는 사람이 별로 없다 보니, 잃어버린 청춘 타령이나 하는 중년 남녀가 많다. 중년이면 사방에 새로운 지평과 새로운 문이 열릴 때인데 말이다. 처음으로 물을 찰싹거리던 어릴 적의 기분을 끝없이 (또한 가망 없이) 되찾으려 하기보다는 수영을 배우는 편이 훨씬 재미있다.

《순전한 기독교 Mere Christianity》, 3부 6장

9부

자연

Nature

1.

자연의 실재

사물이 존재한다는 단순한 사실 속에 위엄과 감동이 있다.
《영광의 무게 The Weight of Glory》, "신학은 시인가?"

놀란 채로 서서 그는 느꼈다,
그 광활함 앞에 뜨거웠던 자신의 감정이 식는 것을.
그리고 외쳤다, "떨리는 어둠과 초원이여,
너는 무슨 뜻이냐. 거친 숲이여, 너는 무엇이냐?"
Dymer (시집 다이머), 1편 19연

의학은 '자연스러운' 상태나 '정상' 기능을 회복하려 애쓴다. 그러나 탐욕과 이기심과 자기기만과 자기연민이 부자연스럽거나 비정상인 것은 난시나 부유신장(부착되지 못하고 자유로이 움직이는 콩팥-편집자)과는 다른 의미에서 그렇다. 탐욕과 이기심 등의 결함이 털끝만큼도 없는 사람을 자연스럽거나 정상이라고 말할 사람이 도대체 누가 있겠는가? 굳이 '자연스럽다'라는 표현을 쓰자면 전혀 다른 의미에서 그렇다. 즉 타락하지 않은 본연의 상태라는 의미에서다. 여태 우리가 본 가운데 그런 사람은 한 분뿐이다. 그분은 심리학자가 말하는 선망의 대상, 즉 통합과 균형과 적응과 행복한 결혼 생활과 직장 등을 고루 갖춘 시민과는 거리가 멀었다. 세상이 당신을 '귀신들렸다'며 끝내 벌거벗겨 나무 기둥에 못 박는다면, 당신이 그런 세상에 썩 잘 '적응했을' 리는 만무하다.

《네 가지 사랑 The Four Loves》, 3장

[자연의] 모든 아름다움은 우리가 그것을 절대화하려는 순간 퇴색해 버리네. 중요한 것을 첫자리에 두면 부수적인 것은 덤으로 따라오지만, 부수적인 것을 앞세우면 양쪽 다 잃는다네. 예를 들어, 욕심을 부리면 최고의 음식을 앞에 두고도 감각적 즐거움조차 누리지 못하지.

Letters(서한집), 1951년 4월 23일

시간과 공간 속에는 유기체라는 것은 존재하지 않고 동물과
식물이 있을 뿐이다. 그냥 식물은 없고 나무와 꽃과 무 등이
있을 뿐이다. 나무도 없고 너도밤나무와 느릅나무와 참나무
등이 있을 뿐이다. 느릅나무라는 것도 존재하지 않고 하루
중의 이 시간에 이렇게 빛을 받고 이렇게 나부끼며 이렇게
과거와 현재가 모두 모여서 된 이 나이의 이 느릅나무만 있을
뿐이다. 이 느릅나무는 나와 내 개에게, 줄기 위의 곤충에게,
이역만리에서 이 나무를 추억하는 사람에게 각각의 특정한
경험을 선사한다. 사실 진정한 느릅나무는 시를 통해서만
말해질 수 있다.

The Personal Heresy (개인적 이단), 5장

단 두 번의 해돋이도 서로 똑같았던 적은 없네. 모든 해돋이에서
차이점을 제하면 동일한 부분만 남겠지만, 이런 추상적 동일성은
과학에서나 예측하는 것일세. 실제로 우리가 살아가는 삶은 그런
동일성으로 환원되지 않거든. 모든 물리적 사건은 물론이고
인간의 모든 경험의 배후에는 결국 이전의 우주 역사 전체가
깔려 있으며(우주 자체도 독자적 사건은 아니네), 따라서 늘 특이성이
딸려 나온다네. 과학은 자체적 목적 때문에 이런 특이성을
당연히 무시하지. 결국 좋은 실험이란 관련 없는 역사적
특이성을 최소화할 수 있는 장치를 고안하는 것 아닌가?

《개인 기도 Letters to Malcolm》, 7장

인간의 기준으로 자연을 보면 일부는 선하고 일부는 악하다(하나님의 기준으로도 보아도 필시 그러할 것이다). 우리 그리스도인은 자연이 타락했다고 믿는다. 하지만 타락한 부분이든 수려한 부분이든 자연을 관통하는 맛이나 결은 한결같다. 자연의 특성이라고도 할 수 있다. …… 우리 눈에 보이는 자연의 악은 말하자면 이 자연에 맞춤한 악이다. 자연이 타락할 경우 그 타락은 다름 아닌 이런 형태를 띨 것이고, 그것이 자연의 특성 자체에 규정되어 있다. 끔찍한 기생^{寄生}과 숭고한 모성은 동일한 기본 주제 내지 개념이 각각 악과 선으로 풀린 것이다.

《기적 Miracles》, 9장

자연을 스승으로 삼으면 자연은 당신이 이미 배우기로 작정한 교훈만 가르쳐 줄 것이다. 다시 말해서 자연은 가르치지 않는다. 자연을 스승으로 삼으려는 성향은 당연히 소위 '자연을 사랑하는' 경험에 접붙여지기 일쑤다. 그러나 이는 접붙임일 뿐이다. 자연의 '기분'과 '정기'는 우리가 실제로 거기에 지배당하기는 하지만, 도덕과는 무관하다. 주체할 수 없는 환희, 감당하기 벅찬 웅장함, 침울한 적막감 등이 당신 앞에 내던져질 뿐이다. 굳이 해석해야겠거든 그야 당신의 자유다. 자연이 발하는 명령은 "보라. 들으라. 주의를 기울이라"라는 것뿐이다. ……

참된 철학은 때로 자연에 대한 경험을 확증해 줄 수 있으나, 자연을 경험한 것으로 철학이 확증될 수는 없다.
《네 가지 사랑 The Four Loves》, 2장

자연은 내게 영광의 하나님, 무한한 위엄의 하나님이 존재하신다는 사실을 가르쳐 준 적이 없다. 그거라면 다른 데서 배워야 했다. 하지만 내 경우 자연은 영광이라는 단어에 의미를 부여해 주었다. 자연이 아니라면 어디서 그런 의미에 눈뜰 수 있었을지 지금도 모르겠다. 아슬아슬한 협곡과 범접할 수 없는 험준한 바위를 본 적이 없다면, 나는 하나님을 '두려워한다'(경외한다)라는 말의 참뜻을 몰랐을 것이다. 그 말을 그저 안전을 지키려는 최소한의 신중한 노력이라는 뜻으로만 알았을 것이다.
《네 가지 사랑 The Four Loves》, 2장

아침에 정원에서 기도할 때 이슬과 새와 꽃을 줄곧 못 본 체하면 그곳을 떠날 때 정원의 생기와 환희에 압도될 것이다. 그러나 압도될 목적으로 정원에 가면, 일정한 나이가 지나서는, 열에 아홉 번은 아무 일도 일어나지 않을 것이다.
《네 가지 사랑 The Four Loves》, 2장

인간에게 동물을 괴롭힐 권리가 있다고 단정하려면, 천사에게 똑같이 인간을 괴롭힐 권리가 있다는 논리도 피하기 어렵다. 인간이 동물보다 객관적으로 우월하다는 주장은 정당하지만, 그 우월성에는 우리가 생체 해부자처럼 행동하지 않는 것도 포함되어야 한다. 즉 우리가 동물보다 낫다는 것을 입증하려면 바로 우리가 동물에게 수행해야 하는 의무를 인정해야 한다. 한편 동물에게는 우리를 향한 그런 의무가 없다.
《피고석의 하나님 God in the Dock》, "생체 해부"

인간과 동물이 전혀 다른 존재라는 기독교의 전통적 개념을 버리면, 동물 실험이 정당화되는 한 열등한 인간에 대한 실험도 정당화될 수밖에 없다. 우리가 동물을 해부하는 이유가 동물이 우리를 막을 수 없는 데다 이것이 생존 경쟁에서 우리에게 유리하기 때문이라면, 저능한 사람이나 범죄자나 원수나 자본가를 같은 이유로 해부하는 것도 논리적으로 당연한 귀결이다. 사실 인간에 대한 실험은 이미 시작되었다.
《피고석의 하나님 God in the Dock》, "생체 해부"

인간이 개와 함께 있으면 우주의 한 간극이 메워진다.
《네 가지 사랑 The Four Loves》, 3장

자연을 대하다 보면 우리는 거인을 만들어 낼 수밖에 없다.
Of Other Worlds (다른 세계들에 관하여), "이야기에 관하여"

기적을 보는 성 아타나시우스의 관점이 오늘날 절실히
필요하다. 기적을 '자연 법칙의 자의적이고 무의미한 위반'으로
보고 배격하는 이들에게 그의 관점이 궁극적 답이기 때문이다.
자연은 메시지를 알아보기 어렵게 흘려 쓰는 반면, 기적은
똑같은 메시지를 큰 글씨로 다시 알리기 위한 것이다.
예수님은 워낙 생명으로 충만하셨기에 막상 죽으려 하실 때는
"남들에게서 죽음을 빌리셔야" 했다(아타나시우스의 표현-옮긴이).
그러니 기적 또한 지극히 그분다운 활동이다.
성 아타나시우스의 The Incarnation of the Word of God (하나님 말씀의 성육신)에
쓴 서문

2.
자연과 초자연

새의 노래가 단지 소리로만 들릴 수는 없네. 적어도 내게는
그렇다네. 소리에 의미나 메시지("저것은 새다")가 필연적으로
따라온다네. 익숙한 단어의 활자가 단지 시각적 무늬로만
보일 수 없음과 마찬가지지. 읽는 행위도 보는 행위만큼이나
무의식중에 이루어진다네. 바람이 울부짖을 때 내게 들리는
것은 그냥 소음이 아니라 바람 소리야. 마찬가지로 글을
읽으면서 또한 즐거움도 느낄 수 있다네. 어쩌면 '또한'이란
말도 필요 없을지도 모르지. 그 구분이 불가능해져야 하며
때로 정말 불가능해. 뭔가를 받는 것과 그 근원이 하나님임을

인식하는 것은 단일한 경험이니. 천국의 열매는 그것이 자라난
과수원을 떠오르게 하고, 상큼한 공기는 그것이 발원한 나라에
관해 속삭여 주지. 이것은 메시지이며, 덕분에 우리는 주께서
오른손으로 우리를 어루만져 주고 계심을 안다네. 그분의
오른쪽에 영원한 즐거움이 있다고 했어(시편 16:11-옮긴이). 굳이
감사와 찬양을 나중에 따로 드릴 필요가 없네. 하나님의 현현을
조금이라도 경험하면 그 자체가 곧 경배일세.

《개인 기도 Letters to Malcolm》, 17장

숲속에 비쳐 드는 한 줄기 햇살은 천문학 책에서는 결코 얻지
못할 해의 일면을 자네에게 보여 준다네. 이런 순수하고
자연스러운 즐거움은 우리의 경험이라는 숲속에 비쳐 드는
'하나님의 한 줄기 빛'이지.

《개인 기도 Letters to Malcolm》, 17장

미처 몰랐던 그분의
아름답고 신기한 권능만이
문득 빛이나 소리나 형태의 다리를 놓아
모든 갈등과 폭풍에서 당신을 이끌어 낼 수 있다. ······
한 순간으로 족했다,

우리는 자신이 덧없는 존재가 아님을 안다.
그래서 이후의 모든 시련,
타인의 증오와 바보의 야비한 웃음,
자연의 위세와 부정한 횡포를 견딜 수 있다.
바로 그분의 영광을 보았기에.

Spirits in Bondage(영혼의 굴레), "감옥의 창살"

자연주의자는 연못(시간과 공간 속의 일대 사건인 자연)이 한없이 깊다고 생각한다. 아무리 깊이 들어가도 물밖에 없다는 것이다. 하지만 단언컨대 수면의 어떤 식물(즉 우리의 일부 경험)을 보면 그 반대임을 알 수 있다. 잘 들여다보면 알겠지만, 그런 식물(합리적 사고)이 위에만 떠 있지 않은 것은 사실이나 줄기는 엄연히 바닥에 닿아 있다. 그러므로 연못에는 바닥이 있다. 언제까지 연못만 계속되는 것이 아니다. 충분히 깊이 들어가면 연못 아닌 무엇이 나온다. 진창과 흙을 지나 암반이 있고, 마침내 전체 지구 덩어리와 땅속에 있는 불에 닿는다.

《기적 Miracles》, 4장

여태 자연주의자는 자연을 생각하느라 바쁜 나머지 자신이 생각하고 있다는 사실을 망각했다. 하지만 그 점에 주목하면 다음 사실이 분명해진다. 즉 인간의 생각은 자연적 사건일 수 없으며, 따라서 자연 아닌 다른 것이 존재한다. 이처럼 초자연은 멀고 난해한 것이 아니라 호흡만큼이나 가깝게 매일 매시간 경험하는 것이다.

《기적 Miracles》, 6장

자연주의자는 '변화하는' 전체 과정만이 시간과 공간 속에 '저절로' 존재할 뿐 그 외에는 아무것도 존재하지 않는다고 믿는다. 소위 특수한 사물과 사건은 전체 과정이 분해된 부분일 뿐이거나, 그 과정이 일정한 시공간 속에서 취하는 형태일 뿐이라는 것이다. 이 단일한 총체적 실재를 그는 자연이라 부른다. 반면에 초자연주의자는 저절로 존재하는 건 한 분뿐이며, 시간과 공간의 틀 그리고 체계적으로 이어져 시공간을 채우는 사건의 행렬은 그분에게서 발원한다고 믿는다. 이 틀과 채움을 그는 자연이라 부른다. 유일한 제1원인이신 그분이 창조하신 실재는 자연뿐일 수도 있고 그렇지 않을 수도 있다.

《기적 Miracles》, 2장

이성과 도덕은 복잡다단한 조건하에서 출현하는데, 그런 조건은
자연과 초자연이 맞물리는 요철과도 같다. 그래서 원한다면
언제나 초자연을 무시한 채 모든 현상을 자연적 측면에서만
다룰 수 있다. 지도상에서 콘월과 데븐셔의 경계를 살피는
사람이 언제나 "데븐셔의 볼록한 부위는 사실은 콘월의 오목한
부위다"라고 말할 수 있는 것과 마찬가지다. 어떤 의미에서
맞는 말이다. 데븐셔의 볼록한 부위는 언제나 콘월의 오목한
부위이기도 하다. 인간의 합리적 사고에는 언제나 뇌의 상태와
결국은 원자의 상호 작용이 수반된다. 그럼에도 불구하고
데븐셔는 '콘월이 끝나는 부분' 이상이며, 이성은 뇌의 생화학
작용 이상이다.

《기적 Miracles》, 6장

어떤 관점에서 보든 최초의 시작은 자연의 통상적 과정
바깥에서 이루어졌을 수밖에 없다. 닭에서 나오지 않은
달걀이나 영원 전부터 존재한 닭이나 둘 다 '자연적'이지
않기는 마찬가지다. 먼저 있던 것이 닭이냐 달걀이냐의 순서를
따져서는 개연성 있는 시작에 이를 수 없다. 그렇다면 그 순서를
완전히 벗어나 다른 데서 진정한 기원을 찾는 것이 합리적이지
않겠는가?

《피고석의 하나님 God in the Dock》, "두 강연"

초자연주의자만이 자연을 제대로 볼 수 있다. …… 자연을 신이나 전부로 취급하면 자연의 핵심과 자연이 주는 즐거움을 몽땅 잃는다. 거기서 나와서 뒤돌아보라. 그러면 …… 놀랍도록 허다한 곰과 아기와 바나나가 보인다. 끝없이 넘쳐 나는 원자와 난초와 오렌지와 암 덩어리와 카나리아와 벼룩과 기체와 회오리바람과 두꺼비가 보인다. 어떻게 이것을 궁극의 실재라 생각할 수 있는가? 이것이 인간의 도덕적 드라마에 쓰일 무대 장치일 뿐이라는 생각이 가당키나 한가? 자연은 그 자체로 존재한다. 자연을 숭배하지도 말고 무시하지도 말라. 자연을 만나 제대로 알아 가라. 만일 인간은 불멸의 존재인데 자연은 (과학자들의 말대로) 쇠하여 사멸할 운명이라면, 장차 우리는 이 수줍으면서도 현란한 피조물, 도깨비, 말괄량이, 구제 불능의 요정, 미련한 마녀인 자연이 그리워질 것이다. 하지만 신학자들에 따르면 자연도 우리처럼 장차 구속救贖된다.

    자연을 지배하는 '덧없음'은 자연의 본질이 아니라 병든 모습일 뿐이다. 자연도 장차 치유되되 성격은 그대로 남는다. 결코 길들여지거나 무색무취해지는 것이 아니다. 그때도 우리는 우리의 옛 원수, 친구, 놀이 동무, 양어머니였던 자연을 알아볼 수 있다. 온전하면서도 더욱 자기다워진 자연의 모습을 말이다. 즐거운 재회가 될 것이다.

《기적 Miracles》, 9장

모든 자연적인 것은 그 자체가 죄가 아니라면 영적 삶의 종이 될 수 있습니다. 그러나 저절로 되는 것은 아닙니다.
Letters(서한집), 1956년 3월경

하나님께로 가는 진정한 여정에 오르려면 끊임없이 자연에 등을 돌려야 한다. 여명에 물든 들판을 지나 작고 좁은 교회로 들어가거나 어쩌면 이스트엔드(당시에 낙후되었던 런던 동부 지역-옮긴이)로 일하러 가야 할 수도 있다. 그러나 자연을 사랑하는 마음은 으레 유용하다 못해 어떤 이들에게는 꼭 필요한 출발점이었다.
《네 가지 사랑 The Four Loves》, 2장

우리가 그림을 이해하는 것은 순전히 3차원 세계를 알고 그 안에 살기 때문이다. 2차원밖에 모르는 피조물이 있는데, 그가 종이 위의 선을 따라 기어가면서 용케 그 선을 인지한다고 하자. 대번 알 수 있듯이 그가 3차원을 이해하기란 불가능하다. 3차원 세계가 존재한다는 우리의 확신을 그도 처음에는 권위에 입각해 받아들일지도 모른다. 하지만 우리가 종이 위의 선을 가리키며 "이것이 길이다"라고 설명하려 하면, 그는 이렇게 대답하지 않겠는가? 우리가 신비로운 3차원 세계에 대한 계시로 받아들이라고 하는 도형이 그로서는 여태 알던 삼각형과 다를 바 없다고 말이다. 그래서 머잖아 그는 이렇게 말할 것이다. "당신이 자꾸 다른 세계와 또 도저히 상상할 수 없는 입체라는 도형을 말하는데, 아무래도 이런 의구심이 든다. 당신이 입체의 이미지 내지 반사체로 제시하는 모든 도형도 따지고 보면 그냥 내가 늘 알던 이쪽 세계의 2차원 도형이 아닌가? 당신이 자랑하는 다른 세계가 원형元型이기는커녕 뻔히 이쪽 세계의 모든 요소를 차용한 몽상이 아닌가?" ……

우리의 문제는 자연적 삶의 모든 요소가 영적 삶에도 재현될 뿐 아니라, 언뜻 보기에 그 밖의 요소는 아예 없어 보인다는 것이었다. 하지만 영적 세계가 자연적 세계보다 풍요로울진대(영적 세계의 존재를 믿는 사람은 아무도 이를 부인하지 않는다), 보다시피 그것은 지극히 당연한 현상이다. 아울러 회의론자의 다음과 같은 결론도 지극히 당연하다. 즉 소위 영적 세계란 사실 자연적 세계에서 유래했으며, 자연적 세계의 신기루나 투사나 가상적 연장延長이라는 것이다. 앞서 보았듯이 저차원밖에 모르는 관찰자는 모든 변환의 사례에서 이런 과오를 범할 수밖에 없다. 잔인한 사람은 아무리 분석해도 사랑에서 정욕밖에 볼 수 없고, 평지에만 산 사람은 그림에서 납작한 도형밖에 볼 수 없으며, 생리학은 사고에서 뇌 회백질의 움찔거림밖에 볼 수 없다. ……

그렇다고 음식을 먹는 자연적 행위가 천년만년 지속되면 희한하게 그것이 기독교의 성찬식으로 변모한다는 말이 아니다. 음식을 먹는 피조물이 있기도 전부터 존재했던 영적 실재가 이 자연적 행위에 새로운 의미를 부여한다는 말이다. 새로운 의미 정도가 아니라 상황에 따라 전혀 다른 일이 되기도 한다. 요컨대 진짜 풍경이 그림 속에 들어가는 것이지 그림에서 어느 날 진짜 나무와 풀이 싹트는 것이 아니다.

《영광의 무게 The Weight of Glory》, "변환"

3.

자연을 창조하신 하나님

그것은 사자였다. 저만치 300미터쯤 떨어진 데서 커다란 금빛 털북숭이 사자가 둥실 떠오른 해를 마주하고 서서 입을 크게 벌려 노래하고 있었다. …… 그가 걸으며 노래하는 동안 골짜기는 푸른 옷으로 갈아입었다. 초장은 사자 주위로 연못처럼 퍼져 나가 야트막한 산허리로 파도처럼 솟아올랐다. …… 어느새 풀밭에는 비탈마다 들꽃이 무성했다. …… 그의 경쾌한 음색이 한바탕 휘몰이로 터져 나오자 소녀는 사방에 불쑥 돋아난 앵초 꽃을 보고도 놀라지 않았다. …… 어느새 노래는 또다시 바뀌어 이제 곡조가 붙은 듯하면서도 한결

자유분방했다. 뛰고 달리며 오르고 싶은 마음이 절로 들게
했다. …… 나뭇가지에서 새가 우르르 몰려나오고 나비 떼가
훨훨 날았다. 벌들은 한시도 지체할 수 없다는 듯 꽃 위에서
바빴다. …… 이제 사자의 노랫소리는 잘 들리지 않고 까마귀,
비둘기, 닭, 나귀, 말, 늑대, 개, 소, 염소, 코끼리의 울음소리가
가득했다. …… 그때 하늘에서인지 사자에게서인지 불처럼
섬광이 번득이면서(아무도 타지는 않았다) 아이들 몸속의 모든
핏방울까지도 찌릿해지더니, 생전 처음 듣는 그윽하면서도
거세고 힘찬 목소리가 들려왔다.

 "나니아여, 나니아여, 나니아여, 깨어나라. 사랑하라.
생각하라. 말하라. 걷는 나무가 되어라. 말하는 동물이 되어라.
신성한 물이 되어라."

《마법사의 조카 The Magician's Nephew》, 8-9장

하나님이 자연을 창조하셨다는 말은 자연이 허상이 아니라
엄연히 실재라는 뜻이다. 하나님의 창의력이 셰익스피어나 찰스
디킨스보다 덜해서야 되겠는가? 그분의 피조물은 치밀하게
창조되어, 폴스타프나 샘 웰러(각각 셰익스피어와 디킨스의 작중
인물-옮긴이)보다 훨씬 더 실물답다. …… 하나님의 창조의
자유는 시인의 자유와도 같아서, 그 자유로 그분은 각 피조물을
일관되고 확실하면서도 저마다 고유한 특색을 지닌 존재로
창조하신다. …… 시간과 공간의 차원, 식물의 죽음과 부활,

다양한 유기체의 조화, 남녀의 연합, 올가을 헤리퍼드셔에서
날 사과 한 알 한 알의 색깔 등이 그저 강제로 땜질된 일련의
유용한 연장일 뿐이라고 생각한다면 이는 비참한 오류다. 이
모두는 그들 각 개체의 언어이고, 얼굴 표정이며, 냄새, 맛이다.
그 모든 것 속에 자연의 속성이 배어 있다. 라틴어의 모든 어미
변화에 라틴어의 특징이 담겨 있고, 화가 코레조의 모든 붓놀림
속에 코레조만의 작품이 스며 있는 것과 마찬가지다.
《기적 Miracles》, 9장

최소한 늘 남아 있어야 할 '요지부동'의 사실이자 인간의
생각으로는 전혀 이해할 수 없는 자료^{data}는 우주가 존재한다는
것이네. 혹은 일정한 특색을 지닌 이 우주가 존재한다는 것이지.
이는 동화 속에 나오는 '마법'의 꽃만큼이나 신비한 일일세. ……
　　하나님이 스스로 존재하신다는 사실보다 더 깊은
'기정사실'은 있을 수 없네. 역시 '마법'과도 같다 할 수 있지.
《개인 기도 Letters to Malcolm》, 19장

하나님보다 더 영적으로 되려는 노력은 부질없다. 그분은
애초에 인간을 영적인 존재로만 지으실 뜻이 없었다. 그래서
빵과 포도주 같은 물질을 통해 우리 안에 새 생명을 불어넣어

주신다. 우리 눈에는 그게 영적이지 못하고 조잡해 보일지
모르지만 하나님의 생각은 다르다. 그분은 식생활을 창조하신
분이다. 물질을 좋아해 물질을 고안하신 분이다.
《순전한 기독교 Mere Christianity》, 2부 5장

내가 아는 일부 얼빠진 그리스도인들은 마치 기독교가 섹스나
몸이나 쾌락 자체를 나쁘게 보는 것처럼 말한다. 하지만 그것은
틀린 생각이다. 주요 종교 가운데 기독교만이 거의 유일하게
육체를 완전히 인정한다. 기독교에 따르면 물질은 선하고,
하나님 자신도 한때 인간의 몸을 입으셨으며, 천국에서도
우리에게 모종의 몸이 주어져 그 몸이 우리의 행복과
아름다움과 에너지의 필수 요소가 될 것이다. 기독교는 다른
어떤 종교보다도 결혼을 예찬해 왔으며, 세상에서 가장 위대한
사랑의 시들은 거의 다 그리스도인의 작품이다.
《순전한 기독교 Mere Christianity》, 3부 5장

하나님이 자연에 행하시는 일에 우연이나 주먹구구는 없으며,
'단지'라는 단어를 붙여도 무방한 일은 없다. 그분은 철저히
앞을 내다보며 목적을 두고 행하시고, 자연은 철저히 거기에
맞물려 있다. 그 무엇도 다른 무엇의 '단지 부산물'이 아니며,

모든 결과는 처음부터 의도된 것이다. 하나의 관점에서 보면 부차적인 것이 다른 관점에서 보면 주목적이다. 동일한 사물이나 사건이 순서상 처음이면서 또한 나중일 수도 있고, 위계가 가장 높으면서 동시에 가장 낮을 수도 있다. 남녀 파트너는 춤의 악장에 따라 서로 절을 주고받는다. 높아지거나 중심에 설수록 끊임없이 내려와야 하고, 낮아질수록 높임을 받는다. 모든 훌륭한 주인은 종이기도 하며, 하나님은 인간의 발을 씻어 주신다.

《기적 Miracles》, 14장

주변의 사물이든 내가 생각하는 '나'든, 그것을 액면가 그대로만 보면 거기에 속기 마련일세. 하지만 하나님이 창조하신 작품으로 보면 그것이 중대한 의미를 띤다네. 물질과 사고라는 두 피조물은 그렇게 서로 만나며, 이로써 회로가 완성되지. 다른 방법은 없어. ……

    물질의 본질을 분석하기 시작하면 우리가 늘 상상해 오던 물질은 간데없고 산술만 남네. 내 오감은 상상이 배제된 그 물리적 실재로부터 소수의 자극만을 골라, 그것을 지각으로 전환하거나 상징화하네. 그런데 지각은 물질의 실재와는 영판 거리가 멀어. 내 연상 기능은 이런 지각을 작은 다발로 묶어 '사물'별로 나눈다네(명사로 호칭하지). 연상 기능이 다분히 내 현실적 필요에 지배당하고 사회화의 영향을 입었음은 물론일세.

이런 다발로 나는 나만의 작고 깔끔한 분류 체계를 만들어 거기에 산, 들, 집 등의 속성을 적절히 부여한다네. 내 행동은 그 안에서 이루어지고 말이야.

《개인 기도 Letters to Malcolm》, 15장

특별히 거룩한 장소와 물건과 절기가 있는 것은 좋네. 그런 구심점 내지 환기 장치가 없으면, 모든 것이 거룩하고 '하나님으로 충만하다'는 믿음이 금방 한낱 감정으로 전락하기 때문일세. 그런데 이런 거룩한 장소와 물건과 절기는 모든 땅이 거룩하고 모든 덤불이 (우리가 지각할 수만 있다면) 불붙은 떨기나무라는 사실을 환기시켜 주기는커녕 오히려 우리의 그런 인식을 잠식해 버릴 수도 있네. 그렇게 되면 그 거룩한 것들이 우리에게 오히려 해로워지지. 그래서 '종교'는 꼭 필요하면서도 늘 위험을 안고 있다네.

《개인 기도 Letters to Malcolm》, 14장

4.

자연, 신화, 유비

핵심 원리는 죽음과 부활이다. 내려갔다 올라오는 것이다.
큰길은 거의 언제나 이 좁은 통로를 납작 기어서 통과해야만
나온다. ……

    이 틀이 자연에 있음은 먼저 그것이 하나님께 있었기
때문이다. …… 전체 틀은 …… 진정한 죽음과 부활이다. 일찍이
그토록 아름다운 나무에서 그토록 차갑고 음습한 땅으로 떨어진
씨앗은 없었다. 이는 하나님이 하늘에서 땅으로 내려오셨다
다시 올라가심으로써 창조세계의 신산하고 질퍽이는
밑바닥까지 다 거치셨음을 생생히 보여 주는 유비다. ……

옥수수 왕(해마다 자신을 희생하여 풍년을 이루어 준다는 곡물 신으로
세계 여러 전설에 등장한다-옮긴이)은 (인간의 상상력을 통해) 자연의
이치에서 유래했고, 자연의 이치는 창조주에게서 나왔다.
죽음과 부활의 틀이 자연에 있음은 먼저 그것이 그분께 있었기
때문이다. 다른 한편으로 예수님의 가르침에는 놀랍게도
'자연 종교'의 요소가 전혀 없으며, 그분의 가르침의 배경이 된
유대교에도 마찬가지다. 그런 가르침 속에는 자연의 원안이
명백히 드러나 있기 때문이다.
《기적 Miracles》, 14장

하나님이 인류에게 보내 주신 이것을 나는 좋은 꿈이라
표현한다. 신이 죽었다 다시 살아나서 그 죽음을 통해 인간에게
새 생명을 준다는 이 기묘한 이야기들은 기독교 이외의
종교에도 두루 퍼져 있다.
《순전한 기독교 Mere Christianity》, 2부 3장

인류가 존재하고 인류에게 어려움이 지속되는 한 좋은 신화도
요긴한 역할을 한다. 신화는 그것을 받아들일 수 있는 이들에게
늘 동일한 카타르시스를 자아낸다. ……
    신화는 영원하고 필연적인 문제를 다룬다. 반면에 ……

세련되고 정교한 소설에 나오는 인물들의 많은 문제는 좀 멀리 걷거나 식염을 섭취하면 깨끗이 해결될 수도 있다.

《이야기에 관하여 On Stories》, "라이더 해거드의 신화 창조 재능"

성경에 보면 하나님의 빛이 '각 사람에게 비추었다'고 했다(요한복음 1:9-옮긴이). 그러므로 우리는 이교의 큰 스승들과 신화 작가들의 상상력을 통해서도 이 주제를 언뜻 볼 수 있으려니 예상해야 한다. 우리가 전체 우주 이야기의 줄거리라고 믿는 그 주제란 바로 성육신과 죽음과 부활이다. 이교의 그리스도 인물들(발데르, 오시리스 등)과 실제 그리스도의 차이점도 다분히 예상해야 한다. 이교의 이야기들은 하나같이 누군가가 해마다 죽었다 살아나거나 아니면 그 시기와 장소를 아무도 모른다는 식이다. 반면에 기독교의 이야기에는 역사에 실제로 살았던 인물이 등장한다. 그분이 처형되신 시기는 꽤 정확히 추정될 수 있고, 당시의 로마 재판관 이름도 밝혀져 있다. 또 그분이 세우신 공동체도 관계 사슬을 통해 그분과 더불어 오늘날까지 이어져 내려왔다. 양쪽의 차이는 진위의 문제가 아니다. 한쪽은 실제로 사건이 벌어진 데 반해 다른 쪽은 동일한 사건이 희미한 꿈이나 전조로만 존재한다는 점이 다를 뿐이다.

《영광의 무게 The Weight of Glory》, "신학은 시인가?"

그때 그의 뒤편에서 다른 목소리가 이렇게 말했다.

"아이야, 말하자면 이것은 신화다. 본래 신화는 진실일 뿐 실제 사건은 아니고, 은유일 뿐 실상 자체는 아니다. 하지만 이것은 나의 신화다. 이 세상의 지혜의 말들도 신화이고 은유이지만, 그런 말들은 자신의 정체를 모르기 때문에 마땅히 종이 되어야 할 배후의 신화가 주인 행세를 한다. 게다가 그것은 인간이 지어낸 것이다. 하지만 이 신화는 내가 창조했다. 처음부터 지금까지 내가 이 베일을 쓰기로 작정했다. 이를 위해 내가 네게 오감과 상상력을 주었다. 내 얼굴을 보고도 네가 살 수 있도록 말이다."

《순례자의 귀향 The Pilgrim's Regress》, 9권 5장

신화가 사고를 초월하듯이 그리스도의 성육신은 신화를 초월한다. 기독교의 핵심은 신화면서 또한 사실이다. 신이 죽는다는 오랜 신화가 하늘의 전설과 상상에서 이 땅의 역사로 내려왔으나 여전히 신화인 채로다. 그 일은 특정한 시기에 특정한 장소에서 발생했고, 분명한 역사적 결과가 뒤따랐다. 이제 우리는 언제 어디서 죽는지를 아무도 모르는 발데르나 오시리스 같은 신을 벗어나, 본디오 빌라도 치하에서 (일정한 절차를 따라) 십자가에 못 박히신 실존 인물에게로 옮겨 간다. 이것은 사실이 되었지만 그렇다고 이제 신화가 아닌 것은 아니다. 그래서 기적이다. 내 생각에 인간은 자신이

믿는 종교보다 믿지 않는 신화에서 영적 힘을 더 많이 얻을
때가 있다. 진정한 그리스도인이 되려면 우리는 역사적
사실을 수용할 뿐 아니라, (이제는 사실이 된) 이 신화도 다른
모든 신화처럼 상상력을 동원해 받아들여야 한다. 양쪽 다
똑같이 필요하다. …… 우리의 신학에 깃드는 신화의 광채를
부끄러워해서는 안 된다.

《피고석의 하나님 God in the Dock》, "신화가 사실이 되었다"

신화 일반은 (고대 그리스의 신화학자 유헤메로스의 생각처럼) 단지
왜곡된 역사이거나 (일부 교부의 생각처럼) 마귀의 미혹이거나
(계몽주의 철학자들의 생각처럼) 성직자의 거짓말이 아니다. 가장
좋은 상태의 신화는 희미하게나마 실제로 인간의 상상력을
비추는 하나님의 진리의 빛이다.

《기적 Miracles》, 15장

기독교가 단지 신화일 뿐이라면 내가 믿는 이 신화가 곧 내가
제일 좋아하는 신화는 아니다. 나는 그리스 신화가 훨씬 좋고,
아일랜드 신화는 그보다 더 좋으며, 최고로 좋은 것은 노르웨이
신화다.

《영광의 무게 The Weight of Glory》, "신학은 시인가?"

랜섬은 진실과 신화를 가르고 그 둘을 다시 사실과 가르는
삼중의 구분이 순전히 땅에 속한 일이었음을 인식하고 있었다.
그것은 타락으로 말미암아 불행히도 영과 육이 분열된 데 따른
필연적 결과였다. 땅에도 성례가 있어, 그런 구분이 건전하지도
않고 궁극적 상태도 아님을 영원히 일깨워 주었다. 그것은
일찍이 그리스도의 성육신을 기점으로 끝이 났다.

《페렐란드라 Perelandra》, 11장

벌티튜드 씨는 정신도 육체만큼이나 인간의 생김새와 달리
부드러운 털로 덮여 있었다. …… 그는 그들이 사람이고 자신이
곰인 것을 몰랐다. 자신이 존재한다는 사실조차 몰랐다. 나와
너라는 단어로 대변되는 모든 것이 그의 사고 속에는 존재하지
않았다. 매그스 부인이 일요일 아침마다 그러듯이 그에게
당밀 통을 주었을 때도, 그는 주는 자와 받는 자를 인식하지
못했다. 친절을 베푸는 대로 맛보았을 뿐이다. …… 그의 삶에는
군더더기가 없었다. 인간의 사고대로라면 타산적 사랑이라고
경멸할지도 모르는 욕구를 그는 황홀하게 전율하며 열망했고,
그런 열망이 그의 전 존재를 빨아들였다. 그 끝없는 동경에
비극의 조짐이 서린 채 낙원의 색깔이 묻어났다. 인간도 만일
영롱한 잔물결의 따뜻한 연못과도 같은 아담 이전의 의식 상태로
잠시나마 돌아갈 수 있다면, 절대 진리가 저절로 깨달아질
것이다.

이성 이하의 상태와 그 이상의 상태는 둘 다 기존의 우리 삶과 대비되면서, 표면적으로 어느 정도 서로 닮아 있기 때문이다. 막연히 즐겁거나 두려웠던 어린 시절의 기억이 우리에게 되살아날 때가 있다. 딱히 연상되는 재미있거나 무서운 사건이 없는데도 말이다. '명사 없이 허공을 떠도는 순수한 성질의 강렬한 형용사'인 셈이다. 그런 순간에 우리는 앞서 말한 연못을 얕게나마 경험한다. 그러나 어떤 기억보다도 깊은 심연은 우리를 이 곰이 평생 살아온 곳인 따뜻하고 흐릿한 한복판으로 곧장 데려갈 수 있다.

《그 가공할 힘 That Hideous Strength》, 14장

그래서 신화는 광야에서 먹던 만나처럼 각 사람에게 필요한 대로 각기 다른 음식이 된다. 신화는 낡아지지 않으며 인종적, 성적, 철학적 최신 사조에 얽매이지도 않는다. 게다가 신화에 대한 반응은 같은 순간 같은 사람이라도 감정적 차원, 논리적 차원 등에 따라 다를 수 있다. 하지만 생각이 너무 많은 시대에는 좋은 신화 시의 창작이 드물다. 우화로 변주하려는 유혹, 이야기 속에 일부러 시인의 교리를 집어넣으려는 유혹, 신화의 고유한 성향에 끝까지 맞서 싸우려는 유혹이 대개 너무 강하다.

Selected Literary Essays (문학 평론선), "셸리, 드라이든, 엘리엇"

나의 가장 깊은 경험과 특히 가장 이른 경험은 다 순수성을 띠는
것 같네. 무섭고 아름다운 성질이 무섭고 아름다운 사물보다
더 오래되었고 확실하다네. 음악의 악구를 말로 옮길 수
있다면 형용사가 될 거야. 훌륭한 가사는 안성맞춤인 하나의
긴 형용사와도 같을 걸세. 플라톤은 현대인이 생각하는 것처럼
어리석지 않았다네. 그는 추상 명사(즉 명사로 위장한 형용사)를
최고의 실재인 '형상'으로 격상시켰거든.

《개인 기도 Letters to Malcolm》, 16장

무형의 대상을 그림처럼 묘사하는 것이 사고와 언어의
본령이다. 좋거나 행복한 것은 늘 하늘처럼 높고 해처럼 밝았고,
악과 불행은 처음부터 으슥하고 어두웠다. …… 감각되는 것과
감각되지 않는 것이 애초에 어떻게 짝을 이루었느냐는 물음은
어리석은 질문이다. 진짜 문제는 그 둘이 어떻게 갈라졌느냐는
것이다. …… 그런데 이런 상응 어구는 다른 용도로도 쓰일 수
있다. 유비의 거의 반대인데, 나는 이를 성례주의나 상징주의라
부른다. 형태가 없는 우리의 감정이 유형의 장치를 통해
모사模寫될 수 있다면, 반대로 우리의 물질세계도 눈에 보이지
않는 세계의 사본일 수 있다. 사랑의 신인 아모르와 그의
은유적 동산이 인간의 실제 감정에 상응하듯이, 어쩌면 우리
자신과 우리의 '현실' 세계도 다른 무엇에 상응한다. 감각되는
모사품을 통해 그 다른 무엇을 읽어 내려는 시도가 곧 내가

말하는 상징주의 내지 성례주의다. 사본 속에서 원본을 보는 것이다. 결국 이것은 "이 가시적 세상이 비가시적 세상의 잔영일 뿐이라는 헤르메스 트리스메기스투스의 철학이다. 그래서 초상화처럼 모든 사물은 참모습이 아니라 어렴풋한 형상이다. 눈에 보이지 않는 직물의 실체를 흉내 낸 것이다"(의사이자 작가인 토머스 브라운의 말-옮긴이). 양쪽의 차이는 아무리 강조해도 지나치지 않다. 유비주의자는 기정사실 즉 자신의 감정을 벗어나 명백히 덜 실재인 허구를 논하지만, 상징주의자는 기정사실을 벗어나 그보다 더 실재인 것을 찾으려 한다. 이 차이를 다르게 표현하자면, 상징주의자에게는 우리 자신이 곧 유비다.

The Allegory of Love (사랑의 유비), 2장 1단원

〔존 가우어의 Confessio Amantis(연인의 고백)에 보면〕 중세의 우화가 신화로 발돋움하는 진귀한 대목이 나온다. 하나씩의 개념만을 대변하도록 구상된 여러 상징이 새 생명을 입어, 어느새 더 큰 원리들을 대변한다(다른 방식으로는 거기에 도달할 수 없다). 이 원리들은 모든 범주의 개념을 하나로 아우른다. 이 전체에 배어든 여러 의미를 가우어는 결코 의도하지 않았을 수도 있다. 이쯤 되면 작가의 의도 여부는 중요하지 않다. …… 시의 확실한 법칙이 하나 있는데, 시를 짓는 본분에 충실하면 어느새 시인이 생각지도 못했던 일까지 이루어져 있다.

The Allegory of Love (사랑의 유비), 5장 1단원

A가 B를 상징한다고 할 때, 이 유비를 통해 저자가 '정말'
말하려는 것이 B일 뿐 A는 아니라고 생각한다면 이는 중대한
오류다. 양쪽을 다 말하는 것이 유비라는 수사법의 기본
속성이다.

The Allegory of Love (사랑의 유비), 5장 2단원

일부 독자가 목자라는 등장인물을 좋아할 수 없는 것은 ……
시골 사람이라 해서 다른 누구보다 더 행복하거나 덕스럽지
않음을 그들이 알기(또는 안다고 말하기) 때문이다. 그러나
그들에게 설명하자면 번거롭겠지만 …… 실제로 존재하고 자주
방문해야 할 어떤 곳을 구상할 때, 인류가 그곳을 시골의 풍경과
직업으로 상징하게 된 데는 그만한 근거(와 이유)가 많이 있다.
그들이 그런 곳을 안다면, 거기에 전차 차장이며 경찰관을 대거
입주시켜 보게 하라. 혹시 성공한다면 나는 박수를 보내겠다.
하지만 그들이 그런 곳을 모른다면, 그때는 어쩔 도리가 없지
않겠는가?

The Allegory of Love (사랑의 유비), 7장 3단원

10부

The Post-Christian World

탈기독교 세상

1.

현대 사조

제인 오스틴에게서 우리에게로 넘어오는 그 어간에 기계류가 출현했다. …… 이는 선사 시대를 여러 시대로 구분 짓는 대변혁에 맞먹는다. 즉 석기 시대에서 청동기 시대로 또는 유목 생활에서 농업 경제로 변천한 것과 같은 수준이다. 이로써 자연에서 인간이 차지하는 위상이 달라졌다. ……

　단언컨대 이것이야말로 서구인의 역사에서 가장 큰 변화다.
Selected Literary Essays(문학 평론선), "시대의 묘사에 관하여"

"그들이 만든 기계류도 다 마찬가지입니다. 노동을 덜어 주는 장치가 더 고역스럽고, 최음제는 성불구를 낳고, 각종 오락은 권태를 부르고, 식품 생산의 속도전은 인구 절반을 굶주리게 하며, 시간을 절약해 주는 기기가 그들의 나라에서 여가를 몰아냈어요."

《순례자의 귀향 The Pilgrim's Regress》, 10권 6장

처음에 우주는 의지와 지성과 생명 등 긍정적 속성으로 가득 차 보였다. 모든 나무는 요정이고 모든 행성은 신이었다. 인간도 신에 가까웠다. 그런데 지식이 발전하면서 이 풍요롭고 친절한 우주가 점차 비워졌다. 신들로 시작해 색깔과 냄새와 소리와 맛을 잃더니 마침내 본연의 실체마저 잃었다. 세상에서 밀려난 이것들은 주관적 영역으로 옮겨져 우리의 감각이나 생각이나 은유나 감정으로 분류되었다. 주관이 객관을 짓밟고 피둥피둥 비대해졌다. 그런데 문제는 거기서 끝나지 않았다. 세상을 비운 똑같은 방법이 어느새 우리를 비우는 일에 나섰다. 이 방법의 주모자들이 곧 공표하기를, 우리가 인간이라는 유기체에 '영혼, 자아, 지성'을 귀속시킨 것은 나무에 드라이어드 요정을 귀속시킨 것만큼이나 큰 과오라고 했다(과오의 방식까지도 거의 똑같다고 했다). …… 여태 우리가 다른 모든 것을 의인화했는데, 알고 보니 우리 자신도 의인화된 존재에 불과했던 것이다. …… 그 결과 우리는 유례없이 거의 영^{zero}에 도달했다. 이렇게

세상을 무화無化하다시피 하면서도, 우리는 잃어버린 모든
속성이 (다소 초라한 상태로나마) '우리의 사고 속에' 잘 간직되어
있다는 환상으로 자신을 속였다. 하지만 그럴 만한 사고가
우리에게는 없어 보인다. 주관도 객관 못지않게 비워졌기
때문이다. 무엇에 대해서든 언어적 과오를 범한 사람은 거의
아무도 없다. 대체로 그동안 이런 일이 벌어졌을 뿐이다.

D. E. 하딩의 Hierarchy of Heaven and Earth (하늘과 땅의 위계)에 쓴 서문

…… 맹인만 사는 나라에서
암흑 속의 두 발 동물들은 자신이 어떻게 불구가 되었는지도
모른다.

Poems (시집), "맹인의 나라"

다른 시대에라면 '영구적'이라고 말했을 것을 어떻게 우리는
감정이 잔뜩 실려 있고 악취와 말라리아의 어감을 짙게 풍기는
'정체'停滯라는 단어로 표현하게 되었을까? '원시적'이라는 말을
들으면 왜 즉시 엉성하고 비효율적이고 야만적이라는 느낌이
들까? …… '최신'이라는 광고 문구는 왜 '최고'를 뜻할까? ……
이런 평가 풍조가 인간의 사고를 지배하게 된 것은 내 생각에
새로운 원형의 이미지 때문이다. 즉 더 좋은 신식 기계가 구식

기계를 몰아낸다는 이미지다. 기계 분야에서는 대개 신제품이 정말 더 좋고, 원시적인 것은 정말 엉성하다. 이 이미지는 우리 모두의 사고에 위력을 떨치지만, 특히 교육받지 못한 이들의 사고는 그것이 지배하는 독무대나 같다. 그들에게는 자신의 결혼과 출산 다음으로 기술 발전이 인생의 기념비적 사건이다.

Selected Literary Essays (문학 평론선), "시대의 묘사에 관하여"

어떻게든 구식을 면하고 '시대의 흐름을 따라잡으려' 할수록 …… 그만큼 더 인간은 '구식으로 변하기' 쉽다. 시간을 따라가면 당연히 자신도 시간처럼 뒤로 사라질 수밖에 없기 때문이다.

《이야기에 관하여 On Stories》, "시대 비평"

남들은 금기를 버리는 데 오래 걸렸다는데, 나는 금기를 받아들이는 데 그만큼 오래 걸렸다. 그러다 보니 현대 세계와 충돌할 때가 많았다. 나는 배교한 청교도들 사이에서 살아가는 개종한 이교도였다.

《예기치 못한 기쁨 Surprised by Joy》, 4장

우리는 대중을 멋대로 요리할 수 있다는 교만한 생각을 버려야
한다. 내가 알기로는 오히려 그 반대다. 자신이 애독하는 신문에
정말 속는 사람은 지식인뿐이다.

《현안 Present Concerns》, "병사 베이츠"

원시인에 대한 현대의 모든 평가는 우리 문명의 집단적 중죄인
인공물의 우상화에 근거해 있다. 우리가 망각하는 사실이지만,
자고로 유익한 것은 클로로포름을 제외하고 거의 다 선사
시대의 우리 선조가 발견했다. 우리의 언어, 가정, 의복, 불의
사용, 동물의 가축화, 바퀴, 선박, 시, 농업 등은 다 그들에게
빚진 것이다.

《고통의 문제 The Problem of Pain》, 5장

기독교 교부를 싫어하는 현대인은 비슷한 이유로 이교 철학도
똑같이 싫을 것이다. 양쪽 다 환상과 황홀경과 귀신의 이야기로
그를 난감하게 할 테니 말이다.

《폐기된 이미지 The Discarded Image》, 4장

내가 '세대적 속물근성'이라 칭하던 내 문제를 [오웬 바필드]가 금세 해결해 주었다. 이 속물근성은 우리 시대의 보편화된 지성적 기류라면 비판 없이 수용하면서, 시대에 뒤처진 것은 무조건 그 이유로 신빙성을 잃었다고 단정한다. 하지만 그것이 왜 시대에 뒤처졌는지를 알아야 한다. 논박되었기 때문인가(그렇다면 누가 어디서 얼마나 확실하게 논박했는가), 아니면 유행처럼 그냥 사라졌는가? 후자라면 그것의 진위에 대해 아무것도 알 수 없다. 이를 통해 우리는 우리 시대도 '하나의 시대'일 뿐이며, 모든 시대처럼 당연히 특유의 망상을 안고 있음을 깨닫는다. 그런 망상은 대개 세간의 여러 통념 속에 도사리고 있는데, 이런 통념일수록 시대 속에 워낙 녹아들어 있어 아무도 감히 이의를 제기하거나 변호의 필요성을 느끼지 못한다.

《예기치 못한 기쁨 Surprised by Joy》, 13장

흔히들 이렇게 말한다. "초기의 그리스도인들은 그리스도가 동정녀의 아들이라고 믿었지만 우리는 그것이 과학적으로 불가능함을 안다." 이들은 기적을 믿던 시대에는 인간이 워낙 무지해서 기적이 자연의 이치에 어긋남을 몰랐다고 생각하는 모양이다. 하지만 조금만 생각해 봐도 그게 말도 안 되는 소리임을 알 수 있다. 특히 단적인 예가 동정녀 탄생의 이야기다. 약혼녀의 임신 사실을 알게 된 요셉은 당연히

파혼하려 했다. 왜 그랬을까? 본래 자연의 이치상 여자가 남자와 동침하지 않고는 임신할 수 없음을 그도 현대의 어느 산부인과 의사 못지않게 잘 알았기 때문이다. …… 표현만 달랐다 뿐이지 그도 똑같이 "이런 일은 과학적으로 불가능하다"라는 의미의 말을 했을 것이다. …… 기적을 믿으려면 자연 법칙을 몰라야 하기는커녕 오히려 자연 법칙을 알아야만 가능하다.

《기적 Miracles》, 7장

전통 도덕에서 빌려 온 동기가 아니고는 새로운 도덕에 진입할 도덕적 동기가 있을 수 없다. …… 새로운 도덕을 내세우는 현대의 모든 시도는 전통 계율을 축약한 것이다. 그중 일부를 배격하고 일부만 보유한 것이다. 그런데 계율을 보유할 때의 진짜 배후 권위는 다른 계율을 배격하면서 비웃는 바로 그 권위뿐이다. …… 대중을 먹이는 데 방해된다는 이유로 정의의 개념을 공격할 수 있지만, 대중을 먹여야 할 의무는 보편 인류에서 왔다. 박애 대신 애국심을 떠받들 수 있지만, 우리에게 조국을 사랑하라고 가르친 것은 오랜 강령이다. 손자의 암을 치료하려고 할아버지의 생체를 해부할 수는 있지만, 전통적 도덕을 버리고 나면 애초에 손자를 돌보아야 할 까닭이 무엇인가?

《기독교적 숙고 Christian Reflections》, "윤리에 대하여"

인간의 반응에 기본으로 깔려 있는 올바름을 우리는 당장이라도 '진부하다, 조잡하다, 부르주아적이다, 상투적이다'와 같은 말로 혹평하려 하지만, 그 올바름은 저절로 '주어지는' 것이 아니라 여러 훈련된 습관의 절묘한 균형이다. 이런 습관은 기르기는 힘들지만 잃기는 쉬운데, 그것을 잘 유지해야만 우리의 덕과 쾌락은 물론이고 어쩌면 인간이라는 종의 생존까지도 가능해진다. 인간은 변하지만(눈 깜짝할 사이에 거의 알아볼 수 없을 정도로 조변석개한다) 인과 법칙은 불변하기 때문이다. 독이 인기를 끈다 해서 사람을 죽이지 않는 것은 아니다. ……

전통 시는 여러 단골 주제(사랑은 달콤하고, 죽음은 쓰라리고, 덕은 아름답고, 아이나 동산은 즐거움을 준다는 등)를 한결같이 고수함으로써 도덕과 교양 면에서만 아니라 생물학적으로도 중요한 공헌을 했다.

《실낙원 서문 A Preface to "Paradise Lost"》, 8장

과거를 공부하면 실제로 현재로부터, 또 우리 자신의 시장market-place의 여러 우상으로부터 해방된다. 하지만 내가 보기에는 과거로부터도 해방된다. 과거에 가장 덜 예속되어 있는 인간 집단은 내 생각에 역사가들이다. 역사를 모르는 사람은 대개 자신도 모르게 아주 최근의 과거에 얽매여 있다.

Selected Literary Essays (문학 평론선), "시대의 묘사에 관하여"

그리스도인과 이교도의 공통점이 그중 어느 한쪽과 탈기독교 인간의 공통점보다 훨씬 많다. 서로 다른 신을 예배하는 사람들 사이의 간극은 예배하는 사람과 예배하지 않는 사람 사이의 간극만큼 넓지 않다. ……

　　탈기독교 인간은 이교도가 아니다. 일단 결혼했으면 이혼해도 성적 순결이 회복되지 않는 것과 마찬가지다. 탈기독교 인간은 이전의 기독교와 단절되어 있으며, 따라서 이전의 이교와는 이중으로 단절되어 있다.

Selected Literary Essays(문학 평론선), "시대의 묘사에 관하여"

무지한 다수가 소수의 선각자를 따르는 사회는 살아남을 수 있다. 모두가 선각자인 사회는 더 넉넉히 생존할 수 있다. 그러나 대중이 여전히 무지한데도 선각자를 무시하는 사회는 천박하고 미열하고 흉측해져 결국 소멸될 수밖에 없다. 우리에게는 전진 아니면 후퇴가 있을 뿐이며 정체는 곧 죽음이다.

《기적 Miracles》, 6장

유스터스 클래런스 스크러브라는 소년이 있었는데 그 이름값을 하는 아이였다(스크러브라는 단어에 형편없고 한심한 사람이라는 뜻이 있다-옮긴이). 부모는 그를 유스터스 클래런스라고 불렀고 학교 교사들은 스크러브라고 불렀다. 친구들이 뭐라고 불렀는지는 모른다. 친구가 하나도 없었기 때문이다. 그는 부모를 '아버지'와 '어머니'라고 부르지 않고 이름으로 '해럴드', '앨버타'라고 불렀다. 아이의 부모는 아주 신식이고 진보적이었다. 채식주의자에다 술·담배를 전혀 하지 않았고 속옷도 특별한 종류만 입었다. 집에 가구도 별로 없었고 여간해서 침대에 옷가지를 늘어놓지 않았으며 창문은 늘 열어 두었다.

유스터스 클래런스는 동물을 좋아했다. 특히 종이에 핀으로 박아 놓은 죽은 딱정벌레를 좋아했다. 곡물 창고의 사진이나 모범학교에서 운동 중인 뚱뚱한 외국인 아이들의 사진이 실려 있는 정보 서적이라면 책도 좋아했다.

《새벽 출정호의 항해 The Voyage of the "Dawn Treader"》, 1장

고대인은 마치 재판관 앞의 피고처럼 하나님(또는 신들) 앞에
나아갔다. 그런데 현대에는 역할이 바뀌어 인간이 재판관이고
하나님이 피고석에 있다. 인간은 꽤 관대한 재판관이라서
하나님 쪽에서 전쟁과 빈곤과 질병을 허용하시는 데 대한
합리적 변호를 내놓으신다면 이를 경청할 준비가 되어 있다.
재판 결과 하나님이 무죄가 될 수도 있다. 그러나 중요한 것은
인간이 판사석에 있고 하나님이 피고석에 있다는 사실이다.
《피고석의 하나님 God in the Dock》, "피고석의 하나님"

그 기사knight는 남들의 으스러진 안면과 너덜너덜해진
팔다리 절단면을 익히 목격한 냉혈 인간이었다. 그러면서도
내빈으로서는 거의 숙녀처럼 조신했고, 주제넘지 않게 점잖고
수수한 남자였다. 그렇다고 험악함과 온유함의 절충 내지
중용은 아니었고, 최대한 거칠고도 최대한 온유했다. ……
　〔계급 없는 사회의〕 기풍은 모든 계급의 가장 좋은 점만 통합된
상태일까, 아니면 모든 계급의 덕은 사라지고 앙금만 침전되어
있는 '웅덩이'에 불과할까?
《현안 Present Concerns》, "기사도의 필요성"

수많은 자칭 인생 설계사가 주제넘게 나서서 그나마 남아 있는
고독조차 씨를 말리려 온 힘을 다한다. …… 아우구스티누스나
헨리 본이나 토머스 트러헌이나 워즈워스가 현대 세계에
태어난다면, 청년 단체 지도자들이 얼른 그들을 '바로잡아' 줄
것이다. …… 우리가 살고 있는 이 세상은 참으로 고독과 침묵과
프라이버시에 굶주려 있고, 따라서 묵상과 참된 우정에도
굶주려 있다.

《영광의 무게 The Weight of Glory》, "멤버십"

요즘 잊히고 있는 듯한 사실이 있다. 사람들은 사해 사본
같은 기독교 이전의(또는 그들이 기독교 이전이라 여기는) 문서에
우리 주님이 '예견되어' 있으면, 이로써 왠지 그분이 신빙성이
떨어진다고 생각한다. 그러면 그분이 프리드리히 니체처럼
새로운 윤리를 만들어 내는 싸구려 행상이라도 될 줄로 알았단
말인가! 유대교 안팎을 막론하고 모든 훌륭한 스승은 그분을
예견했다. 순기능의 측면만 보자면 기독교 이전 세계의 종교
역사 전체가 그분을 예견했다. 그럴 수밖에 없었다. 태초부터 각
사람을 비추신 빛이신 그분은 더 밝아지실 수는 있어도 변하실
수는 없다. 이미 기원이신 그분이 시쳇말로 갑자기 '신기원'이
되실 수는 없다.

《시편 사색 Reflections on the Psalms》, 3장

기독교를 대적하는 사람뿐 아니라 그리스도인까지도 자꾸 이런 예상을 내놓는다. 뭔가 새로운 발견을 계기로 신앙의 문제가 지식의 문제로 바뀌든지 아니면 명백한 부조리로 전락하리라는 것이다. 하지만 그런 일은 한 번도 없었다.

《세상의 마지막 밤 The World's Last Night》, 6장

유스터스가 말했다. "우리 세상에서는 별은 불붙은 커다란 기체 덩어리거든요."

"얘야, 너희 세상에서도 그것은 별 자체가 아니라 별의 재료일 뿐이란다."

《새벽 출정호의 항해 The Voyage of the "Dawn Treader"》, 14장

죽은 원자는 결코 그렇게
우리 인간의 마음을 뭉클하게 할 수 없다.
그러려면 눈에 보이는 아름다움 너머에
끝없는 아름다움이 있어야 하고,
거기에 가득한 영들이
하늘의 초장을 멀리까지 걸어가
하나님의 선명한 발자국을 보아야 한다.

Spirits in Bondage (영혼의 굴레), "노래"

'단지'라는 말은 언제나 위험한 단어다.

《네 가지 사랑 The Four Loves》, 1장

그런(자연주의적) 비평가의 위력은 '단지'나 '오직'이라는 단어에 있다. 그는 온통 사실만 보고 의미는 보지 않는다. 모든 사실을 보았다는 그의 주장까지는 맞는 말이다. 의미를 제외하면, 그것밖에는 아무것도 없으니 말이다. 그래서 당면한 문제에 관한 한 그는 동물과도 같다. 알다시피 대다수 개는 가리켜 보인다는 개념을 이해하지 못한다. 바닥에 떨어진 음식을 가리켜 보이면 개는 바닥을 보는 게 아니라 가리키는 손가락에 코를 대고 킁킁거린다. 개에게 손가락은 손가락일 뿐이다. 개의 세계에는 온통 사실만 있고 의미는 없다. 사실적 현실주의가 이 시대를 지배하다 보니 사람들까지도 일부러 이런 개와 같은 사고에 빠져든다. 내면에 경험한 사랑도 굳이 바깥에서 분석하고 파헤쳐, 그 분석 결과를 자신의 경험보다 더 '참'으로 여긴다. 이처럼 스스로 맹인이 되는 현상의 극한을 보여 주는 이들이 있다. 그들도 의식이 있기는 나머지 우리와 마찬가지지만, 인간이라는 유기체를 연구할 때는 마치 의식 없는 존재를 대하듯 한다. 하늘에서 난 것들을 이해하지 않으려는(그런 이해가 가능할 때조차도) 이런 고의적 거부가 지속되는 한, 유물론을 최종적으로 물리친다는 것은 한가한 공론이다. 이 땅의 모든 경험에 대한 비판은 늘 똑같이 그럴듯할 것이고,

의미를 고의로 무시하고 사실에 집중하는 일도 마찬가지다. 종교는 심리 현상일 뿐이고, 정의는 자기보호일 뿐이고, 정치는 경제일 뿐이고, 사랑은 정욕일 뿐이고, 사고는 뇌의 생화학일 뿐이라는 증거는 언제나 있고 또 매달 새로워질 것이다.

《영광의 무게 The Weight of Glory》, "변환"

결정론은 인간의 행동이 존재함을 부정하지는 않지만, 행동이 궁극적으로 우리 자신에게서 기원한다는 자연스러운 확신을 망상이라며 배격한다네. 소위 '내 행위'는 특정한 시간과 장소에서 우주의 운행이라는 물살이 지나가는(지나가도록 되어 있는) 파이프라는 걸세. 인체의 '수의' 동작과 '불수의' 동작의 차이가 없어지지는 않지만, (이 견해대로라면) 우리가 생각하던 차이와는 달라진다네. 불수의 동작이야 필연적으로(또한 충분히 안다면 예측 가능하게) 내 몸 밖의 기계적 원인에서 또는 몸 안의 병리 현상이나 기관器官 활동에서 비롯한다네. 하지만 수의 동작도 비록 의식의 심리적 요인에서 비롯하기는 하지만 그 배후에 무의식의 심리적 요인이 있고, 이는 다시 내 경제 상황, 유아기와 태아기의 경험, 유전 형질에 의해 결정되며······ 결국 유기적 생명체의 시초 및 그 너머로까지 거슬러 올라간다는 거야. 즉 나는 발원지가 아니라 전도체일세. 세상의 운행에 독창적으로 기여하는 바가 전혀 없네. 나는 그 운행에 얹혀 가되, 하다못해 강물에 떠가는 통나무도 못 되고 그저 그 속의 물 한 방울일 뿐이지.

《개인 기도 Letters to Malcolm》, 7장

태양계가 우연한 충돌로 빚어진 산물이라면 지구에 출현한
유기체도 우연이고 인간의 진화도 다 우연입니다. 그렇다면
현재 우리의 모든 사고도 우연에 불과합니다. 즉 원자 운동의
우연한 부산물이지요. 물론 유물론자와 천문학자의 사고도
예외일 수 없습니다. 그들의 생각 즉 유물론과 천문학이
우연한 부산물에 불과하다면, 그것이 옳다고 믿어야 할 까닭이
무엇입니까? 제가 보기에 하나의 우연으로 다른 모든 우연을
정확히 설명할 수 있어야 한다는 논리는 성립되지 않습니다.
이는 마치 우유가 엎질러져 우연히 퍼져 나간 모양만 보고
우유병이 어떻게 만들어졌고 왜 엎질러졌는지를 정확히
설명해야 한다는 논리와도 같아요.

《피고석의 하나님 God in the Dock》, "기독교에 대한 질문과 답변"

사고가 단지 뇌의 움직임일 뿐이라는 이론은 내 생각에
궤변이다. 만일 그렇다면 그 이론 자체도 뇌의 움직임, 즉
원자와 원자의 충돌에 불과할 테니 말이다. 그 움직임에 속도와
방향이 있을 수는 있으나 거기에 '참'이나 '거짓'이라는 단어를

쓰는 것은 무의미하다.

《영광의 무게 The Weight of Glory》, "변환"

통념에 따르면, 과학적 사고는 우리를 실재와 연결시켜 주지만 도덕적 사고나 형이상학적 사고는 그렇지 못하다. …… 과학적 사고의 주기는 실험에서 가설을 거쳐 증명으로 갔다가 다시 새로운 가설로 이어진다. 실험이란 특수 고안된 감각 경험을 뜻하고, 증명에는 추론이 수반된다. "X가 존재한다면 Y라는 조건하에 반드시 Z가 경험된다." Y라는 조건을 충족시켜 주니 Z가 발생하고, 그래서 우리는 X가 존재한다고 추론한다. 분명히 보다시피 이 과정에서 우리 바깥의 실재를 확신시켜 주는 부분은 바로 "X면 Z다"라는 추론뿐이다. 거꾸로 "Z므로 X다"라고 표현할 수도 있다. 이 과정의 나머지 부분인 가설과 실험 자체는 우리에게 아무런 확신도 줄 수 없다. 가설은 명백히 정신적 구성 개념이며, 그들의 표현대로 '우리의 머릿속에' 있다. 실험도 우리 자신의 의식 상태다. …… 요컨대 자연 과학도 형이상학이나 수학 못지않게 논리의 타당성에 의존한다. …… 그러므로 우리는 과학적 사고와 비과학적 사고의 구분을 폐기해야 한다.

《기독교적 숙고 Christian Reflections》, "허무에 대하여"

이성이 물질에 선행하고 그 태곳적 이성의 빛이 인간의 유한한 사고를 비추어 준다면, 나는 어떻게 인간이 관찰과 추론을 통해 자신이 살고 있는 우주의 많은 것을 알게 되는지를 이해할 수 있다. 그러나 반대로 내가 과학적 우주론을 통째로 받아들인다면, 나는 기독교와만 아니라 과학과도 조화를 이룰 수 없다. 사고는 뇌에, 뇌는 생화학에, 생화학은 (결국) 원자의 무의미한 유동에 전적으로 달려 있다면, 나는 어떻게 그 사고가 나무에 부는 바람 소리보다 조금이라도 더 유의미한지를 이해할 수 없다. …… 생시의 세계가 더 실재인 것은 꿈의 세계를 품을 수 있기 때문이고, 꿈의 세계가 덜 실재인 것은 생시의 세계를 품을 수 없기 때문이다. 똑같은 이유로 확신컨대, 과학적 관점에서 신학적 관점으로 넘어감으로써 나는 꿈에서 생시로 옮겨 왔다. 기독교 신학은 과학, 예술, 도덕, 기독교에 못 미치는 종교 등과 조화를 이룰 수 있지만 과학적 관점은 그중 어느 것이나 심지어 과학 자체와도 조화를 이룰 수 없다. 나는 해가 뜬 것을 믿듯이 기독교를 믿는다. 해가 보여서만이 아니라 해를 통해 다른 모든 것을 보기 때문이다.

《영광의 무게 The Weight of Glory》, "신학은 시인가?"

기계론도 모든 유물론 사상처럼 지식의 문제에서 무너진다.
생각이 뇌 운동으로 얻어진 우연하고 무의미한 결과물이라면,
생각을 믿어야 할 까닭이 무엇인가? 창발적 진화(진화 단계마다
전 단계까지의 총합을 넘어 새로운 성질이 발현한다는 이론-옮긴이)에
관해서라면, 만일 누가 '신'이라는 단어를 '무엇이든 우주가
우연히 다음에 할 일'이라는 뜻으로 쓰기로 고집한다면 물론
그를 막을 수는 없다. 하지만 앞일의 발전을 내심 믿지 않고서야
실제로 그 단어를 그렇게 쓸 사람은 없다. 그런데 그런 믿음은
근거도 없을뿐더러 창발적 진화론자에게 골치 아픈 문제를
떠안긴다. 발전이 가능하다면 이는 우주의 운행 위와 바깥에
선의 절대 기준이 반드시 있다는 뜻이다. 그래야 그것을 지향할
수 있을 테니 말이다. '더 나아진다는' 것이 그냥 '내가 변해
가는 모습'을 뜻한다면, 더 나아지기 위한 논의는 무의미하다.
이는 마치 목적지를 '내가 도달하는 곳'으로 정해 놓고 그곳에
도달했다고 자축하는 것과도 같다. 미래를 숭배하는 것은
혼미한 종교다.

《피고석의 하나님 God in the Dock》, "악과 하나님"

언제까지나 계속 '설명으로 피해 갈' 수는 없다. 그러다 결국
설명 자체까지도 설명으로 피해 가게 된다. 언제까지나 계속
사물을 '꿰뚫어볼' 수는 없다. 본래 뭔가를 꿰뚫어본다는
것은 그것을 통해 뭔가를 보기 위해서다. 유리창이 투명해서

좋은 것은 그 너머의 길이나 정원은 불투명하기 때문이다. 정원까지도 속이 비쳐 보인다면 어떻게 되겠는가? 제1원리를 꿰뚫어보려는 것은 부질없다. 당신이 모든 것을 꿰뚫어본다면 곧 모든 것이 투명하다는 얘기다. 하지만 완전히 투명한 세상은 보이지 않는 세상이다. 모든 것을 꿰뚫어본다는 것은 보지 못하는 것과 같다.

《인간 폐지 The Abolition of Man》, 3장

정신분석이 치료를 시도하는 한 모든 요법에 가치 판단이 개입됩니다. 사람을 더 나아지게 하려 하기 때문이지요. 물론 정신분석 전문의가 "어떤 사람이 되고 싶은지 말해 보십시오. 내가 당신을 거기에 얼마나 가까워지게 해 줄 수 있는지 보겠습니다"라고 말한다면, 가치 판단을 피해 갈 수 있습니다. 그러나 물론 그에게는 선과 행복이 무엇인지에 대한 자기 나름의 생각이 있어 그 기준으로 환자를 대하는 겁니다. 게다가 그 생각의 출처는 과학이 아니라(불가능하다) 그의 나이, 성별, 계급, 문화, 종교, 유전 형질 등입니다. 따라서 그의 생각도 환자의 생각만큼이나 비판을 요하지요.

Letters (서한집), 1940년 3월 26일

수많은 사람이 전통적 또는 (그들의 표현으로) '감상적' 가치관의
'정체를 폭로한다'지만, 그 배후에는 그들 자신의 가치관이 있다.
이 가치관만은 폭로 대상에서 제외된다고 그들은 믿는다.
《인간 폐지 The Abolition of Man》, 2장

실존주의자가 불안을 느끼는 이유는, 결정을 내리는 순간마다
인간의 본성을(그리하여 인간과 모든 것의 관계까지도) 외부의 도움
없이 창조하거나 지어내야 한다고 생각하기 때문이다. 반면
에드먼드 스펜서는 인간의 본성이 정해져 있어 밝혀질 수
있으며 이미 밝혀졌다고 보았다. 그래서 불안을 느끼지 않았다.
그는 슬플 때가 많았지만 근본적으로 불안에 시달리지는
않았다.
English Literature in the Sixteenth Century (16세기 영문학), 3권 1장

유물론자에게는 국가와 계급과 문명 같은 것들이 개인보다
중요하다. 개인은 70년 남짓밖에 살지 못하지만 단체는 수백
년이나 지속될 수 있기 때문이다. 그러나 그리스도인에게는
개인이 더 중요하다. 개인은 영원히 살지만 인종과 문명 등은
그에 비하면 하루살이에 불과하기 때문이다.
《피고석의 하나님 God in the Dock》, "인간인가 토끼인가?"

그리스도인과 유물론자는 우주에 대한 신념이 다르다. 양쪽 다 옳을 수는 없다. 그중 틀린 쪽의 행동은 우주의 실재에 전혀 들어맞지 않으며, 따라서 아무리 의도가 좋아도 그는 동료 인간을 파멸로 떠밀게 마련이다.

《피고석의 하나님 God in the Dock》, "인간인가 토끼인가?"

그동안 우리가 그들의 세계에 잘 정착시켜 놓은 일반 법칙이 있다. 그들을 더 행복하거나 나아지게 하는 모든 경험 가운데서 물리적 사실만 '실재'고 영적 요소는 '주관'이라는 것이지. …… 즉 인간의 내장內臟을 볼 때 드는 감정은 실재의 계시고, 행복한 아이나 화창한 날씨를 볼 때 드는 감정은 한낱 감상이라는 것이다. 네가 잘 다루기만 하면 네 환자도 당연히 그렇게 여길 게야.

《스크루테이프의 편지 The Screwtape Letters》, 30장

이전에 랜섬이 나가 본 '우주'는 충만한 생명으로 박동하는 천국이었고, 그 안에 무한의 세계를 거뜬히 품고 있었다. 그런데 이제 그 사실을 기억하려 해도 허사였고 모두가 꿈처럼 느껴졌다. 대신 그가 자주 조롱하며 '경험주의의 망령'이라 비웃던 정반대의 사고방식이 그의 머릿속에 밀물처럼

밀려왔다. 금세기의 이 거대한 신화는 각종 기체와 은하, 광년과 진화, 한낱 끔찍한 산술적 관점 등으로 이루어져 있다. 이 관점대로라면 그나마 인간의 사고에 유의미할 만한 것은 모두 본질적 무질서의 산물에 불과하다.

《페렐란드라 Perelandra》, 13장

군주제의 '정체를 폭로하기'란 쉬울 수 있다. 그러나 폭로하는 이들의 얼굴을 잘 보고 말투를 잘 들어 보라. 그들은 에덴동산의 원뿌리로부터 격절되어 있어, 그곳의 다성 음악(둘 이상의 독립적 선율이 동시에 진행되는 악곡-옮긴이)과 춤에 대한 소문을 하나도 전해 들을 수 없다. 그들에게는 돌멩이를 일렬로 늘어놓는 것이 아치형보다 더 아름답다. 하지만 그들은 자신이 갈망하는 단순한 평등에 도달할 수 없다. 왕을 공경하지 못하게 금하면 인간은 대신 백만장자나 운동선수나 영화배우나 심지어 유명한 매춘부나 조직 폭력배라도 떠받든다. 육적 본능처럼 영적 본능도 채워져야만 하기 때문이다. 먹을 게 없으면 영혼은 독이라도 삼키게 되어 있다.

《현안 Present Concerns》, "평등"

현대의 교통수단에 대한 가장 옳고도 섬뜩한 주장은 '공간 파괴'다. 정말 그것은 우리에게 주어진 가장 영광스러운 선물 가운데 하나인 공간을 없애 버린다. 이는 공간적 거리를 평가절하하는 아주 나쁜 인플레이션이다. 그래서 현대의 아이는 100리를 여행해도 그의 할아버지가 10리를 이동했을 때보다 해방과 순례와 모험을 덜 느낀다. 물론 인간이 공간을 싫어해서 정말 공간의 소멸을 원한다면 그것은 다른 문제다. 그러면 당장 관 속으로 기어 들어가면 된다. 거기에는 공간이 거의 없을 테니 말이다.

《예기치 못한 기쁨 Surprised by Joy》, 10장

'그렇지, 저기 왼쪽은 러시아 구역이고 그 반대쪽은 미국 구역이지. 맨 위쪽은 요즘 위기를 촉발하려는 곳이겠군.' 내가 만일 희뿌연 달 표면을 보며 그렇게 생각해야 한다면, 달밤의 의미가 영영 달라질 것이다. 추억의 달, 신화와 시인과 연인의 달을 우리는 영영 잃을 것이다. 우리 사고의 일부와 풍부한 감성의 큰 뭉치가 사라져 버릴 것이다. 아르테미스와 다이애나(각각 그리스 신화와 로마 신화의 달의 여신-옮긴이)로 대변되는 이 은빛 위성은 이렇듯 온 인류의 것이다. 그곳에 처음 발을 딛는 사람은 우리 모두에게서 뭔가를 앗아 가는 것이다.

《기독교적 숙고 Christian Reflections》, "보는 눈"

2.
유물론, 결정론, 객관적 가치

인간이 과학적이게 된 것은 자연에 법칙이 있음을 전제했기 때문이고, 자연에 법칙이 있음을 전제한 것은 그 법칙을 제정한 존재를 믿었기 때문이다. 그런데 이제 대다수 현대 과학자에게서 그 믿음이 소멸되었다. 이 상태로 자연의 일관성을 믿는 그들의 확신이 얼마나 오래갈지 흥미롭게 지켜볼 일이다. 두 가지 유의미한 변화는 이미 등장했다. 하나는 법칙의 지배를 받지 않는 하위자연$^{sub\text{-}nature}$에 대한 가설이고, 또 하나는 과학이 진리라는 주장의 철회다. 우리는 과학 시대의 종말에 생각보다 가까이 와 있는지도 모른다.

《기적 Miracles》, 13장

모든 과학적 진술은 아무리 복잡해 보여도 결국은 사실상 이런 뜻이다. "내가 1월 15일 오전 2시 20분에 망원경을 하늘의 이 부분으로 향했더니 이것이 보였다." 또는 "내가 이 물질을 용기에 넣고 이 온도로 가열했더니 이렇게 되었다." 과학을 반박하려고 하는 말이 아니다. 과학이 하는 일이 그렇다는 말일 뿐이다. 과학적인 사람일수록 이것이 과학의 직무라는 내 말에 더 동의할 것이다. 매우 유익하고 꼭 필요한 일이기도 하다. 하지만 애초에 세상이 어떻게 생겨났으며, 과학으로 관찰되는 것 배후에 다른 종류의 뭔가가 존재하는가 등은 과학의 문제가 아니다. '배후 원인'이 존재한다면, 그것은 인류에게 미지의 영역으로 남거나 아니면 다른 방식으로 알려져야만 한다. 그것이 있다거나 없다거나 하는 진술은 둘 중 어느 쪽도 과학이 내놓을 수 있는 진술이 아니다. …… 과학이 완전한 경지에 이르러 온 우주의 모든 사실을 밝혀낸다고 하자. 그래도 "우주는 왜 존재하는가?", "우주는 왜 이런 식으로 운행되는가?", "우주에 의미가 있는가?"와 같은 문제는 분명히 이전처럼 그대로 남아 있지 않겠는가?

《순전한 기독교 Mere Christianity》, 1부 4장

존은 잠시 말이 없다가 다시 입을 뗐다.

"하지만 지주(하나님)가 없다는 것을 어떻게 압니까?"

"크리스토퍼 콜럼버스, 갈릴레오, 둥근 지구, 인쇄술 발명, 화약!!" 계몽 선생이 어찌나 큰 소리로 외치던지 조랑말이 놀라 뒷걸음쳤다.

《순례자의 귀향 The Pilgrim's Regress》, 2권 1장

우주 진화론이란 우주 운행의 공식이 불완전에서 완전으로, 작은 시작에서 큰 결말로, 원시적 수준에서 정교한 상태로 발전해 나간다는 신념이다. 이 신념 때문에 사람들은 자연스럽게 다음과 같이 생각한다. 즉 도덕은 야만의 금기에서, 성인의 정서는 유아기의 성적 부적응에서, 사고는 본능에서, 지성은 물질에서, 유기체는 무기물에서, 질서는 혼돈에서 각각 생겨난다는 것이다. 아마 이것이 현대 세계의 가장 뿌리 깊은 사고 습성일 것이다. 하지만 내게는 전혀 개연성이 없어 보인다. 거기서 말하는 자연의 전반적 진행 방향이 실제로 우리에게 관찰되는 자연 현상과는 전혀 딴판이기 때문이다.

《영광의 무게 The Weight of Glory》, "신학은 시인가?"

많은 이들이 창조적 진화(앙리 베르그송이 주창한 개념-옮긴이)에 큰
매력을 느끼는 한 이유는, 신을 믿되 그에 따른 달갑지 않은
결과는 하나도 믿지 않아도 된다는 깊은 정서적 위안 때문이다.
모든 일이 잘되고 태양이 빛날 때는, 오랜 세월 파도처럼 밀려온
이 크고 신비로운 힘이 당신을 물마루에 싣고 간다고 생각하면
기분이 좋아진다. 온 우주가 원자의 기계적 활동일 뿐이라고
믿고 싶지 않을 때는 말이다. 하지만 당신이 뭔가 떳떳하지
못한 일을 하고 싶을 때면, 이 생명력(Life-Force; 베르그송의 용어
'élan vital'〔생명의 약동〕을 영역한 말-옮긴이)은 맹목적 힘일 뿐 도덕과
지성이 없으므로 어릴 적에 배운 까다로운 하나님처럼 당신에게
간섭할 일도 없다. 이것은 길들여진 신과 같아서 당신이 원할
때만 그것을 가동하면 되고, 당신을 귀찮게 하지도 않는다.
종교의 스릴만 모두 남아 있고 치러야 할 대가는 하나도 없다.
이 생명력이야말로 희망 사항을 현실로 둔갑시킨 사상 최고의
산물이 아니겠는가?

《순전한 기독교 Mere Christianity》, 1부 4장

무엇이든 계속 발전해 나가는 것이 곧 우주의 법칙이라는
막연한 개념이 대중의 생각 속에 박혀 있으나, 이는 과학으로
전혀 뒷받침되지 않는 개념이다. 발전 쪽으로 가는 일반 성향은
심지어 유기체에도 없다. 인간이 존재한 이래로 인류의 정신적,
도덕적 역량이 더 향상되었다는 증거는 없다. 우주 전체가 소위

'좋은' 방향으로 나아가는 성향이 전혀 없음은 물론이다.
《기독교적 숙고 Christian Reflections》, "허무에 대하여"

진화는 도덕적 발전의 이론이 아니라 생물학적 변화의 이론이며, 그나마 발전과 퇴보가 뒤섞여 있습니다.
Letters(서한집), 1949년 8월 1일

생물학 역사에 진보라는 일반 법칙은 존재하지 않는다. ……
　세계 역사를 진보에 우호적인 선입견 없이 보면, 아무도 거기서 진보의 꾸준한 상향 곡선을 찾을 수 없다. …… 이 개념은 우리의 생각에서 예수님의 재림을 몰아낸다. 세상이 서서히 무르익어 완성되어 간다는 이 개념은 경험에서 나온 일반론이 아니라 신화다.
《세상의 마지막 밤 The World's Last Night》, 7장

원기왕성하고 건강하다고 해서 꼭 살아남는 것은 아니다. 고등동물이 하등동물에게 정복당할 때도 많다. …… 우리는 문화가 망하는 이유만 너무 자주 묻고 문화가 살아남는 이유는

좀처럼 묻지 않는다. 마치 문화의 보전은 정상이자 당연한 사실이고, 문화의 사멸은 비정상이어서 특별한 원인을 찾아야 한다는 듯이 말이다. 그렇지 않다. 예술과 한 문명 전체는 언제라도 불과 몇 년 사이에 영영 회복 불능으로 사라질 수 있다. 그런 일이 우리 생전에 발생한다 해도 우리는 너무 늦게야 겨우 알아차릴 것이고, 더욱이 그 원인을 알 가망은 거의 없다.

English Literature in the Sixteenth Century(16세기 영문학), 1권 1장

골수 진보주의자는 정반대의 경험을 해도 좀처럼 무너지지 않는다.

English Literature in the Sixteenth Century(16세기 영문학), "머리말"

세상이 발전해 나갔으면 좋겠다는 바람이 …… 먼저 싹튼다. 그것이 장성하면 과학자들이 작업하여 그만한 증거를 찾아내고, 이제 그런 우주에 대한 우리의 신념은 그 증거를 바탕으로 유지된다. 새로운 현상이 쇄도하면서 기존 모델이 무너지는 것이 아니다. 사실은 오히려 정반대로 보인다. 인간의 생각이 변해 기존 모델이 충분히 싫어지고 새로운 모델에 대한 갈망이 충분히 쌓이면, 그 새로운 모델을 뒷받침해 줄 여러 현상이 고분고분 생겨난다. 새로운 현상이 망상이라는 말은 전혀

아니다. 어차피 자연에는 다양한 입맛에 맞을 만한 온갖 현상이 갖추어져 있다.

《폐기된 이미지 The Discarded Image》, "후기"

현대의 진화 사상에서는 인간이 계단 꼭대기에 서 있고 저 아래는 어두컴컴해서 보이지 않는다. 그러나 [중세 사상]에서는 인간이 계단 맨 밑에 서 있고 꼭대기는 빛이 눈부셔서 보이지 않았다.

《폐기된 이미지 The Discarded Image》, 4장 C단원

19세기 진보적 낙관론이 우리 안에 주입한 가장 위험한 과오 가운데 하나는, 문명이 저절로 발전하여 퍼져 나가도록 되어 있다는 개념이다. 역사의 교훈은 그 반대다. 문명은 진귀하며, 이룩하기는 어렵지만 잃기는 쉽다. 지구 표면이 기본적으로 소금물이듯이 인간의 기본 상태도 야만이다. …… 내가 보기에 인간의 삶에서 사고와 예술과 문학과 대화 등의 여가 활동은 목적이고, 생명의 보존과 번식은 수단일 뿐이다. 그래서 내게는 교육이 그토록 중요해 보인다. 인간만의 특권인 여가 내지 아마추어 생활의 잠재력이 교육을 통해 실현된다.

Image and Imagination (이미지와 상상), "우리의 영문학 요강"

그러나 결혼 생활을 통해 내게 확실해진 것이 하나 있다. 이제
나는 다시는 종교가 우리 무의식의 허기진 갈망의 산물이고
섹스의 대용품이라고 믿을 수 없다. 짧은 몇 해 동안 H(루이스의
사별한 아내-옮긴이)와 나는 사랑을 만끽했다. 사랑의 표정은
많기도 해서 엄숙함과 즐거움, 낭만과 현실이 교차했다.
뇌우처럼 박진감이 넘칠 때도 있었고, 푹신한 실내화를 신은
것처럼 편안하고 담담할 때도 있었다. 그러면서 몸과 마음
구석구석 채워지지 않은 부분이 없었다. 하나님이 사랑의
대용품이라면 우리는 그분에 대한 흥미를 완전히 잃었어야
마땅하다. 진품을 가진 사람에게 대용품이 무슨 소용이란
말인가? 그러나 우리에게 벌어진 일은 그게 아니다. 둘 다
알았듯이 우리는 서로 외에도 원하는 것이 있었다. 전혀 다른
대상을 전혀 다른 의미로 원했다.

《헤아려 본 슬픔 A Grief Observed》, 1장

혼히들 "후련하게 모두 털어놓으라"고 말한다. 자신을 비하하기
위해서가 아니라 그 '모두'가 지극히 자연스러운 일이니
부끄러워할 필요가 없다는 논리에서다. 하지만 기독교가
새빨간 거짓말이 아닌 이상, 수치심이 드는 순간 자각되는
모습이야말로 우리의 참모습이다. …… 수치심을 몰아내려다
우리는 인간의 영혼을 지켜 줄 방벽 하나를 무너뜨렸다. ……
수치심 속에 수장된 사람의 '솔직함'은 아주 값싼 솔직함이다.

전통적 죄의식이 기독교에 반드시 회복되어야 한다.

《고통의 문제 The Problem of Pain》, 4장

그러나 현대 심리학의 부작용으로 자아에 대해 무조건 병적으로 안달하는 호기심도 존재하는데, 물론 백해무익하다네. 마치 미완의 그림이 기어이 이젤에서 내려와 자신을 보려는 것과도 같지! 이것은 분석으로 치료되지 않는다네. 한 번 분석을 받았다가 평생 자신을 연구 소재로 삼은 듯한 이들을 우리도 다 알고 있지 않은가.

《개인 기도 Letters to Malcolm》, 6장

정신과 의사가 확실히 그리스도인이 아닌 한 그들을 멀리하십시오. 그들은 당신의 종교가 망상이라는 전제에서 출발하여 그것을 '치료하려' 듭니다. 이 전제는 그들이 전문 심리학자로서가 아니라 아마추어 철학자로서 세운 것이지요. 대개 그들은 이 문제를 한 번도 진지하게 생각해 본 적이 없습니다.

Letters (서한집), 1947년 2월 23일

알다시피 우리가 일부러 피하는 그분의 임재는 대개 진노하셨을 때의 임재일세.

그런데 이 악에서 나오는 선이 있다네. 내가 만일 그분의 임재를 피한 적이 없다면, 그분의 임재가 즐거워 보였던 순간들조차도 혹시 내 욕심을 채우려는 꿈은 아니었는지 의심해 보아야 하네. 희석된 기독교는 그래서 모두 나약해. 어두운 요소는 다 버리고 순전히 위안의 종교만 남기려는 희석된 믿음은 오래가지 못한다네. 멍하고 혼미한 우리일지라도 속으로 어렴풋이 알거니와, 모든 면에서 항상 내 마음에 쏙 드는 것이라면 객관적 실재일 수 없네. 본질상 실재란 모나고 거친 데가 있게 마련이야. 저항하며 자기다움을 지키게 마련이지. 생전 발에 걸리거나 무릎을 찧을 일이 없는 가구는 꿈속에나 존재할 뿐일세.

《개인 기도 Letters to Malcolm》, 14장

수학자와 천문학자와 물리학자는 대개 종교적이다 못해 신비를 느끼기까지 한다. 생물학자는 그보다 훨씬 덜하고, 경제학자와 심리학자는 그럴 때가 거의 없다. 전공 분야에 더 깊이 들어갈수록 종교를 배척하는 편견도 더 굳어진다.

《피고석의 하나님 God in the Dock》, "교리 없는 종교?"

우리 시대에는 이렇게 말해도 무방할 것이다. 즉 어떤 과학 이론이 사실의 중요성과 불변성을 얼마나 쉽게 전제하는지는 개인이 받은 과학 교육에 반비례한다.

《폐기된 이미지 The Discarded Image》, 2장

여태 우리가 과학에서 읽은 것은 시에 대한 해설뿐이지만 기독교에는 시 자체가 있다.

《기적 Miracles》, 14장

3.

교육과 종교

그동안 우리 교육은 거의 다 이 수줍고도 집요한 내면의 소리를
잠재우기에 바빴고, 현대 철학은 거의 다 인간의 선善이 지상에
있다고 우리를 설득하기 위해 존재했다. 그런데 신기하게도
진보나 창조적 진화를 부르짖는 그런 철학 자체가 마지못해
증언하는 진리가 있으니, 곧 우리의 진정한 목적지는 다른
데라는 것이다. 이런 철학의 대변자들이 이 땅을 본향이라
설득하려 할 때 어떻게 시작하는지 잘 보라. 우선 지상천국의
실현 가능성을 납득시켜 이 땅의 실향민인 당신의 심정을 달래
주려 한다. 다음으로 그 다행한 사건이 아직 까마득한 미래의

일임을 지적하여 모국이 지금 여기가 아니라고 아는 당신의
지식을 달래 준다.

《영광의 무게 The Weight of Glory》, "영광의 무게"

나약하고 헤픈 감성으로부터 보호해야 할 학생이 하나라면,
매정하고 상스러운 잠에서 깨워야 할 학생은 셋이다. 현대
교육자의 사명은 밀림의 나무를 베는 것이 아니라 사막에
물을 대는 것이다. 잘못된 정서를 제대로 막아 내려면 공정한
정서를 길러 주어야 한다. 우리가 학생의 감성을 굶기면 그만큼
그들은 선동자의 먹이가 되기 더 쉬워질 뿐이다. 굶주린
본성은 복수하게 되어 있고, 완고한 마음으로는 미련한 생각을
확실하게 막아 낼 수 없기 때문이다. ……

    인간이라는 동물은 처음에 어려서는 제대로 반응할 줄을
모른다. 즐겁고 호감이 가고 역겹고 미운 대상에 대해 각각
즐거움과 호감과 역겨움과 미움을 느끼도록 훈련되어야 한다.
……

    그런데 여기 웃어야 할지 울어야 할지 모르는 우리의
현실이 있다. 우리는 어떤 자질을 불가능하게 만들어 놓고는
바로 그 자질을 찾아 늘 아우성이다. 정기 간행물을 펴 보면
우리의 문명에 필요한 것이 더 많은 '의욕'이나 추진력이나
자기희생이나 '창의력'이라는 말이 단골로 등장한다. 우리는
섬뜩하리만치 간단하게 기관器官을 절제해 놓고는 그 기능이

필요하다고 우긴다. 사람들을 냉혈 인간으로 만들어 놓고는 그들에게 덕과 바른 정신을 기대한다. 신의를 비웃어 놓고는 혹시 배반자가 나오면 경악한다. 거세해 놓고는 그 거세당한 동물에게 새끼를 낳으라 한다.

《인간 폐지 The Abolition of Man》, 1장

잊지 말아야 할 것이 있다. 마크의 머릿속에는 기독교에서 왔든 이교에서 왔든 고결한 생각이라고는 눈곱만큼도 간직되어 있지 않았다. 그가 받은 교육은 과학적인 것도 고전적인 것도 아니고 그저 '현대적인' 교육일 뿐이었다.

《그 가공할 힘 That Hideous Strength》, 9장

모든 사회악을 경제 탓으로 돌리는 이들에게 와이번칼리지(루이스가 다닌 중등학교-옮긴이)는 완벽한 답이었다! 그곳의 계급 사회가 돈과는 무관했으니 말이다. 옷차림이 허름하다고 무조건 '천민'(인기 없는 학생)이 되지는 않았고(다행히도), 용돈이 많다고 무조건 '왕족'(최고 서열의 학생)이 되지도 않았다. 그래서 일부 공론가들은 틀림없이 그곳에 부르주아 계급의 천박하고 악한 행위가 전혀 없었을 것이라고 본다. 그러나 나는 그토록 경쟁심이 심하고 속물근성과 주종 관계에 절어 있는 공동체,

그토록 이기적이고 계급의식이 강한 지배 계급, 그토록
알랑거리며 연대 의식과 공동의 도의심이라고는 털끝만큼도
없는 프롤레타리아 계급을 여태 본 적이 없다.

《예기치 못한 기쁨 Surprised by Joy》, 7장

오늘날에는 지성의 활동 자체가
'산아 제한'을 당하는 것 같다.

Poems (시집), "로이 캠벨에게"

그가 받은 교육은 이상한 영향을 끼쳤다. 그리하여 그에게는
직접 본 것보다 자신이 읽고 쓰는 내용이 더 실재가 되었다.
농업 노동자에 대한 통계 수치는 실체고, 정작 도랑을 파고
쟁기질하는 농부나 농장의 아이는 그림자에 불과했다. 본인은
알아차리지 못했지만 그는 글을 쓸 때 여간해서 '남자'나
'여자'와 같은 단어를 사용하지 않고, 대신 '직업 집단, 구성원,
계급, 인구'에 대해 쓰기를 좋아했다. 어느 신비주의자 못지않게
그에게도, 눈에 보이지 않는 것이 더 우월한 실재라는 믿음이 자기
나름대로 확고했던 것이다.

《그 가공할 힘 That Hideous Strength》, 4장

전통 교육이 삶의 이치를 가르쳤다면 신교육은 '조건화'에 불과하다. 전자는 학생을 다룰 때 부모 새가 새끼 새에게 나는 법을 가르치는 것처럼 했으나, 후자가 학생들 다루는 방식은 사육사가 자기만 아는 목적을 위해 새끼 새를 제멋대로 조종하는 것에 더 가깝다. 요약하자면 전통 교육은 인간이 인간에게 인간다움을 전수하는 재생산인데 반해 신교육은 선전에 불과하다.

《인간 폐지 The Abolition of Man》, 1장

피터가 말했다. "하지만 교수님, 다른 세상이 정말 있을 수 있다는 말인가요? 그렇게 바로 지척에, 온 사방에요?"

"그보다 확실한 일은 없지." 교수는 말끝에 안경을 벗어 닦으면서 혼자 이렇게 중얼거렸다. "요즘 학교에서는 도대체 아이들에게 무엇을 가르치나 모르겠군."

《사자와 마녀와 옷장 The Lion, the Witch and the Wardrobe》, 5장

진선미에 관해 또는 그 셋의 내재적 원리에 불과한 신에 관해 말해 보라. 거대한 영적 힘이 만물 속에 스며 있고, 우리 모두는 공동 지성의 일부이며, 누구나 포괄적 영성의 바다로 흘러갈 수 있다고 말해 보라. 그러면 호의적인 관심을 끌 것이다. 그러나 목적을 두고 특정한 일을 행하시되 이렇게는 하셔도 저렇게는 하지 않으시는 신에 대해 말해 보라. 일정한 성품대로 선택하고 명령하고 금하시는 구체적인 신을 언급하면 즉시 사방에 냉기가 감돈다. 사람들이 당황하거나 화낸다. 이런 개념이 그들에게는 원시적이고 조잡하다 못해 불경해 보인다. 대중 '종교'가 기적을 배제하는 것은 기독교의 '살아 계신 하나님'을 배제하고, 대신 기적은커녕 아무 일도 하지 않는 신을 믿기 때문이다.

《기적 Miracles》, 11장

이미 합의되고 용인된 불신앙이 대규모의 합창이라면, 자유주의 기독교는 거기에 있으나 마나 한 울림을 보탤 수 있을 뿐이네. …… 그나저나 자네는 회의론에서 '자유주의' 기독교나 '탈신화한' 기독교로 개종한 사람을 만나거나 들어 본 적이 있는가? 비신자가 이왕에 개종할 거라면 내 생각에 그보다 훨씬 더 깊이 들어간다네.

《개인 기도 Letters to Malcolm》, 22장

가장 낮은 그리스도인이라도 교회에서 차지하는 구조적 지위는
영원하며 심지어 우주적이다. 교회의 수명이 우주보다 길기에
교회 안에 있는 개인의 수명도 우주보다 길다. 불멸의 머리이신
그리스도께 붙어 있으면 무엇이든 그분처럼 불멸의 존재가
된다. 그런데 오늘날 기독교 강단에서는 이런 말을 듣기가
힘들다. 이 같은 우리의 침묵이 어떤 결과를 낳았는지를 보여
주는 사례가 있다. 근래에 내가 군대에서 이 주제로 강연하는데,
청중 가운데 한 사람이 이 교리를 '신지학'神智學으로 치부했다.
그리스도인 한 사람 한 사람의 불멸성을 믿지 않거든 솔직히
그렇다고 말하고 기독교 신앙일랑 박물관으로 보내자.

  그러나 믿는다면 제발 아무런 차이도 없는 척일랑 그만하자.
이것이야말로 집단주의의 모든 과도한 주장에 걸맞은 진정한
답이기 때문이다. 그 주장은 덧없이 끝나지만, 우리는 영원히
사는 불멸의 존재다. 때가 되어 모든 문화와 제도와 국가와
인류와 생명체가 소멸되어도 우리 각자는 여전히 산다.
불멸하리라는 약속은 그런 막연한 대상에게가 아니라 우리에게
주어졌다.

《영광의 무게 The Weight of Glory》, "멤버십"

오늘날 하나님에 대한 온갖 잡다한 개념이 새로운 것인 양 제시되지만, 사실은 수백 년 전에 진정한 신학자들이 이미 시험하여 거부한 것들이다. 현대 영국의 대중 종교를 믿는 것은 지구가 평평하다고 믿는 것과도 같은 퇴행이다.

《순전한 기독교 Mere Christianity》, 4부 1장

문명 세계 전체가 기독교를 벗어나 아리우스의 종교에 빠져든다 싶던 때에도 아타나시우스는 '온전하고 순수한' 삼위일체 교리를 고수했다. 아리우스의 종교는 오늘날 극구 장려되는 '합리적인' 혼합 종교로서, 지금처럼 그때도 신봉자 가운데는 고등 교육을 받은 성직자도 많았다. 아타나시우스가 시대에 편승하지 않은 것은 그의 영광이고, 모든 시대처럼 그 시대가 흘러간 지금까지도 그가 건재한 것은 그의 보상이다.

성 아타나시우스의 The Incarnation of the Word of God (하나님 말씀의 성육신)에 쓴 서문

4.

예술

아무런 할 말이 없는 사람일수록 '독창성'에 대해 이러쿵저러쿵 떠듭니다. 할 말이 있다면 그들은 자신도 모르게 이미 독창적일 겁니다.

Letters(서한집), 1942년 8월경

작가는 은유적 의미에서만 '창조자'인데, 애석하게도 허영심 많은 작가는 칭찬에 속아 이 사실을 망각할 수 있다. ……

인류의 모든 '창조적' 예술가는 새로운 원색이나 4차원 세계를 만들어 내기는커녕 상상조차 할 수 없다. …… 예술가는 소위 자신의 피조물을 실제로 존재하게 하지도 못한다.

Theology(신학), 1941년 10월 서평

우리가 '감상'을 강요받는 많은 현대 소설과 시와 그림이 좋은 작품이 아닌 이유는, 그것들이 아예 작품이 아니기 때문이다. 그것은 감정이나 소견을 쏟아 놓은 웅덩이에 불과하다. 예술가가 엄밀한 의미에서 예술 작업을 할 때는 당연히 독자나 관람객의 기존 취향과 관심사와 역량을 고려한다. 언어나 대리석이나 물감 못지않게 그것도 원재료의 일부며, 따라서 예술가는 이를 무시하거나 거부할 것이 아니라 활용하고 길들이고 승화시켜야 한다. 이에 대한 거만한 무관심은 비범한 재능이나 고결한 대도가 아니다. 게으름과 무능일 뿐이다.

《세상의 마지막 밤 The World's Last Night》, 5장

내 생각에 이제 시의 희망은 오직 (시인의) 지위가 낮아지는 데 있다. 시인은 위대한 선배 시인들의 겸허한 장인 정신으로 당장 돌아가, 다른 모든 행위의 전제 조건으로 반드시 독자의 흥미를 끌고 즐거움을 주어야 한다. 그렇지 않으면 시 예술은 우리

가운데서 아예 사라져 버릴 것이다.
The Personal Heresy(개인적 이단), 5장

똑같은 양식의 글쓰기가 모든 사람에게 당연하게 느껴지면 그 글쓰기는 위험하다. 특징이 형식화되고, 틀에 박힌 단조로움이 점차 스며든다. 이 단조로움은 동시대인의 눈에는 띄지 않지만 후세에게는 지겹도록 똑똑히 보인다.
The Allegory of Love(사랑의 유비), 6장 1단원

영국이 이교로 회귀하고 있다며 심각한 우려를 표하는 이들에게 나는 "차라리 그랬으면 좋겠네요"라고 말해 주고 싶다. 상원에서 화환을 두른 흰 소부터 잡고 나서 국회를 개원하거나 각료들이 하이드 공원에서 나무의 요정에게 샌드위치를 제물로 바칠 일은 없을 테니 말이다. 만일 그런 상황이 발생한다면 그때는 기독교 변증자들이 할 일이 생길 것이다. 역사에서 보듯이 이교도는 얼마든지 기독교로 개종할 수 있는 사람이기 때문이다.
본질상 그는 종교적인 사람이다. 기독교를 접하기 전이거나 아직 기독교에 못 미칠 뿐이다. 그러나 우리 시대의 탈기독교 인간은 그와는 다르다. 이혼자와 동정童貞인 사람이 서로 다른 것만큼이나 다르다. 그리스도인과 이교도의 공통점이 그중

어느 한쪽과 좌익 잡지 *New Statesman*(새 정치인)의 집필진의 공통점보다 훨씬 많다. 물론 그 집필진도 내 말에 동의할 것이다.

《피고석의 하나님 God in the Dock》, "유신론이 중요한가?"

[《실낙원》의 하와는] 선악을 알게 하는 나무를 떠나가기 전에, "그 안에 거하는 신에게 하듯이" 나무 앞에 "허리를 굽혀 절한다." 이로써 하와의 타락과 사탄의 타락은 완전히 닮은꼴이 된다. 아담에게나 하나님께 절하면 자신의 품격이 떨어진다고 생각하던 그녀가 이제 식물을 숭배한다. 마침내 그녀는 대중적 의미의 '원시인'이 되었다.

《실낙원 서문 A Preface to "Paradise Lost"》, 18장

중간에 고서古書를 하나 읽지 않았다면 절대로 신서와 신서를 연달아 읽지 않는 것이 좋다. 이런 방법이 너무 벅차다면 신서 세 권에 적어도 한 권의 고서를 읽어야 한다. …… 머릿속에 '역사의 시원한 바닷바람'을 계속 쐬라. …… 그러려면 고서를 읽어야 한다. 물론 과거라고 무슨 마법이 있는 것은 아니다. 옛날에도 인간은 지금만큼밖에 똑똑하지 못했고, 우리처럼 많은 실수를 범했다. 하지만 지금과 똑같은 실수는 아니었다. …… 두

사람이 한 사람보다 나음은 어느 한쪽이 완전무결해서가 아니라 둘이 똑같은 길로 잘못 들기는 어렵기 때문이다.
성 아타나시우스의 The Incarnation of the Word of God (하나님 말씀의 성육신)에 쓴 서문

옛 시인들은 어떤 덕을 주제로 삼을 때, 그것을 가르친 것이 아니라 흠모했다. 그런데 우리는 그 매료된 마음을 교훈으로 착각하기 일쑤다. …… 불행히도 현대인은 위대한 시인들의 시를 윤리적 요소와 시적 요소 사이의 가상적 싸움으로 해석할 때가 많다. …… 우리는 시인이 규율을 주입한 줄로 알지만, 사실 그는 온전한 덕의 모습에 넋을 잃은 것이다.
《실낙원 서문 A Preface to "Paradise Lost"》, "헌정사"

명백한 판타지야말로 결코 우리를 속이지 않는 문학이다. 동화는 아이를 속이지 않지만 학교 소설은 심각하게 속일 때가 많다. 성인도 공상과학소설에는 속지 않지만 여성지에 실린 사연에는 속을 수 있다. 우리 가운데 《오디세이》나 《칼레발라》나 《베오울프》나 토머스 맬러리의 작품에 속는 사람은 아무도 없다. 진짜 위험은 근엄한 표정을 짓는 소설 속에 도사리고 있다. 그런 소설에서는 모든 것이 아주 개연성

있어 보이지만, 사실 그 모두는 사회적이거나 윤리적이거나
종교적이거나 반종교적인 '인생 비평'을 납득시키기 위해 고안된
것이다.

《오독 An Experiment in Criticism》, 7장

현대의 전형적 비평가는 대개 미지근한 유물론자다. 그는 대중
과학의 세계관을 받아들인다(또는 받아들인다고 자처한다).

The Personal Heresy(개인적 이단), 1장

물론 회심한 지식인은 우리 시대를 특징짓는 인물이다.
그런데 이런 현상은 하필 (과학자를 제외한) 지식인이 거의 온
인류에 대한 접촉점과 영향력을 잃고 있는 시점에 발생했다.
그렇지 않았다면 더욱 고무적일 텐데 말이다. 가장 인정받는
시인들과 비평가들의 독자는 (대개 그들을 별로 좋아하지 않는) 가장
인정받는 비평가들과 시인들일 뿐, 그밖에는 누구도 전혀
관심이 없다. '지식인'이 하는 일을 아예 무시하는 고학력자가
갈수록 늘어나고 있고, 반대로 지식인도 고학력자를 무시하거나
모욕한다. 그래서 지식인의 회심이 아주 광범위한 영향력을
미치지는 않을 것 같다. 오히려 그들은 다음과 같은 무서운
의혹을 불러일으킬 수도 있다. 즉 기독교 자체도 전반적 '지식인

사업'의 일부가 되었고, 초현실주의나 침팬지가 그린 그림처럼
'부르주아 계급에 충격을 가하는' 또 하나의 방법으로 이용되어
왔다는 의혹이다.
《피고석의 하나님 God in the Dock》, "부흥인가 쇠퇴인가?"

제인 오스틴의 소위 엄격한(적어도 강고한) 사상은 강조할 만할
것이다. …… 그녀는 영국 고전주의 도덕가들의 위대한 추상
명사들을 부끄러워하거나 타협하지 않고 그대로 썼다. 양식,
용기, 자족, 인내, "의무의 태만과 결점의 방치"(《오만과 편견》에
나오는 문구- 옮긴이), 비행, 무례, 온전한 정직, 책임, 불신, 정당한
굴욕, 허영, 어리석음, 무지, 이성 등이다. 제인 오스틴은 바로
이런 개념을 통해 세상을 이해했다. 그녀의 작품에서는 새뮤얼
존슨의 *Rambler*(잡담꾼)와 *Idler*(게으름뱅이)의 기운이 고스란히
느껴진다. 모든 것이 엄격하고 명쾌하고 확실하다. 현대의 일부
기준으로 보자면 고지식할 정도다. 물론 이 엄격함은 이웃이
아니라 자신에게로 향한다. ……
　제인 오스틴의 소설 세계는 현대 소설에 비하면 덜
무르면서도 동시에 덜 잔혹하다.
Selected Literary Essays (문학 평론선), "제인 오스틴에 관한 해설"

어쩌면 그것이 현대의 심리 비평가들이 좋아하는 예술가 부류와 월터 스콧의 가장 큰 차이일 것이다. 그의 작품은 우울증에 시달리지 않는다. 그의 삶 전반에는 우울증의 흔적으로 남는 아편, 음주, 이혼, 울화, 도착, 편집증 등이 전혀 없다.

Selected Literary Essays (문학 평론선), "월터 스콧 경"

〔밀턴 시대의〕 사람들은 사탄이라는 인격체가 정말 존재하며 그가 거짓말쟁이라고 여전히 믿었다.

《실낙원 서문 A Preface to "Paradise Lost"》, 13장

누구나 때로는 악을 저지른다. 그러나 잔인함과 시기심과 권력욕이 어떤 막강한 초인적 힘의 명령으로 둔갑하면, 그때는 자신이 저지르는 악이 옳아 보일 수 있다. 그런 증상은 언어에서부터 나타난다. '죽이다'가 '없애다'로 바뀔 때 그 과정은 이미 시작되었다. 단어가 정확성을 잃으니 그에 상응하는 행위도 피와 눈물과 연민과 수치심을 잃는다. 오히려 자비가 구질구질해 보일 수 있다.

Of Other Worlds (다른 세계들에 관하여), "홀데인 교수에 대한 답글"

이제 대중을 선동하는 조직은 정치권력의 거의 정상 기관으로
보인다. 우리는 '호소'와 '조직적 운동'과 '캠페인'의 시대에 살고
있다. 우리의 통치자들은 학교 교사처럼 되어 늘 우리에게
'열심히' 할 것을 요구한다. 보다시피 나는 약간 고어를
써서 그들을 '통치자'로 칭하는 잘못을 범했다. 현대 용어는
'지도자'다. 다른 글에도 말했듯이 이 어휘 변화는 의미심장하다.
우리가 그들에게 요구하는 것도 그들이 우리에게 요구하는 것
못지않게 달라졌다. 통치자에게 요구되는 것은 정의와 청렴과
근면과 어쩌면 후덕함이지만, 지도자에게 요구되는 것은
순발력과 추진력과 (내 생각에) 소위 '매력' 내지 '개성'이다.
Selected Literary Essays (문학 평론선), "시대의 묘사에 관하여"

비범한 기억이 언뜻 우리 눈앞에
그 위용을 드러내면, 흔히들 이를
'환상'이나 '케케묵은 낭만'으로 치부한다.
이런 집요한 선전은 모두를 길들인다.

강한 사람만 이를 가슴 아파하고,
소수의 사람만 믿음을 지킬 뿐이다.
사람을 감옥에 묶어 두는 효과라면
돌로 쌓은 벽이 장황한 잡설의 절반에도 못 미친다.
The New English Weekly (주간 새 영어), "낭만주의자"

한낱 구문이 의미로 행세하는 비율은 정치 작가와 기자와
심리학자와 경제학자의 약 100퍼센트에서부터 동화 작가의 약
40퍼센트에 이르기까지 다양할 수 있다. …… 좋은 형이상학
도서관에는 세상에서 가장 문자적인 문헌도 있고 가장 암시적인
문헌도 있다. …… 일부 '냉철한' 유명 사상가의 책에 의미가
겨우 5퍼센트 이상이나 있을지 의문이며, 칸트나 스피노자의
글이 어느 정도일지는 아무도 모른다. 그러나 플라톤의 책을
펴면 거기에 은유의 위대한 창작자가 있고, 그래서 그는 의미의
거장이기도 하다.

Selected Literary Essays(문학 평론선), "Bluespels와 Flalansferes: 의미론의 악몽"

"하늘에 계신 우리 아버지여"를 "시공을 초월하는 절대적
존재여"와 비교해 봐. 전자는 거기에 문자적 의미를 적용하려
하면 무너져 버려. …… 후자는 그런 덫에 빠지지 않거든.
하지만 전자는 정말 뭔가를 의미해. 그 말을 쓰는 이들의
생각 속에 벌어지는 어떤 구체적인 경험을 정말 대변한다고.
그렇지만 후자는 칩을 가지고 노는 손재주에 불과하지. 일단 그
규칙을 익힌 사람은 그런 식으로 책을 두 권이나 써도 그 문구로
아무런 구체적 사실도 가리키지 않을 수 있거든.

Letters(서한집), 1932년 1월 17일

우리가 '청교도주의'라는 단어에 부여한 가치야말로 지난 100년 동안 정말 실속 있는 승리 가운데 하나였다. 그 덕분에 우리는 해마다 수많은 인간을 삶의 절제와 순결과 금주에서 구해 내고 있지.
《스크루테이프의 편지 The Screwtape Letters》, 10장

모든 예술의 역사는 하나같이 진보적 분화를 통해 더 빈곤해진 비참한 이야기다.
Studies in Medieval and Renaissance Literature (중세와 르네상스 문학 연구), 4장

내가 신약 성경을 제대로 읽었다면, 하다못해 한정적이거나 은유적인 의미로라도 우리가 무엇을 '창조한다'라는 개념은 들어설 여지가 없다. 우리의 운명은 오히려 그 반대인 것 같다. 즉 우리 자신은 최대한 작아져야 하고, 내 것이 아닌 향기를 빌려야 하고, 깨끗한 거울이 되어 내 것이 아닌 얼굴의 형상을 가득 담아야 한다. …… 작가는 결코 여태 존재하지 않던 아름다움이나 지혜를 자신이 만들어 낸다고 생각해서는 안 된다. 전적으로 그는 영원한 아름다움이요 지혜이신 그분의 어떤 반사체를 자기 나름의 예술에 구현하려는 것뿐이다. …… 모든 발상과 모든 방법에 대해 그리스도인은 "이것은 내

것인가?"를 물을 게 아니라 늘 "이것은 선한가?"를 물어야 한다.

《기독교적 숙고 Christian Reflections》, "기독교와 문학"

감상적인 시, 형편없는 소설, 부실한 그림, 외기 쉬울 뿐인 곡조를 애호하는 사람은 대개 딱 거기까지만 경험한다. 그들의 즐거움은 …… 어느 모로 보나 다른 사람들이 좋은 예술에서 얻는 즐거움에 비할 바가 못 된다.

 그것은 밍밍하고 시시하고 허술한 데다 습관적이다. 우리를 교란시키거나 홀리지도 않는다. 이것을 비극 명작이나 빼어난 음악에서 느끼는 희열과 똑같이 즐거움이라 칭한다면, 이는 말장난에 지나지 않는다. 지금도 나는 우리를 황홀한 희열에 젖게 하는 것은 늘 선하다고 믿는다. ……

 부실한 예술에서 얻는 경험은 종류가 다르다.

《이야기에 관하여 On Stories》, "문학적 취향의 차이"

영원하지 않은 것은 다 영원히 시대에 뒤진 것이다.

《네 가지 사랑 The Four Loves》, 6장